●小企业会计准则培训系列丛书

小企业会计准则培训教程

主编◎郝建国

中国市场出版社
China Market Press

图书在版编目（CIP）数据

小企业会计准则培训教程/郝建国主编. —北京：中国市场出版社，2012.1

ISBN 978-7-5092-0838-0

Ⅰ.①小… Ⅱ.①郝… Ⅲ.①中小企业-会计制度-中国-技术培训-教材 Ⅳ.①F279.243

中国版本图书馆CIP数据核字（2011）第254799号

书　　名：小企业会计准则培训教程
主　　编：郝建国
责任编辑：胡超平
出版发行：中国市场出版社
地　　址：北京市西城区月坛北小街2号院3号楼（100837）
电　　话：编辑部（010）68037344　读者服务部（010）68022950
发行部（010）68021338　68020340　68053489
68024335　68033577　68033539
经　　销：新华书店
印　　刷：河北省高碑店市鑫宏源印刷包装有限责任公司
规　　格：787×1092毫米　1/16　17.75印张　330千字
版　　本：2012年1月第1版
印　　次：2012年1月第1次印刷
书　　号：ISBN 978-7-5092-0838-0
定　　价：38.00元

前 言

2011 年 10 月 18 日，财政部正式颁布了《小企业会计准则》（财会〔2011〕17 号），自 2013 年 1 月 1 日起将在小企业范围内施行。

《小企业会计准则》与《企业会计准则》共同构成我国企业会计标准体系。《小企业会计准则》严格依照《企业会计准则——基本规范》的基本原则制定，与《企业会计准则》保持了高度一致，同时又具有鲜明特点：一是既以国际趋同为努力方向，又立足于我国小企业发展的实际；二是既保持自身体系完整，又与《企业会计准则》有序衔接；三是既满足税收征管信息需求，又有助于银行信贷决策；四是既确保行业上全覆盖，又抓住小企业常见业务；五是既抓住有利时机推动《小企业会计准则》实施，又区别对待做出积极稳妥的实施安排。

财政部、工业和信息化部、国家税务总局、工商总局、银监会联合制发《关于贯彻实施〈小企业会计准则〉的指导意见》（财会〔2011〕20 号），对小企业贯彻实施《小企业会计准则》提出了具体要求：一是认真组织对《小企业会计准则》的学习，深入掌握《小企业会计准则》的规定，进一步提高会计人员的业务水平和工作能力，增强小企业负责人依法管理会计工作的自觉性。二是做好会计科目的新旧转换、会计信息系统改造等工作，确保新旧会计准则顺利衔接和平稳过渡。三是严格按照《小企业会计准则》的规定进行会计核算，提高会计信息质量，加强财务管理，全面提升小企业内部管理水平，依法纳税，不断提高企业的对外融资资质和能力，促进企业健康可持续发展。

为帮助小企业，特别是微型企业财务会计人员学习掌握好《小企业会计准则》，充分做好《小企业会计准则》实施前的准备工作，我们组织编写了《小企业会计准则培训教程》。参加本书写作的既有各大院校中长期从事会计理论教学与研究的一线教授，也有长年研究会计制度并开展会计审计监督的会计实务专家。本书严格按照《小企业会计准则》的规定，结合小企业会计核算中发生的经济业务事项，深入浅出地对《小企业会计准则》进行了详细解析。

本书由郝建国主持编写。第一章总则，由郝建国编写。第二章资产，第一节流动资产的核算，货币资金部分由崔也光、谭静、赵迎、葛玥编写，短期投资部分由张志凤、秦奕慧编写，应收及预付款项部分由崔也光、谭静、赵迎、葛玥编写，存货部分由黄毅勤、何旌妍编写；第二节长期投资的核算，由张志凤、秦奕慧编写；第三节固定资产的核算，由刘红霞、唐卉、刘朋编写；第四节无形资产的核算，由陈胜华、郝玮编写；第五节长期待摊费用的核算，由许群、刘伊编写。第三章负债，由崔也光、谭静、赵迎、葛玥编写。第四章所有者权益，由黄毅勤、何旌妍、王舫编写。第五章收入，由崔也光、谭静、赵迎、葛玥编写。第六章费用，由张志凤、秦奕慧、孙静编写。第七章利润及利润分配，由许群、付亚娜编写。第八章外币业务，由许群、郭金琴编写。第九章财务报表，由许群编写。全书由许群总纂。

由于时间紧迫，《小企业会计准则》的规定尚待小企业具体会计核算实践进行检验，书中难免存在不足之处，恳请广大读者批评指正。

作者

2011年11月于北京

目录

CONTENTS

CHAPTER

1 第一章 总　论

第一节　小企业会计概述

小企业会计是一个以提供财务信息为主的经济信息系统，它以货币为主要计量单位，采用专门的技术方法，对小企业的经济活动进行确认、计量和报告，是小企业管理的重要组成部分。

一、小企业的界定

（一）小企业的定义

《中华人民共和国中小企业促进法》（中华人民共和国主席令第 69 号）规定：中小企业，是指在中华人民共和国境内依法设立的有利于满足社会需要，增加就业，符合国家产业政策，生产经营规模属于中小型的各种所有制和各种形式的企业。

小企业是我国国民经济和社会发展的重要力量，促进小企业发展，是保持国民经济平稳较快发展的重要基础，是关系民生和社会稳定的重大战略任务。实施《小企业会计准则》是贯彻落实《中华人民共和国中小企业促进法》、《国务院关于进一步促进中小企业发展的若干意见》（国发〔2009〕36 号）等有关法规政策的重要举措，有利于加强小企业内部管理，促进小企业又好又快发展；有利于加强小企业税收征管，促进小企业税负公平；有利于加强小企业贷款管理，防范小企业贷款风险。

（二）小企业界定标准

在中华人民共和国境内设立的小企业，应同时满足下列三个条件：

1. 不承担社会公众责任

所谓承担社会公众责任，主要包括两种情形：一是企业的股票或债券在市场上公开交易，如上市公司和发行企业债的非上市企业、准备上市的公司和准备发行企业债的非上市企业；二是受托持有和管理财务资源的金融机构或其他企业，如非上市金融机构、具有金融性质的基金等其他企业（或主体）。

小企业由于不承担社会公众责任，其所提供的反映财务状况、经营成果以及小企业管理层受托责任履职情况的会计信息，只满足投资人、债权人、税务、工商等使用者的需要。

2. 经营规模较小

所谓经营规模较小，是指符合国务院发布的中小企业划型标准所规定的小企业标准或微型企业标准。根据工业和信息化部、国家统计局、国家发展和改革委员会、财政部《关于印发中小企业划型标准规定的通知》（工信部联企业〔2011〕300号）的规定，各行业中小企业的界定标准见表1-1。

表1-1　　中小微型企业的界定标准

<table>
<tr><th>行业</th><th colspan="3">中小微型企业标准</th></tr>
<tr><td rowspan="3">农、林、牧、渔业</td><td rowspan="3">营业收入20 000万元以下</td><td>中型企业</td><td>营业收入500万元及以上</td></tr>
<tr><td>小型企业</td><td>营业收入50万元及以上</td></tr>
<tr><td>微型企业</td><td>营业收入50万元以下</td></tr>
<tr><td rowspan="3">工业</td><td rowspan="3">从业人员1 000人以下或营业收入40 000万元以下</td><td>中型企业</td><td>从业人员300人及以上，且营业收入2 000万元及以上</td></tr>
<tr><td>小型企业</td><td>营业收入300万元及以上</td></tr>
<tr><td>微型企业</td><td>从业人员20人以下或营业收入300万元以下</td></tr>
<tr><td rowspan="3">建筑业</td><td rowspan="3">营业收入80 000万元以下或资产总额80 000万元以下</td><td>中型企业</td><td>营业收入6 000万元及以上，且资产总额5 000万元及以上</td></tr>
<tr><td rowspan="2">小型企业</td><td>营业收入300万元及以上，且资产总额300万元及以上</td></tr>
<tr><td>营业收入300万元以下或资产总额300万元以下</td></tr>
<tr><td rowspan="3">批发业</td><td rowspan="3">从业人员200人以下或营业收入40 000万元以下</td><td>中型企业</td><td>从业人员20人及以上，且营业收入5 000万元及以上</td></tr>
<tr><td>小型企业</td><td>从业人员5人及以上，且营业收入1 000万元及以上</td></tr>
<tr><td>微型企业</td><td>从业人员5人以下或营业收入1 000万元以下</td></tr>
<tr><td rowspan="3">零售业</td><td rowspan="3">从业人员300人以下或营业收入20 000万元以下</td><td>中型企业</td><td>从业人员50人及以上，且营业收入500万元及以上</td></tr>
<tr><td>小型企业</td><td>从业人员10人及以上，且营业收入100万元及以上</td></tr>
<tr><td>微型企业</td><td>从业人员10人以下或营业收入100万元以下</td></tr>
</table>

续表

行业	中小微型企业标准		
交通运输业	从业人员 1 000 人以下或营业收入 30 000 万元以下	中型企业	从业人员 300 人及以上，且营业收入 3 000 万元及以上
		小型企业	从业人员 20 人及以上，且营业收入 200 万元及以上
		微型企业	从业人员 20 人以下或营业收入 200 万元以下
仓储业	从业人员 200 人以下或营业收入 30 000 万元以下	中型企业	从业人员 100 人及以上，且营业收入 1 000 万元及以上
		小型企业	从业人员 20 人及以上，且营业收入 100 万元及以上
		微型企业	从业人员 20 人以下或营业收入 100 万元以下
邮政业	从业人员 1 000 人以下或营业收入 30 000 万元以下	中型企业	从业人员 300 人及以上，且营业收入 2 000 万元及以上
		小型企业	从业人员 20 人及以上，且营业收入 100 万元及以上
		微型企业	从业人员 20 人以下或营业收入 100 万元以下
住宿业	从业人员 300 人以下或营业收入 10 000 万元以下	中型企业	从业人员 100 人及以上，且营业收入 2 000 万元及以上
		小型企业	从业人员 10 人及以上，且营业收入 100 万元及以上
		微型企业	从业人员 10 人以下或营业收入 100 万元以下
餐饮业	从业人员 300 人以下或营业收入 10 000 万元以下	中型企业	从业人员 100 人及以上，且营业收入 2 000 万元及以上
		小型企业	从业人员 10 人及以上，且营业收入 100 万元及以上
		微型企业	从业人员 10 人以下或营业收入 100 万元以下
信息传输业	从业人员 2 000 人以下或营业收入 100 000 万元以下	中型企业	从业人员 100 人及以上，且营业收入 1 000 万元及以上
		小型企业	从业人员 10 人及以上，且营业收入 100 万元及以上
		微型企业	从业人员 10 人以下或营业收入 100 万元以下
软件和信息技术服务业	从业人员 300 人以下或营业收入 10 000 万元以下	中型企业	从业人员 100 人及以上，且营业收入 1 000 万元及以上
		小型企业	从业人员 10 人及以上，且营业收入 50 万元及以上
		微型企业	从业人员 10 人以下或营业收入 50 万元以下

续表

行业	中小微型企业标准		
房地产开发经营	营业收入 200 000 万元以下或资产总额 10 000 万元	中型企业	营业收入 1 000 万元及以上，且资产总额 5 000 万元及以上
		小型企业	营业收入 100 万元及以上，且资产总额 2 000 万元及以上
		微型企业	营业收入 100 万元以下或资产总额 2 000 万元以下
物业管理	从业人员 1 000 人以下或营业收入 5 000 万元以下	中型企业	从业人员 300 人及以上，且营业收入 1 000 万元及以上
		小型企业	从业人员 100 人及以上，且营业收入 500 万元及以上
		微型企业	从业人员 100 人以下或营业收入 500 万元以下
租赁和商务服务业	从业人员 300 人以下或资产总额 120 000 万元以下	中型企业	从业人员 100 人及以上，且资产总额 8 000 万元及以上
		小型企业	从业人员 10 人及以上，且资产总额 100 万元及以上
		微型企业	从业人员 10 人以下或资产总额 100 万元以下
其他未列明行业	从业人员 300 人以下	中型企业	从业人员 100 人及以上
		小型企业	从业人员 10 人及以上
		微型企业	从业人员 10 人以下
说明	其他未列明行业包括科学研究和技术服务业，水利、环境和公共设施管理业，居民服务、修理和其他服务业，社会工作，文化、体育和娱乐业等		

3. 既不是企业集团内的母公司也不是子公司

企业集团内的母公司和子公司均应当执行《企业会计准则》，以保持集团公司内会计政策的一致性。

二、小企业会计的职能

小企业会计通过对经济业务事项的确认、计量、记录和报告，提供真实、准确、可靠的会计信息，有助于社会各方面了解小企业财务状况、经营成果和现金流量，并据以作出经济决策，进行宏观经济管理；有助于小企业管理当局加强经营管理、提高经济效益。小企业会计在经济管理中的这些重要的功能，就是小企业会计的职能。具体说，小企业会计具有会计核算与会计监督两项基本职能。

（一）会计核算职能

会计核算，是指会计对经济业务事项的确认、计量、记录和报告的工作过程。其中，确认是指是否将发生的经济业务事项作为资产、负债等会计要素加以记录和列入报表的过程；计量，是用货币或其他量度单位计算各项经济业务事项和结果的过程；记录，是用专门的会计方法在会计凭证、会计账簿、财务会计报告中登记经济业务事项的过程；报告，是指在记录的基础上，对一定时期的财务状况、经营成果和现金流量情况，以财务会计报告的形式向有关方面进行报告的过程。

（二）会计监督职能

会计监督，是指会计对经济业务事项的合法性、真实性、准确性、完整性进行审查的工作过程。其中，合法性是指会计确认经济业务事项或生成会计资料的程序必须符合会计法律法规和其他相关法律法规的规定；真实性是指会计计量、记录的经济业务事项必须是实际发生或按规定生成的会计资料，避免会计资料因人为因素的失真；准确性是指生产经营过程中产生的各种会计资料所记录的会计数据之间应当相互一致；完整性是指在会计核算过程中形成和提供的各种会计资料应当齐全。

随着社会生产力水平的日益提高，会计在市场经济中作用日益重要，会计的职能也在不断丰富和发展。除上述基本职能外，会计还具有预测经济前景、参与经济决策、控制经济运行过程、评价经营业绩等功能。

三、小企业会计的目标

依据现代会计职能的发展、经济管理的要求以及现代小企业治理机制，小企业会计的目标是通过编制财务会计报告，向财务会计报告使用者提供与小企业财务状况、经营成果和现金流量等有关的会计信息，反映小企业管理层受托责任履行情况，有助于财务会计报告使用者作出经济决策。

（一）向财务会计报告使用者提供与小企业财务状况、经营成果和现金流量等有关的会计信息

财务报告使用者主要包括投资者、债权人、政府及其有关部门和企业员工等。因此，向财务会计报告使用者提供与小企业财务状况、经营成果和现金流量等有关的会计信息，主要包括：

1. *为投资者充分了解各单位财务状况进行投资决策，提供必要的信息资料*

小企业的投资者包括国家、法人、职工个人、其他经济单位和外商等，投资者关心投资报酬和投资风险，需要了解小企业的财务状况，以做出正确的投

资决策。维护投资者的利益、向投资者提供其所需要的信息资料，是小企业会计的首要目标。

2. 为小企业的债权人提供小企业资金运转情况、短期偿债能力和支付能力的信息资料

小企业的债权人包括贷款人，如银行和其他金融机构、债券购买者等；也包括商业债权人，如在供应材料、设备及劳务等交易中因赊购成为小企业的债权人等。债权人通常关心小企业的偿债能力和财务风险，他们需要了解小企业的支付能力和偿债能力的资料，做出信贷和赊销的决策。

3. 为财政、工商、税务等政府及其有关部门提供对小企业实施管理、监督的各项信息资料

财政、工商、税务等政府及其有关部门实施市场经济管理和监管等重要职能，它们以经济资源分配的公平、合理，市场经济秩序的公正、有序以及宏观决策所依据信息的真实可靠等为出发点，依据有关的法律制度，运用各项会计信息对小企业的资金使用情况、利润形成和分配情况、税金计算和解缴情况、财经纪律的遵守情况等各项经济活动进行监督和检查，制定税收政策，进行税收征管以及国民经济统计等。

4. 向企业员工提供有关会计信息

员工是企业重要的生产要素，他们直接创造企业价值，同时也产生成本费用。没有全体员工的积极参与，小企业的内部控制就会流于形式，企业的管理水平就无法提高，企业的经济效益就不可能实现最大化，企业就无法在市场经济中发展壮大。员工是企业的主人，应当了解企业的基本会计信息，并对生产经营和管理活动提出建议。

小企业应当积极建设企业文化，增强员工的归属感和认同感，提高企业的凝聚力，维护员工权益，让员工了解经营状况等会计信息，倾听员工的意见和建议是重要和有效的措施。

（二）反映小企业管理层受托责任履行情况

现代小企业制度应当权责分明，企业管理者受托管理经营出资者的资产，小企业应以其全部法人财产自主经营、自负盈亏，对出资者承担资产保值的责任。因此，现代小企业所有权与经营权相分离，小企业投资者和债权人等需要及时或者经常性地了解小企业管理层保管、使用资产的情况，以便于评价小企业管理层的责任情况和业绩情况，并决定是否需要调整投资或者信贷政策，是否需要加强小企业内部控制和其他制度建设，是否需要更换管理层等。财务报告反映小企业管理层受托责任的履行情况，有助于评价小企业的经营管理责任和资源使用的有效性。

四、小企业会计的对象

会计对象是指会计所要核算和监督的内容。从一般意义上说，凡是能以货币表现的经济活动，都是会计核算和监督的内容。以货币表现的经济活动，通常也称为资金运动。按照资金在运动中的形式和作用，可以分为资金投入、资金运用和资金退出等过程。

资金投入包括小企业所有者投入的资金和债权人投入的资金两部分，前者属于小企业所有者权益，后者属于小企业债权人权益。投入小企业的资金一部分构成流动资产，另一部分构成非流动资产。

资金运用也称为资金循环与周转。以工业小企业为例，小企业的生产经营活动通常分为供应、生产、销售三个阶段。在供应阶段，小企业要购买原材料等劳动对象，并与供应单位发生货款的结算关系；在生产阶段，小企业在制造产品过程中会发生原材料的消耗、机器设备的磨损、向生产工人支付劳动报酬，以及在生产过程中发生其他耗费；在经营管理过程中也会发生必要的物资耗费、向管理人员支付劳动报酬、期间费用结算等；在销售阶段，小企业将生产的产品（服务）销售出去，发生有关销售费用、货款结算、交纳税金等业务，与购货单位发生货款结算关系及同税务机关发生税务结算关系等。在计算出财务成果后，还要进行提取盈余公积、向所有者分配利润等必要的利润分配活动。小企业资金运动从货币资金形态开始，经过供应阶段形成储备资金，生产经营阶段形成生产经营资金，销售阶段取得销售收入后收到货币资金，这个过程不断循环，周而复始，称为资金循环与周转。

资金退出，是指资金退出小企业的资金循环与周转。例如，偿还各项债务、交纳各种税费、向所有者分配利润等业务导致资金退出小企业。

由于小企业资金的取得、运用和退出等运动必然要引起小企业各项财产物资的增减变动、各项生产经营费用的支出、产品成本的形成，以及销售收入的取得和利润的实现、分配等，所以，上述资金运动表现为一系列经济业务事项。小企业的这些经济业务事项就是会计核算的具体内容，一般归纳为以下七个方面的内容：

（1）款项和有价证券的收付。

（2）财物的收发、增减和使用。

（3）债权债务的发生和结算。

（4）资本、基金的增减。

（5）收入、支出、费用、成本的计算。

（6）财务成果的计算和处理。

（7）其他需要办理会计手续、进行会计核算的事项。

第二节 小企业会计准则

一、《小企业会计准则》制定的意义和原则

（一）《小企业会计准则》制定的意义

小企业在我国国民经济和社会发展中起着重要的作用，加强小企业管理、促进小企业发展关系到国计民生和社会的稳定，《小企业会计准则》的制定主要是为了规范小企业会计确认、计量和报告行为，保证小企业会计信息质量，其重要意义具体表现在以下方面：

1. 加强小企业管理、促进小企业发展

制定和发布《小企业会计准则》，是落实国务院《关于进一步促进中小企业发展的若干意见》文件精神，规范小企业会计工作、加强小企业管理、促进小企业发展的重要制度安排。

2. 加强税收征管、防范金融风险

小企业存在会计基础工作薄弱、会计核算资料不全等问题，使其对外提供的会计信息质量不高，税务部门无法采用查账方式征收企业所得税。同时，由于小企业的会计信息质量不高，也导致了银行在对小企业贷款管理中，不能依赖小企业财务报表提供的相关信息，加大了银行对小企业贷款的风险。

3. 健全企业会计标准体系、规范小企业会计行为

我国现行的企业会计准则体系实施范围不包括小企业。小企业之前执行2004年制定的《小企业会计制度》，其内容有些已经不适应小企业经济活动发展的需要。因此，制定《小企业会计准则》，完善企业会计准则体系，可以规范小企业会计行为。

此外，国际会计准则理事会于2009年7月制定发布了《中小主体国际财务报告准则》，我国以制定和发布《小企业会计准则》积极响应，在促进我国小企业会计改革与发展的同时可以增进与国际的交流。

（二）《小企业会计准则》的制定原则

我国《小企业会计准则》的制定立足国情，借鉴《中小主体国际财务报告准则》简化要求的思路，同时与我国税法保持协调，并有助于银行等债权人提供信贷。具体体现为以下三个原则：

1. 遵循基本准则与简化要求相结合

按照我国企业会计改革的总体框架，基本准则是纲，适用于在中华人民共

和国境内设立的所有企业；企业会计准则和小企业会计准则是基本准则框架下的两个子系统，分别适用于大中型企业和小企业。小企业会计准则应当按照基本准则的要求规范小企业会计确认、计量和报告行为，同时考虑到我国小企业规模小、业务简单、会计基础工作较为薄弱、会计信息使用者的信息需求相对单一等实际，小企业会计准则应当简化要求。

2. 满足税收征管信息需求与有助于银行提供信贷相结合

小企业外部会计信息使用者主要是税务部门、银行和工商部门。税务部门主要利用小企业会计信息做出税收决策，包括是否给予税收优惠政策，采取何种征税方式，确定应征税额等，以期减少小企业会计与税法的差异；银行主要利用小企业会计信息做出信贷决策，它们更多希望小企业按照国家统一的会计准则提供财务报表；工商部门主要利用小企业会计信息判断其经营情况。为满足小企业外部主要会计信息使用者的需求，《小企业会计准则》制定中减少了会计职业判断的内容，基本消除了小企业会计与税法的差异。

3. 和《企业会计准则》合理分工与有序衔接相结合

《小企业会计准则》和《企业会计准则》虽适用范围不同，但为适应小企业发展壮大的需要，又要相互衔接，从而发挥会计准则在企业发展中的政策效应。为此，对于小企业非经常性发生的，甚至基本不可能发生的交易或事项，一旦发生，可以参照《企业会计准则》的规定执行；对于小企业公开发行股票或债券的，或者因经营规模或企业性质变化不再符合小企业标准而成为大中型企业或金融企业的，应当转为执行《企业会计准则》；小企业转为执行《企业会计准则》时，应当按照《企业会计准则第 38 号——首次执行企业会计准则》等相关规定进行会计处理。

4. 规范会计核算，捋顺企业会计体系

我国自 1992 年开始进行会计制度改革，极大地促进了会计工作，满足了市场经济发展的需要，提高了会计人员的业务水平。但由于改革的复杂性，不断有新制度颁布执行，而旧制度没有及时废止，造成小企业会计核算标准不统一、会计政策混乱等问题。《小企业会计准则》实行后，财政部将清理原有的各项会计制度，并逐步废止其中不适用的内容，这对于《小企业会计准则》的贯彻实施、企业会计准则体系的建立具有重要作用。

二、《小企业会计准则》执行的选择及会计核算的特殊规定

（一）《小企业会计准则》执行的选择

财政部根据《中华人民共和国会计法》、《企业会计准则——基本准则》及其他有关法律和法规制定的《小企业会计准则》是国家统一的会计制度的重要

组成部分。

1. 小企业

《小企业会计准则》自2013年1月1日起在小企业范围内施行，鼓励小企业提前执行。除股票或债券在市场上公开交易的小企业、金融机构或其他具有金融性质的小企业以及企业集团内的母公司和子公司等三类小企业外，小企业可以执行本准则，也可以执行《企业会计准则》。

2. 微型企业

根据《小企业会计准则》第八十九条规定，符合《中小企业划型标准规定》所规定的微型企业标准的企业参照执行本准则。

（二）会计核算的特殊规定

（1）按照《小企业会计准则》进行会计处理的小企业，发生的交易或者事项《小企业会计准则》未作规范的，可以参照《企业会计准则》中的相关规定进行处理，待财政部作出具体规定时从其规定。

（2）执行《企业会计准则》的小企业，不得在执行《企业会计准则》的同时，选择执行《小企业会计准则》的相关规定。

（3）执行《小企业会计准则》的小企业，公开发行股票或债券的，应当转为执行《企业会计准则》；因经营规模或企业性质变化导致连续3年不符合中小企业划型标准规定的小企业标准而成为大中型企业或金融企业的，应当从次年1月1日起转为执行《企业会计准则》。

（4）已执行《企业会计准则》的上市公司、大中型企业和小企业，不得转为执行《小企业会计准则》。

（5）执行《小企业会计准则》的小企业，转为执行《企业会计准则》时，应当按照《企业会计准则第38号——首次执行企业会计准则》等相关规定和小企业会计准则所附的《小企业会计准则与企业会计准则会计科目转换对照表》进行会计处理。

三、《小企业会计准则》的新内容

《小企业会计准则》是国家统一的会计制度的重要组成部分。《小企业会计准则》的实施使2004年4月27日发布的《小企业会计制度》同时废止。与《小企业会计制度》比较，《小企业会计准则》的新内容体现在以下方面：

（一）《小企业会计准则》框架体系的变化

《小企业会计准则》由总则、资产、负债、所有者权益、收入、费用、利润及利润分配、外币业务、财务报表、附则及附录组成。其中，附录部分包括《小企业会计准则》——会计科目、主要账务处理和财务报表三个部分。

（二）会计要素与财务报表方面的变化

1. 会计要素方面

（1）资产方面，不要求计提资产减值准备，资产实际损失的确定参照《企业所得税法》中有关认定标准，取消发出存货后进先出法，长期股权投资统一采用成本法核算，规定了与《企业所得税法》相一致的固定资产计提折旧的最低年限以及固定资产后续支出的会计处理方法。

（2）负债方面，要求以实际发生额入账，利息计算统一采用票面利率或合同利率。

（3）所有者权益方面，资本公积的核算内容基本仅为资本溢价部分。

（4）收入方面，采用发出货物和收取款项作为标准，减少关于风险报酬转移的职业判断，同时就几种常见的销售方式明确规定了收入确认的时点。

2. 财务报表方面

现金流量表由《小企业会计制度》规定的"推荐编制"改为"应当编制"，并考虑到小企业会计信息使用者的需求，对现金流量表进行了适当简化，在附注中增加了纳税调整的说明。

（三）会计科目及账务处理方面的变化

1. 会计科目比较

会计科目的比较见表 1-2。

表 1-2　　会计科目比较

小企业会计准则			企业会计准则			小企业会计制度			说明
序号	编号	会计科目名称	序号	编号	会计科目名称	序号	编号	会计科目名称	
		一、资产类			一、资产类			一、资产类	
1	1001	库存现金	1	1001	现金	1	1001	现金	
2	1002	银行存款	2	1002	银行存款	2	1002	银行存款	
			3	1003	存放中央银行款项				银行专用
			4	1011	存放同业				银行专用
3	1012	其他货币资金	5	1012	其他货币资金	3	1009	其他货币资金	
							100901	外埠存款	
							100902	银行本票存款	
							100903	银行汇票存款	
							100904	信用卡存款	
							100905	信用证保证金存款	
							100906	存出投资款	
			6	1021	结算备付金				证券专用
			7	1031	存出保证金				金融共用

续表

小企业会计准则			企业会计准则			小企业会计制度			说明
序号	编号	会计科目名称	序号	编号	会计科目名称	序号	编号	会计科目名称	
			8	1101	交易性金融资产				
			9	1111	买入返售金融资产				金融共用
4	1101	短期投资				4	1101	短期投资	
							110101	股票	
							110102	债券	
							110103	基金	
							110110	其他	
						5	1102	短期投资跌价准备	
5	1121	应收票据	10	1121	应收票据	6	1111	应收票据	
6	1122	应收账款	11	1122	应收账款	8	1131	应收账款	
7	1123	预付账款	12	1123	预付账款				
8	1131	应收股利	13	1131	应收股利	7	1121	应收股息	
9	1132	应收利息	14	1132	应收利息				
			15	1201	应收代位追偿款				保险专用
			16	1211	应收分保账款				保险专用
			17	1212	应收分保合同准备金				保险专用
10	1221	其他应收款	18	1221	其他应收款	9	1133	其他应收款	
			19	1231	坏账准备	10	1141	坏账准备	
			20	1301	贴现资产				银行专用
			21	1302	拆出资金				金融共用
			22	1303	贷款				银行专用
			23	1304	贷款损失准备				银行专用
			24	1311	代理兑付证券				银行和证券共用
			25	1321	代理业务资产				
11	1401	材料采购	26	1401	材料采购				
12	1402	在途物资	27	1402	在途物资	11	1201	在途物资	
13	1403	原材料	28	1403	原材料	12	1211	材料	
14	1404	材料成本差异	29	1404	材料成本差异				
15	1405	库存商品	30	1405	库存商品	14	1243	库存商品	
			31	1406	发出商品				
16	1407	商品进销差价	32	1407	商品进销差价	15	1244	商品进销差价	
17	1408	委托加工物资	33	1408	委托加工物资	16	1251	委托加工物资	
						17	1261	委托代销商品	

续表

小企业会计准则			企业会计准则			小企业会计制度			说明
序号	编号	会计科目名称	序号	编号	会计科目名称	序号	编号	会计科目名称	
						13	1231	低值易耗品	
18	1411	周转材料	34	1411	周转材料				
19	1421	消耗性生物资产	35	1421	消耗性生物资产				农业专用
			36	1431	贵金属				金融共用
			37	1441	抵债资产				金融共用
			38	1451	损余物资				保险专用
			39	1461	融资租赁资产				租赁专用
			40	1471	存货跌价准备	18	1281	存货跌价准备	
						19	1301	待摊费用	
			41	1501	持有至到期投资				
			42	1502	持有至到期投资减值准备				
			43	1503	可供出售金融资产				
20	1501	长期债权投资				21	1402	长期债权投资	
							140201	债券投资	
							140202	其他债权投资	
21	1511	长期股权投资	44	1511	长期股权投资	20	1401	长期股权投资	
							140101	股票投资	
							140102	其他股权投资	
			45	1512	长期股权投资减值准备				
			46	1521	投资性房地产				
			47	1531	长期应收款				
			48	1532	未实现融资收益				
			49	1541	存出资本保证金				保险专用
22	1601	固定资产	50	1601	固定资产	22	1501	固定资产	
23	1602	累计折旧	51	1602	累计折旧	23	1502	累计折旧	
			52	1603	固定资产减值准备				
24	1604	在建工程	53	1604	在建工程	25	1603	在建工程	
							160301	建筑工程	
							160302	安装工程	
							160303	技术改造工程	
							160304	其他支出	
25	1605	工程物资	54	1605	工程物资	24	1601	工程物资	

续表

小企业会计准则			企业会计准则			小企业会计制度			说明
序号	编号	会计科目名称	序号	编号	会计科目名称	序号	编号	会计科目名称	
26	1606	固定资产清理	55	1606	固定资产清理	26	1701	固定资产清理	
			56	1611	未担保余值				租赁专用
27	1621	生产性生物资产	57	1621	生产性生物资产				农业专用
28	1622	生产性生物资产累计折旧	58	1622	生产性生物资产累计折旧				农业专用
			59	1623	公益性生物资产				农业专用
			60	1631	油气资产				石油天然气开采专用
			61	1632	累计折耗				石油天然气开采专用
29	1701	无形资产	62	1701	无形资产	27	1801	无形资产	
30	1702	累计摊销	63	1702	累计摊销				
			64	1703	无形资产减值准备				
			65	1711	商誉				
31	1801	长期待摊费用	66	1801	长期待摊费用	28	1901	长期待摊费用	
			67	1811	递延所得税资产				
			68	1821	独立账户资产				保险专用
32	1901	待处理财产损溢	69	1901	待处理财产损溢				
		二、负债类			二、负债类			二、负债类	
33	2001	短期借款	70	2001	短期借款	29	2101	短期借款	
			71	2002	存入保证金				金融共用
			72	2003	拆入资金				金融共用
			73	2004	向中央银行借款				银行专用
			74	2011	吸收存款				银行专用
			75	2012	同业存放				银行专用
			76	2021	贴现负债				银行专用
			77	2101	交易性金融负债				
			78	2111	卖出回购金融资产款				金融共用
34	2201	应付票据	79	2201	应付票据	30	2111	应付票据	
35	2202	应付账款	80	2202	应付账款	31	2121	应付账款	
36	2203	预收账款	81	2203	预收账款				
37	2211	应付职工薪酬	82	2211	应付职工薪酬	32	2151	应付工资	
						33	2153	应付福利费	
38	2221	应交税费	83	2221	应交税费	35	2171	应交税金	

续表

小企业会计准则			企业会计准则			小企业会计制度			说明
序号	编号	会计科目名称	序号	编号	会计科目名称	序号	编号	会计科目名称	
							217101	应交增值税	
							21710101	进项税额	
							21710102	已交税金	
							21710103	减免税款	
							21710104	出口抵减内销产品应纳税额	
							21710105	转出未交增值税	
							21710106	销项税额	
							21710107	出口退税	
							21710108	进项税额转出	
							21710109	转出多交增值税	
							217102	未交增值税	
							217103	应交营业税	
							217104	应交消费税	
							217105	应交资源税	
							217106	应交所得税	
							217107	应交土地增值税	
							217108		
							217109	应交房产税	
							217110	应交土地使用税	
							217111	应交车船使用税	
							217112	应交个人所得税	
39	2231	应付利息	84	2231	应付利息				
40	2232	应付利润	85	2232	应付股利	34	2161	应付利润	
						36	2176	其他应交款	
41	2241	其他应付款	86	2241	其他应付款	37	2181	其他应付款	
			87	2251	应付保单红利				保险专用
			88	2261	应付分保账款				保险专用
			89	2311	代理买卖证券款				证券专用
			90	2312	代理承销证券款				金融共用
			91	2313	代理兑付证券款				证券和银行共用

续表

小企业会计准则			企业会计准则			小企业会计制度			说明
序号	编号	会计科目名称	序号	编号	会计科目名称	序号	编号	会计科目名称	
			92	2314	代理业务负债				
						38	2191	预提费用	
						39	2201	待转资产价值	
							220101	接受捐赠货币性资产价值	
							220102	接受捐赠非货币性资产价值	
42	2401	递延收益	93	2401	递延收益				
43	2501	长期借款	94	2501	长期借款	40	2301	长期借款	
			95	2502	应付债券				
			96	2601	未到期责任准备				保险专用
			97	2602	保险责任准备金				保险专用
			98	2611	保户储金				保险专用
			99	2621	独立账户负债				保险专用
44	2701	长期应付款	100	2701	长期应付款	41	2321	长期应付款	
			101	2702	未确认融资费用				
			102	2711	专项应付款				
			103	2801	预计负债				
			104	2901	递延所得税负债				
					三、共同类				
			105	3001	清算资金往来				银行专用
			106	3002	货币兑换				金融共用
			107	3101	衍生工具				
			108	3201	套期工具				
			109	3202	被套期项目				
		三、所有者权益类			四、所有者权益类			三、所有者权益类	
45	3001	实收资本	110	4001	实收资本	42	3101	实收资本	
46	3002	资本公积	111	4002	资本公积	43	3111	资本公积	
							311101	资本溢价	
							311102	接受捐赠非现金资产准备	
							311106	外币资本折算差额	
							311107	其他资本公积	

续表

小企业会计准则			企业会计准则			小企业会计制度			说明
序号	编号	会计科目名称	序号	编号	会计科目名称	序号	编号	会计科目名称	
47	3101	盈余公积	112	4101	盈余公积	44	3121	盈余公积	
							312101	法定盈余公积	
							312102	任意盈余公积	
							312103	法定公益金	
			113	4102	一般风险准备				金融共用
48	3103	本年利润	114	4103	本年利润	45	3131	本年利润	
49	3104	利润分配	115	4104	利润分配	46	3141	利润分配	
							314101	其他转入	
							314102	提取法定盈余公积	
							314103	提取法定公益金	
							314109	提取任意盈余公积	
							314110	应付利润	
							314111	转作资本的利润	
							314115	未分配利润	
			116	4201	库存股				
		四、成本类			五、成本类			四、成本类	
50	4001	生产成本	117	5001	生产成本	47	4101	生产成本	
							410101	基本生产成本	
							410102	辅助生产成本	
51	4101	制造费用	118	5101	制造费用	48	4105	制造费用	
			119	5201	劳务成本				
52	4301	研发支出	120	5301	研发支出				
53	4401	工程施工	121	5401	工程施工				建造承包商专用
			122	5402	工程结算				建造承包商专用
54	4403	机械作业	123	5403	机械作业				建造承包商专用
		五、损益类			六、损益类			五、损益类	
55	5001	主营业务收入	124	6001	主营业务收入	49	5101	主营业务收入	
			125	6011	利息收入				金融共用
			126	6021	手续费及佣金收入				金融共用

续表

小企业会计准则			企业会计准则			小企业会计制度			说明
序号	编号	会计科目名称	序号	编号	会计科目名称	序号	编号	会计科目名称	
			127	6031	保费收入				保险专用
			128	6041	租赁收入				租赁专用
56	5051	其他业务收入	129	6051	其他业务收入	50	5102	其他业务收入	
			130	6061	汇兑损益				金融共用
			131	6101	公允价值变动损益				
57	5111	投资收益	132	6111	投资收益	51	5201	投资收益	
			133	6201	摊回保险责任准备金				保险专用
			134	6202	摊回赔付支出				保险专用
			135	6203	摊回分保费用				保险专用
58	5301	营业外收入	136	6301	营业外收入	52	5301	营业外收入	
59	5401	主营业务成本	137	6401	主营业务成本	53	5401	主营业务成本	
60	5402	其他业务成本	138	6402	其他业务支出	55	5405	其他业务支出	
61	5403	营业税金及附加	139	6403	营业税金及附加	54	5402	主营业务税金及附加	
			140	6411	利息支出				金融共用
			141	6421	手续费及佣金支出				金融共用
			142	6501	提取未到期责任准备金				保险专用
			143	6502	提取保险责任准备金				保险专用
			144	6511	赔付支出				保险专用
			145	6521	保单红利支出				保险专用
			146	6531	退保金				保险专用
			147	6541	分出保费				保险专用
			148	6542	分保费用				保险专用
62	5601	销售费用	149	6601	销售费用	56	5501	营业费用	
63	5602	管理费用	150	6602	管理费用	57	5502	管理费用	
64	5603	财务费用	151	6603	财务费用	58	5503	财务费用	
			152	6604	勘探费用				石油天然气开采专用
			153	6701	资产减值损失				
65	5711	营业外支出	154	6711	营业外支出	59	5601	营业外支出	
66	5801	所得税费用	155	6801	所得税费用	60	5701	所得税	
			156	6901	以前年度损益调整				

2. 账务处理的比较

个别科目账务处理的比较见表 1-3。

表 1-3 账务处理的比较

会计科目	《小企业会计准则》	《小企业会计制度》
库存现金（现金）	现金短缺或溢余通过"待处理财产损溢——待处理流动资产损溢"科目核算	如为现金短缺，借记"管理费用"科目；如为现金溢余，贷记"营业外收入"科目
银行存款	未明确规范结算方式及汇兑损益的处理	明确规范结算方式及汇兑损益的处理
短期投资	持有期间所收到的股利、利息等，确认投资收益	持有期间所收到的股利、利息等，不确认投资收益，作为冲减投资成本处理
	不计提短期投资减值准备	计提短期投资减值准备
应收票据	未规范票据利息的处理	规范票据利息的处理
	因付款人无力支付票款，或到期不能收回应收票据的转入"应收账款"	应收票据不得计提坏账准备，待到期不能收回转入应收账款后，再按规定计提坏账准备
应收账款	未规范应收债权融资或出售应收债权的会计处理	规范应收债权融资或出售应收债权的会计处理
	不计提坏账，发生损失时直接转销计入营业外收入	计提坏账准备，坏账准备计入管理费用
原材料（材料）	未规范商品流通的小企业购入商品抵达仓库前发生的包装费、运杂费、保险费、装卸费、运输途中的合理损耗和入库前的挑选整理费用等采购费用	商品流通的小企业购入商品抵达仓库前发生的包装费、运杂费、保险费、装卸费、运输途中的合理损耗和入库前的挑选整理费用等采购费用直接计入当期营业费用
	盘盈、盘亏或毁损的各种原材料通过"待处理财产损溢——待处理流动资产损溢"科目核算，待按照管理权限批准后计入营业外收入或营业外支出	盘盈的各种材料冲减管理费用；盘亏、毁损的各种材料计入营业外支出或管理费用
长期股权投资	成本法核算	分别采用成本法或权益法核算
固定资产	自行建造的固定资产的入账价值由建造该固定资产决算前发生的支出（含相关借款费用）构成	自行建造的固定资产的入账价值为达到预定可使用状态前所发生的必要支出
无形资产	摊销期自其可供使用时开始至停止使用或出售时止。有关法律规定或合同约定了使用年限的，可以按照规定或约定的使用年限分期摊销。小企业不能可靠估计无形资产使用寿命的，摊销期不短于 10 年	摊销年限应按合同受益年限、法律规定年限孰低确定，如果合同没有规定受益年限，法律也没有规定有效年限的，摊销年限不应超过 10 年

续表

会计科目	《小企业会计准则》	《小企业会计制度》
长期待摊费用	不含开办费	包括开办费
应付职工薪酬	为获得职工提供服务而应付给职工的各种形式的报酬以及其他相关支出并进行详细规范	通过应付工资、应付福利费等核算，未规范非货币性薪酬及其他职工薪酬的核算
长期借款	小企业为购建固定资产在竣工决算前发生的借款费用，应当计入固定资产的成本	为购建固定资产而发生的专门借款，在满足借款费用开始资本化的条件时至购建的固定资产达到预定可使用状态前发生的借款费用，应计入固定资产成本
资本公积	仅核算资本（股本）溢价	包括四个明细科目：资本溢价、接受捐赠非现金资产准备、外币资本折算差额、其他资本公积
盈余公积	法定公积金和任意公积金	法定盈余公积、任意盈余公积、法定公益金

值得注意的是，债务重组、非货币性资产交换等特殊业务的核算，《小企业会计制度》进行了规范，《小企业会计准则》未规范，但《小企业会计准则》规定，小企业发生的交易或者事项《小企业会计准则》未作规范的，可以参照《企业会计准则》进行处理。

第三节　会计核算的前提条件和会计信息质量要求

一、会计核算的前提条件

会计核算的前提条件是对会计核算所处的空间环境、时间阶段等所作的合理假设。会计核算具体对象的确定、会计政策的选择、会计数据的搜集都要以前提条件为依据。会计核算的前提条件包括：会计主体、持续经营、会计分期和货币计量。

（一）会计主体

会计主体，是指会计信息所反映的特定单位或组织，是小企业会计确认、计量和报告的空间范围。

在会计主体假设下，小企业应当对其本身发生的交易或者事项进行会计确认、计量和报告。会计主体假设要求会计人员只能核算和监督其所在主体的经济活动。明确会计主体假设的重主要意义在于：明确会计主体的范围，即为谁记账、算账、报账，才能划定会计所要处理的各项交易或事项的范围；明确会计主体，才能将会计主体的经济活动与会计主体所有者及职工个人的经济活动区分开来。

会计主体并不等同于法律主体。一般来说，法律主体往往是会计主体，但会计主体并不一定是法律主体。

（二）持续经营

持续经营是指会计主体在可预见的未来，将按照正常的经营方针、规模和既定的经营目标继续经营下去。

小企业会计确认、计量和报告应当以持续经营为前提。明确持续经营前提的重要意义在于：会计核算以小企业持续、正常的生产经营活动为前提，可以使选择会计政策和估计方法等建立在非清算基础之上，为资产计价、债务清偿以及和收益确认提供了基础。

（三）会计分期

会计分期，是指将一个小企业持续经营的生产经营活动期间划分为若干连续的、长短相同的期间。在会计分期假设下，会计核算应划分会计期间，分期结算账目和编制财务报告。会计期间分为年度和中期。中期是指短于一个完整的会计年度的报告期间，如半年度、季度和月度等。会计期间均按公历起讫日期确定。

明确会计分期前提的重要意义在于：它界定了会计信息的时间段落，以便于确认某个会计期间的收入、费用、利润，确认某个会计期末的资产、负债、所有者权益，通过按期编报财务报告，及时向财务报告使用者提供有关小企业财务状况、经营成果和现金流量的信息。

由于会计核算是分期进行的，有些收入和费用在相邻的会计期间是相互交错的。对于收入和费用归属期的确定，在会计处理上通常有权责发生制和收付实现制两种不同的基础。根据规定，小企业应当以权责发生制为基础进行会计确认、计量和报告。所谓权责发生制，就是按照权利和责任是否发生来确认收入和费用的归属期。根据权责发生制要求，凡是当期实现的收入和已经发生或者应当负担的费用，不论款项是否收付，都应作为本期的收入和费用入账；凡不属于当期的收入和费用，即使款项已在当期收付，也不应作为当期的收入和费用处理。

（四）货币计量

货币计量是指在会计核算中采用货币作为统一计量单位。

小企业会计应当以货币计量，明确货币计量前提的主要意义在于：确认了以货币作为统一的计量单位，会计主体在财务会计确认、计量和报告时以货币计量，反映会计主体的各项生产经营活动，使会计信息具有可比性，并同其他三项前提条件一起，为各项会计核算原则的确立奠定基础。

二、会计信息质量要求

会计信息是信息使用者进行决策的重要依据，会计信息的质量直接关系到决策者的决策及其后果。会计信息质量要求对财务报告所提供的信息起约束的作用。

（一）可靠性

会计信息的可靠性是对会计信息质量的最基本要求。会计信息如果不可靠，不仅无助于决策，而且还可能导致错误的决策。因此，可靠性是保证信息使用者做出正确决策的基本前提和条件。根据可靠性要求，小企业应当以实际发生的交易或者事项为依据进行确认、计量和报告，如实反映符合确认和计量要求的各项会计要素及其他相关信息，保证会计信息真实可靠、内容完整。

（二）相关性

小企业会计的目标是为决策人提供有用的信息，相关性是保证会计信息对决策有用的最重要的质量特征。会计信息的价值就在于其与决策者的决策需要相关。根据相关性要求，小企业提供的会计信息应当与财务报告使用者的经济决策需要相关，有助于财务报告使用者对小企业过去、现在或者未来的情况作出评价或者预测。

（三）可理解性

提供会计信息的目的在于使用，有效使用会计信息，必须了解会计信息的内涵。为了提高会计信息的有用性，根据可理解性要求，小企业提供的会计信息应当清晰明了，便于财务报告使用者理解和使用。

（四）可比性

小企业提供的会计信息应当具有可比性。具体包括以下两层含义：

（1）为了便于会计信息在同一小企业前后时期进行纵向比较，提高会计信息的有用性，根据可比性要求，同一小企业对于不同时期发生的相同或者相似的交易或者事项，应当采用一致的会计政策，不得随意变更。确需变更的，应当在附注中说明。

（2）为了便于会计信息在不同小企业之间进行横向比较，根据可比性要求，不同小企业发生的相同或者相似的交易或者事项，应当采用规定的会计政策，确保会计信息口径一致、相互可比。可比性要求不同小企业之间的会计政策具有相同的基础，会计信息所反映的内容也应基本一致。当经济情况相同时，会计信息应能显示相同的情况；当经济情况不同时，会计信息亦能反映其差异。

（五）实质重于形式

在某些情况下，交易或者事项的实质可能与其外在法律形式所反映的内容不尽相同。为了如实反映经济现实和实际情况，防止可能导致的会计信息失真，根据实质重于形式的要求，小企业应当按照交易或者事项的经济实质进行会计确认、计量和报告，不应仅以交易或者事项的法律形式为依据。

（六）重要性

具有重要性的会计信息对决策产生影响。根据重要性要求，小企业提供的会计信息应当反映与小企业财务状况、经营成果和现金流量有关的所有重要交易或者事项。

一项信息是否应该单独提供或揭示，应当从项目的性质和金额两个方面进行分析，其具体应用在很大程度上取决于会计人员的职业判断。过多的信息和过少的信息同样会产生误导，而且在信息太多时，可能会掩盖真正相关的信息，就会影响预测和决策。

（七）谨慎性

为了对面临的风险和可能发生的损失作出合理预计，避免损失发生时对小企业正常经营的影响，根据谨慎性要求，小企业对交易或者事项进行会计确认、计量和报告时应当保持应有的谨慎，不应高估资产或者收益、低估负债或者费用。

（八）及时性

会计信息的提供及时，在信息失去影响决策的能力之前提供给决策者。会计事项的处理，必须在经济业务发生时及时进行，讲求时效，以便于会计信息的及时利用。否则，信息失去影响决策的能力，相关的信息就会变得不相关。根据及时性要求，小企业对于已经发生的交易或者事项，应当及时进行确认、计量和报告，不得提前或者延后。

第四节　会计核算的基本内容

一、会计要素

会计要素，是根据交易或者事项的经济特征所确定的财务会计对象的基本分类，它是对经济业务事项进行确认和计量的依据，是确定财务报表结构和内容的基础。会计要素包括资产、负债、所有者权益、收入、费用和利润。其中，资产是资金的占用形态，负债和所有者权益是与资产相对应的资金来源，资产、负债、所有者权益是反映小企业财务状况的会计要素；而收入、费用、利润则是小企业资金运用的成果，是反映小企业生产经营成果的会计要素。

（一）资产要素

1. 资产的定义及特征

资产，是指小企业过去的交易或者事项形成的、由小企业拥有或者控制的、预期会给小企业带来经济利益的资源。根据资产的定义，资产具有以下特征：

（1）资产预期会给小企业带来经济利益。预期会给小企业带来经济利益是指直接或间接导致现金和现金等价物流入小企业的潜力。资产就在于其能够给小企业带来经济利益。如果某项目不能给小企业带来经济利益，那么该项目不能作为小企业的资产。

（2）资产应为小企业拥有或者控制的资源。小企业拥有或者控制是指小企业享有某项资源的所有权，或者虽然不享有某项资源的所有权，但该资源能被小企业所控制。例如，融资租入的固定资产，虽然小企业不拥有其所有权，但能够控制它，因而应将其作为小企业的资产。

（3）资产是由小企业过去的交易或者事项形成的。小企业的资产由过去的交易或事项形成，包括已经发生的购买、生产、建造行为或者其他交易或事项。例如，购入的固定资产是已经发生的购买交易形成的资产。预期在未来发生的交易或事项可能带来经济利益不确认为资产。

2. 资产的确认条件

将一项资源确认为资产，需要符合资产的定义，并同时满足以下两个条件：

（1）与该资源有关的经济利益很可能流入小企业；

（2）该资源的成本或者价值能够可靠地计量。

3. 资产的分类

资产按流动性分类，可分为流动资产和非流动资产。

（1）流动资产。流动资产是指预计在一个正常营业周期中变现、出售或耗用，或者主要为交易目的而持有，或者预计在资产负债表日起一年内（含一年）变现的资产以及其他资产或清偿负债的能力不受限制的现金或现金等价物。流动资产主要包括货币资金、短期投资、应收票据、应收账款、预付款项、应收利息、应收股利、其他应收款、存货等。

（2）非流动资产。非流动资产是指流动资产以外的资产。主要包括长期股权投资、固定资产、在建工程、工程物资、无形资产、开发支出等。

(二) 负债要素

1. 负债的定义及特征

负债，是指小企业过去的交易或者事项形成的、预期会导致经济利益流出小企业的现时义务。根据负债的定义，负债具有以下特征：

(1) 负债是过去的交易或者事项形成的现时义务。负债作为小企业的一种义务，是由小企业过去的交易或事项形成的、现已承担的义务。例如，小企业购入货物形成的负债。未来发生的交易或事项形成的义务，不属于现时义务，不确认为负债。

(2) 负债的清偿预期会导致经济利益流出小企业。小企业负债的清偿，需要在将来转移资产或者提供劳务，或者两者兼而有之。如用现金或实物清偿债务，或以提供劳务来清偿债务，或者同时以部分资产和提供部分劳务来清偿债务等。

2. 负债的确认条件

将一项义务确认为负债，需要符合负债的定义，并同时满足以下两个条件：

(1) 与该义务有关的经济利益很可能流出小企业；

(2) 未来流出的经济利益能够可靠地计量。

3. 负债的分类

负债按流动性不同，可分为流动负债和非流动负债。

(1) 流动负债。是指预计在一个正常营业周期中清偿、或者主要为交易目的而持有、或者自资产负债表日起一年内（含一年）到期应予以清偿、或者小企业无权自主地将清偿推迟至资产负债表日后一年以上的负债。流动负债主要包括短期借款、应付票据、应付账款、预收账款、应付职工薪酬、应交税费、应付利息、应付股利、其他应付款等。

(2) 非流动负债。是指流动负债以外的负债。主要包括长期借款、应付债券等。

(三) 所有者权益

1. 所有者权益的定义

所有者权益，是指小企业资产扣除负债后，由所有者享有的剩余权益。公司的所有者权益又称为股东权益。所有者权益是所有者对小企业资产的剩余索取权。

2. 所有者权益的来源构成

所有者权益按其来源主要包括所有者投入的资本、直接计入所有者权益的利得和损失、留存收益等。

(1) 所有者投入的资本。所有者投入的资本，是指所有者所有投入小企业的资本部分，它既包括构成小企业注册资本或者股本部分的金额，也包括投入资本超过注册资本或者股本部分的金额，即资本溢价或者股本溢价。

(2) 直接计入所有者权益的利得和损失。直接计入所有者权益的利得和损失，是指不应计入当期损益、会导致所有者权益发生增减变动的、与所有者投入资本或者向所有者分配利润无关的利得或者损失。其中，利得是指由小企业非日常活动所形成的、会导致所有者权益增加的、与所有者投入资本无关的经济利益的流入。损失是指由小企业非日常活动所发生的、会导致所有者权益减少的、与向所有者分配利润无关的经济利益的流出。

(3) 留存收益。留存收益是小企业历年实现的净利润留存于小企业的部分，主要包括计提的盈余公积和未分配利润。

3. 所有者权益的确认条件

由于所有者权益体现的是所有者在小企业中的剩余权益，因此，所有者权益的确认主要依赖于其他会计要素，尤其是资产和负债的确认；所有者权益金额的确定也主要取决于资产和负债的计量。

(四) 收入要素

1. 收入的定义及特征

收入，是指小企业在日常活动中形成的、会导致所有者权益增加的、与所有者投入资本无关的经济利益的总流入。根据收入的定义，收入具有以下几个方面的特征：

(1) 收入应当是小企业在日常活动中形成的。收入在小企业日常活动中形成，而不是从偶发交易或事项中产生的。有些交易或事项也能为小企业带来经济利益，但不属于小企业的日常活动，其流入的经济利益是利得，而不是收入。例如，出售固定资产，因固定资产是为使用而不是为出售而购入的，将固定资产出售并不是小企业的经营目标，也不属于小企业的日常活动，出售固定资产取得的收益不作为收入核算。

(2) 收入应当会导致经济利益的流入，该流入不包括所有者投入的资本。小企业所有者投入资本导致经济利益的流入，是所有者按照其拥有的资本金份额，行使对小企业重大决策的表决权，分享小企业的经营利润，分担小企业的经营亏损以及在小企业清算时按比例分配小企业剩余财产的依据，是所有者权益的重要内容，不应确认为收入。

(3) 收入应当最终会导致所有者权益的增加。收入可以增加资产，或减少负债，或二者兼而有之。根据“资产－负债＝所有者权益”的等式，小企业取得收入一定能增加所有者权益。但收入扣除相关费用、成本后的净额，则可能增加所有者权益，也可能减少所有者权益。

2. 收入的确认条件

收入在确认时除应当符合收入定义外，还应当满足严格的确认条件。收入只有在经济利益很可能流入，从而导致小企业资产增加或者负债减少，且经济利益的流入额能够可靠计量时才能予以确认。因此，收入的确认至少应当符合以下条件：

(1) 与收入相关的经济利益应当很可能流入小企业；

(2) 经济利益流入小企业的结果会导致小企业资产的增加或者负债的减少；

(3) 经济利益的流入额能够可靠地计量。

(五) 费用要素

1. 费用的定义及特征

费用，是指小企业在日常活动中发生的、会导致所有者权益减少的、与向所有者分配利润无关的经济利益的总流出。根据费用的定义，费用具有以下特征：

(1) 费用应当是小企业在日常活动中发生的；

(2) 费用应当会导致经济利益的流出，该流出不包括向所有者分配的利润；

(3) 费用应当最终会导致所有者权益的减少。

2. 费用的确认条件

费用的确认除了应当符合费用定义外，还应当满足严格的条件，即费用只有在经济利益很可能流出，从而导致小企业资产减少或者负债增加，且经济利益的流出额能够可靠计量时才能予以确认。因此，费用的确认至少应当符合以下条件：

(1) 与费用相关的经济利益应当很可能流出小企业；

(2) 经济利益流出小企业的结果会导致资产的减少或者负债的增加；

(3) 经济利益的流出额能够可靠计量。

(六) 利润要素

1. 利润的定义

利润，是指小企业在一定会计期间的经营成果。反映的是小企业的经营业绩情况，是业绩考核的重要指标。

2. 利润的构成

利润包括收入减去费用后的净额、直接计入当期利润的利得和损失等。

(1) 收入减去费用后的净额。收入减去费用后的净额反映的是小企业日常活动的业绩，直接计入当期利润的利得和损失反映的是小企业非日常活动的业绩。

（2）直接计入当期利润的利得和损失。直接计入当期利润的利得和损失，是指应当计入当期损益、最终会引起所有者权益发生增减变动的、与所有者投入资本或者向所有者分配利润无关的利得或者损失。

小企业应当严格区分收入和利得、费用和损失之间的区别，以更加全面地反映小企业的经营业绩。

3. 利润的确认条件

利润反映的是收入减去费用、利得减去损失后的净额，因此，利润的确认主要依赖于收入和费用以及利得和损失的确认，其金额的确定也主要取决于收入、费用、利得、损失金额的计量。

二、会计计量

会计计量是指运用一定的计量标准（计量属性）和计量单位对经过会计确认后应当进入会计系统进行处理的各项经济业务加以衡量、计算和确定的过程。会计计量属性，是指会计对象要素可计量的经济属性，即采用何种标准来进行会计记录、计算和报告。《小企业会计准则》规定小企业可以采用历史成本、重置成本计量方法。

（一）历史成本

历史成本，又称为实际成本，是取得或制造某项财产物资时所实际支付的现金或其他等价物。在历史成本计量下，资产按照购置时支付的现金或者现金等价物的金额，或者按照购置资产时所付出的对价的公允价值计量；负债按照因承担现时义务而实际收到的款项或者资产的金额，或者承担现时义务的合同金额，或者按照日常活动中为偿还负债预期需要支付的现金或者现金等价物的金额计量。

固定资产应当按照成本进行初始计量。外购固定资产的成本，包括购买价款、相关税费、使固定资产达到预定可使用状态前所发生的可归属于该项资产的运输费、装卸费、安装费和专业人员服务费等；自行建造固定资产的成本，由建造该项资产达到预定可使用状态前所发生的必要支出构成。

（二）重置成本

重置成本又称现行成本，是指按照当前市场条件，重新取得同样一项资产所需支付的现金或现金等价物金额。采用重置成本的方法，可以体现资产的现时价值，接近市场公允的价值。在重置成本计量下，资产按照现在购买相同或者相似资产所需支付的现金或者现金等价物的金额计量；负债按照现在偿付该项债务所需支付的现金或者现金等价物的金额计量。

固定资产盘盈时，如果同类或类似固定资产存在活跃市场的，按同类或类似固定资产的市场价格，减去按该项资产的新旧程度估计的价值损耗后的余额，作为入账价值；如果同类或类似固定资产不存在活跃市场的，按该项固定资产的预计未来现金流量现值，作为入账价值。

三、财务报表

为了满足会计信息使用者的需要，小企业必须对日常的核算资料进行加工整理，编制成财务报告，向会计信息使用者报告小企业的财务状况、经营成果和现金流量等情况。

（一）财务报表的概念

财务报表，是指小企业对外提供的反映小企业某一特定日期的财务状况和某一会计期间的经营成果、现金流量等会计信息的文件。

（二）财务报表的内容

财务报表包括资产负债表、利润表、现金流量表和附注。

1. 财务报表

财务报表是是以会计账簿记录和有关资料为依据，按照规定的报表格式，全面、系统地反映小企业财务状况、经营成果和现金流量的一种报告文件。小企业的财务报表一般应当包括资产负债表、利润表及其附注。小企业可以根据企业管理的需要自己选择是否编制现金流量表。

（1）资产负债表是反映小企业在某一特定日期的财务状况的财务报表。资产负债表主要提供小企业的资产、负债和所有者权益的总额及其结构情况等方面的信息，是报表使用者用来评价小企业资产的质量以及短期偿债能力、长期偿债能力、利润分配能力等的重要资料。

（2）利润表是反映小企业在一定会计期间的经营成果的财务报表。利润表主要提供小企业实现的收入、发生的费用以及应当计入当期利润的利得和损失金额及其结构情况等方面的信息，是报表使用者用来分析评价小企业的盈利能力及其构成与质量等的重要资料。

（3）现金流量表是反映小企业在一定会计期间的现金和现金等价物流入和流出的财务报表。现金流量表主要提供小企业各项经济活动的现金流入、流出情况等方面的信息，是报表使用者评价小企业的现金流和资金周转情况的重要资料。

2. 附注

附注是对在财务报表中列示项目所作的进一步说明，以及对未能在这些报表中列示项目的说明等。附注是为了帮助报表使用者理解财务报表的内容而对报表有关项目等所作的解释或补充，提高会计信息的有用性，是报表使用者更加全面、系统地掌握小企业财务状况、经营成果和现金流量的全貌，作出更加科学合理决策的重要资料。

CHAPTER

2 第二章 资　产

第一节　资产概述

资产是小企业从事生产经营活动必备的经济资源。作为会计要素之一，资产表现为小企业生产经营活动中资金的各种占用形态，即资产是投入资本和借入资金的实物形态。根据《小企业会计准则》规定，资产是指小企业过去的交易或者事项形成的、由小企业拥有或者控制的、预期会给小企业带来经济利益的资源。主要包括货币资金、短期投资、应收预付款 、存货、长期股权投资、固定资产、在建工程、无形资产等。

第二节　流动资产的核算

一、货币资金

（一）库存现金的核算

1. 库存现金管理要求

库存现金是指企业存放在财会部门由出纳人员管理的货币资金。企业应当按照国家法律、法规的规定办理有关现金收支业务。办理现金收支业务时，应当遵守以下几项规定：

（1）企业应当依照《会计法》的规定，实行不相容职务分离，做到钱账分管，会计与出纳分开。出纳人员不得兼任稽核、会计档案保管和收入、支出、费用、债权债务账目的登记工作。

(2) 企业现金收入应于当日送存开户银行。当日送存有困难的，由开户银行确定送存时间。

(3) 企业应当遵守《现金管理暂行条例》规定的范围，正确使用现金。

(4) 企业应当遵守库存现金限额的规定。企业库存现金的限额，由开户银行根据具体情况确定。

(5) 企业支付现金，应当从本企业库存现金限额中支付或者直接从开户银行中提取支付，不得从本企业现金收入中直接支付（即坐支）。特殊情况，应当事先报开户银行批准。

(6) 企业从开户银行提取现金，应当写明真实用途，加盖印章，经开户银行审核后支付现金。

(7) 企业因采购地点不固定以及其他特殊原因必须使用现金的，应向开户银行提出申请，经开户银行审核后支付现金。

(8) 企业不准用不符合制度规定的票据凭证顶替库存现金（即不得以白条顶库）；不准挪用现金；不准私人借用公款；不准为其他单位或个人套取现金；不准谎报用途套取现金；不准将单位的现金以个人名义存储；不准保留账外现金（即小金库）；不准以任何票证代替人民币。

(9) 企业应当健全现金收付票据的复核制度，坚持现金的查库制度，做到每日清查库存现金，保证现金安全。

2. 库存现金的核算

小企业应当设置“库存现金”科目，有内部周转使用备用金的，可以单独设置“备用金”科目。

小企业增加库存现金，借记“库存现金”科目，贷记“银行存款”等科目；减少库存现金，做相反的会计分录。有外币现金的小企业，还应当分别按照人民币和外币进行明细核算。“库存现金”科目期末借方余额，反映小企业持有的库存现金。

【例 2-1】

英迪公司开出现金支票，向开户银行提取现金 2 500 元，以备零星开支。

根据上述资料，该公司账务处理如下：

借：库存现金　　2 500

　贷：银行存款　　2 500

【例 2-2】

英迪公司以现金购买办公用品 400 元，根据发票报销。

根据上述资料，该公司账务处理如下：

借：管理费用　　400
　　贷：库存现金　　400

【例2-3】

英迪公司的销售经理张某出差，预借差旅费2 000元，以现金支付。

根据上述资料，该公司账务处理如下：

借：其他应收款——张某　　2 000
　　贷：库存现金　　2 000

【例2-4】

张某出差归来，报销差旅费1 500元，交回剩余现金，根据报销凭证。

根据上述资料，该公司账务处理如下：

借：库存现金　　500
　　管理费用　　1 500
　　贷：其他应收款——张某　　2 000

3. 库存现金的清查

小企业应当设置“库存现金日记账”，由出纳人员根据收付款凭证，按照业务发生顺序逐笔登记。每日终了，应当计算每日的现金收入合计额，现金支出合计额和结余额，将结余额与实际库存额核对，做到账款相符。

每日终了结算现金收支、财产清查等发现的有待查明原因的现金短缺或溢余，应通过“待处理财产损溢”科目核算：属于现金短缺，应按照实际短缺的金额，借记“待处理财产损溢——待处理流动资产损溢”科目，贷记“库存现金”科目；属于现金溢余，按照实际溢余的金额，借记“库存现金”科目，贷记“待处理财产损溢——待处理流动资产损溢”科目。

（二）银行存款的核算

1. 银行存款概述

银行存款是指企业存放在银行或其他金融机构的货币资金。按照国家有关规定，凡是独立核算的单位都必须在当地银行或其他金融机构开设账户，以办理银行存款的存款、取款和转账结算业务。

企业收入的款项，应当在国家规定的时间内送存开户银行；支出的款项，除规定可以用现金支付的以外，应当按照规定，通过银行办理转账结算。企业支付款项时，银行存款账户内必须有足够的资金。

企业必须遵守银行的结算纪律，定期与银行核对账目，保证货币资金的安全。根据中国人民银行颁布的《支付结算办法》的规定：单位和个人办理支付结算，不准签发没有资金保证的票据或远期支票，套取银行信用；不准签发、取得和转让没有真实交易和债权债务的票据，套取银行和他人资金；不准无理拒绝付款，任意占用他人资金；不准违反规定开立和使用账户。

2. 银行存款的结算方式

根据规定，企业发生货币资金收付业务时，可以采用的银行结算方式主要有银行汇票、银行本票、商业汇票、支票、汇兑、托收承付、委托收款、信用卡和信用证等。

3. 银行存款的核算

（1）总分类核算。小企业应设置“银行存款”科目对银行存款进行核算。小企业增加银行存款，借记本科目，贷记“库存现金”、“应收账款”等科目；减少银行存款，做相反的会计分录。有外币银行存款的小企业，还应当分别按照人民币和外币进行明细核算。“银行存款”科目期末借方余额，反映小企业存在银行或其他金融机构的各种款项。

【例2-5】

英迪公司将现金5 000元送存开户银行。

根据上述资料，该公司账务处理如下：

借：银行存款　　5 000

　贷：库存现金　　5 000

【例2-6】

英迪公司收到A公司支付的货款20 000元，存入银行。

根据上述资料，该公司账务处理如下：

借：银行存款　　20 000

　贷：应收账款——A公司　　20 000

（2）序时核算。银行存款的序时核算就是银行存款的明细核算，小企业应当按照开户银行和其他金融机构、存款种类等设置“银行存款日记账”，由出纳人员根据收付款凭证，按照业务的发生顺序逐笔登记。每日终了，应结出余额。

4. 银行存款的清查

银行存款的清查是指企业银行存款日记账的账面余额与其开户银行转来的

对账单的余额进行核对。企业每月应将银行存款日记账与银行对账单进行核对，以检查银行存款收付及结存情况。

银行存款日记账的余额和银行对账单的余额可能一致，也可能不一致。不一致的原因主要有两方面：一是记账错误；二是存在未达账项。所谓未达账项是指由于企业与银行之间对于同一项业务，由于取得凭证的时间不同，导致记账时间不一致，而发生的一方已取得结算凭证已登记入账，而另一方由于尚未取得结算凭证尚未入账的款项。未达账项有以下四种情况：

（1）企业已经收款入账，银行尚未收款入账的款项；

（2）企业已经付款入账，银行尚未付款入账的款项；

（3）银行已经收款入账，企业尚未收款入账的款项；

（4）银行已经付款入账，企业尚未付款入账的款项。

对上述未达账项应编制“银行存款余额调节表”调节相符。

（三）其他货币资金的核算

1. 其他货币资金概述

其他货币资金是指企业除现金和银行存款以外的货币资金，包括银行汇票存款、银行本票存款、信用卡存款、信用证保证金存款、外埠存款、备用金等其他货币资金。

2. 其他货币资金的核算

小企业应设置“其他货币资金”科目对其他货币资金进行核算。本科目应按照银行汇票或本票、信用卡发放银行、信用证的收款单位、外埠存款的开户银行，分别“银行汇票”、“银行本票”、“信用卡”、“信用证保证金”、“外埠存款”等进行明细核算。小企业增加其他货币资金，借记本科目，贷记“银行存款”科目；减少其他货币资金，做相反的会计分录。本科目期末借方余额，反映小企业持有的其他货币资金。

（1）外埠存款。外埠存款是指企业到外地进行临时或零星采购时，汇往采购地银行开立采购专户的款项。

企业汇出款项时，须填写汇款委托书，加盖“采购资金”字样。汇入银行对汇入的采购资金，以汇款单位名义开立采购账户。采购资金存款不计利息，除采购员差旅费可以支取少量现金外，一律转账。采购专户只付不收，付完结束账户。

企业将款项委托当地银行汇往采购地开立专户时，根据汇出款项凭证，编制付款凭证，借记“其他货币资金——外埠存款”科目，贷记“银行存款”科目。

采购人员报销用外埠存款支付的采购货款等款项时，企业应根据发票等报销凭证，编制付款凭证，借记“在途物资”等科目，贷记“其他货币资金——外埠存款”科目。

采购员完成采购任务，将多余外埠存款转回当地银行时，应根据银行的收款通知，编制收款凭证，借记“银行存款”科目，贷记“其他货币资金——外埠存款”科目。

(2) 银行汇票存款。银行汇票存款是指企业为取得银行汇票，按照规定存入银行的款项。企业向银行提交“银行汇票委托书”并将款项交存开户银行，取得汇票后，根据银行盖章的委托书存根联，编制付款凭证，借记“其他货币资金——银行汇票”科目，贷记“银行存款”科目。

企业使用银行汇票支付款项后，应根据发票账单及开户行转来的银行汇票有关副联等凭证，经核对无误后编制会计分录，借记“在途物资”、“库存商品”等科目，贷记“其他货币资金——银行汇票”账户。银行汇票使用完毕，应转销“其他货币资金——银行汇票”账户。如实际采购支付后银行汇票有余额，多余部分应借记“银行存款”科目，贷记“其他货币资金——银行汇票”科目。汇票因超过付款期限或其他原因未曾使用而退还款项时，应借记“银行存款”科目，贷记“其他货币资金——银行汇票”科目。

(3) 银行本票存款。银行本票存款是指企业为取得银行本票，按照规定存入银行的款项。企业向银行提交“银行本票申请书”并将款项交存银行，取得银行本票时，应根据银行盖章退回的申请书存根联，编制付款凭证，借记“其他货币资金——银行本票”科目，贷记“银行存款”科目。企业用银行本票支付购货款等款项后，应根据发票账单等有关凭证，借记“库存商品”等科目，贷记“其他货币资金——银行本票”科目。如企业因本票超过付款期等原因未曾使用而要求银行退款时，应填制进账单一式两联，连同本票一并交给银行，然后根据银行收回本票时盖章退回的一联进账单，借记“银行存款”科目，贷记“其他货币资金——银行本票”科目。

(4) 信用证保证金存款。信用证存款是指采用信用证结算方式的企业为开具信用证而存入银行信用证保证金专户的款项。

企业向银行申请开出信用证用于支付供货单位购货款项时，根据开户银行盖章退回的“信用证委托书”回单，借记“其他货币资金——信用证存款”科目，贷记“银行存款”科目。企业收到供货单位信用证结算凭证及所附发票账单，经核对无误后进行会计处理，借记“在途物资”等科目，贷记“其他货币资金——信用证存款”科目。如果企业收到未用完的信用证存款余额，应借记“银行存款”科目，贷记“其他货币资金——信用证存款”科目。

(5) 信用卡存款。信用卡存款是指企业为取得信用卡而存入银行信用卡专户的款项。企业申领信用卡，按照有关规定填制申请表，并按银行要求交存备用金，银行开立信用卡存款账户，发给信用卡。企业根据银行盖章退回的交存备用金的进账单，借记“其他货币资金——信用卡存款”科目，贷记“银行存款”科目。企业收到开户银行转来的信用卡存款的付款凭证及所附发票账单，经核对无误后进行会计处理，借记“管理费用”等科目，贷记“其他货币资金——信用卡存款”等科目。

二、短期投资

我国《小企业会计准则》按照持有投资的期限将对外投资分为短期投资和长期投资两类。其中，短期投资，是指小企业购入的能随时变现并且持有时间不准备超过1年（含1年）的投资，如小企业以赚取差价为目的从二级市场购入的股票、债券、基金等。

（一）会计科目的设置

短期投资核算设置的主要会计科目包括：“短期投资”科目、“应收股利”科目、“应收利息”科目等。

1.“短期投资”科目

“短期投资”科目核算小企业购入的能随时变现并且持有时间不准备超过1年（含1年）的投资。

“短期投资”科目应按照股票、债券、基金等短期投资种类进行明细核算。

“短期投资”科目期末借方余额，反映小企业持有的短期投资成本。

2.“应收股利”科目

“应收股利”科目核算小企业应收取的现金股利或利润。

“应收股利”科目应按照被投资单位进行明细核算。

“应收股利”科目期末借方余额，反映小企业尚未收到的现金股利或利润。

3.“应收利息”科目

“应收利息”科目核算小企业债券投资应收取的利息。

“应收利息”科目应按照被投资单位进行明细核算。

“应收利息”科目期末借方余额，反映小企业尚未收到的债券利息。

4.“投资收益”科目

“投资收益”科目核算小企业确认的投资收益或投资损失。

“投资收益”科目应按照投资项目进行明细核算。

期（月）末，可将“投资收益”科目余额转入“本年利润”科目，“投资收益”科目结转后应无余额。

（二）短期投资的初始计量

小企业取得短期投资，应当按照实际支付的购买价款和相关税费作为成本进行计量。实际支付价款中包含的已宣告但尚未发放的现金股利或已到付息期但尚未领取的债券利息，应当单独确认为应收股利或应收利息，不计入短期投资的成本。

小企业购入各种股票、债券、基金等作为短期投资的，应当按照实际支付的购买价款和相关税费，借记“短期投资”科目，贷记“银行存款”科目。

小企业购入股票，如果实际支付的购买价款中包含已宣告但尚未发放的现金股利，应当按照实际支付的购买价款和相关税费扣除已宣告但尚未发放的现金股利，借记“短期投资”科目，按照应收的现金股利，借记“应收股利”科目，按实际支付的购买价款和相关税费，贷记“银行存款”科目。

小企业购入债券，如果实际支付的价款中包含已到付息期但尚未领取的债券利息，应当按照实际支付的购买价款和相关税费扣除已到付息期但尚未领取的债券利息后的金额，借记“短期投资”科目，按照应收的利息，借记“应收利息”科目，按实际支付的购买价款和相关税费，贷记“银行存款”科目。

【例 2-7】

英迪公司 20×2 年 5 月 1 日从证券市场上购入 A 公司发行在外的股票 1 000 000 股作为短期投资，每股支付价款 6 元（含每股现金股利 0.1 元），另支付相关费用 10 000 元。根据上述资料，该公司账务处理如下：

借：短期投资　　5 910 000

　　应收股利　　100 000

　贷：银行存款　　6 010 000

【例 2-8】

英迪公司 20×2 年 7 月 1 日从证券市场上购入 B 公司于 20×2 年 1 月 1 日发行的一批债券，面值 100 000 元，票面年利率为 6%，3 年期，每年 1 月 5 日和 7 月 5 日支付半年利息。英迪公司实际支付价款 103 000 元。

根据上述资料，该公司账务处理如下：

借：短期投资　　100 000

　　应收利息　　3 000

　贷：银行存款　　103 000

（三）短期投资持有期间的现金股利和利息

短期投资在持有期间，被投资单位宣告分派的现金股利或在债务人应付利息日按照分期付息、一次还本债券投资的票面利率计算的利息收入，应当计入投资收益。

小企业在短期投资持有期间，被投资单位宣告分派的现金股利，借记“应收股利”科目，贷记“投资收益”科目。

在债务人应付利息日，按照分期付息、一次还本债券投资的票面利率计算的利息收入，借记“应收利息”科目，贷记“投资收益”科目。

实际收到现金股利或利息，借记“银行存款”科目，贷记“应收股利”或“应收利息”科目。

【例 2-9】

20×2 年 6 月 1 日，英迪公司用银行存款购入 C 公司的股票 10 000 股作为短期投资，每股买入价为 10 元，另支付相关税费 3 000 元。20×2 年 6 月 18 日，C 公司宣告分派现金股利，英迪公司按持股比例确认应收股利 5 000 元。20×2 年 6 月 25 日，英迪公司收到 C 公司分派的现金股利。

根据上述资料，该公司账务处理如下：

（1）取得投资时

借：短期投资　　1 003 000

　贷：银行存款　　1 003 000

（2）确认应收股利时

借：应收股利　　5 000

　贷：投资收益　　5 000

（3）收到现金股利时

借：银行存款　　5 000

　贷：应收股利　　5 000

【例 2-10】

英迪公司 20×2 年 7 月 1 日从证券市场上购入 D 公司同日发行的一批债券，面值 200 000 元，票面年利率为 6%，3 年期，每年 6 月 30 日和 12 月 31 日支付半年利息，英迪公司实际支付价款 201 000 元。

根据上述资料，该公司账务处理如下：

（1）取得投资时

借：短期投资　　201 000

　贷：银行存款　　201 000

(2) 12 月 31 日在债务人付息日确认应收利息时。

应收利息＝200 000×6%÷2＝1 000(元)

借：应收利息　　1 000

　贷：投资收益　　1 000

(3) 实际收到利息时

借：银行存款　　1 000

　贷：应收利息　　1 000

(四) 短期投资处置

小企业出售短期投资，应当将实际取得的价款与短期投资账面余额之间的差额计入投资收益。

小企业出售短期投资，应当按照实际收到的出售价款，借记“银行存款”或“库存现金”科目，按该项短期投资的账面余额，贷记“短期投资”科目，按尚未收到的现金股利或利息，贷记“应收股利”或“应收利息”科目，按其差额，贷记或借记“投资收益”科目。

【例 2-11】

20×3 年 6 月 1 日，英迪公司用银行存款购入 E 公司的股票 500 000 股作为短期投资，每股买入价为 10.5 元（含已宣告分派但尚未发放的现金股利 0.5 元），另支付相关税费 15 000 元。20×3 年 6 月 10 日，英迪公司将上述股票全部出售，收款净额为 5 300 000 元。假定上述现金股利股权登记日为 20×3 年 6 月 20 日。

根据上述资料，该公司账务处理如下：

(1) 取得投资时

借：短期投资　　5 015 000

　　应收股利　　250 000

　贷：银行存款　　5 265 000

(2) 出售短期投资时

借：银行存款　　5 300 000

　贷：短期投资　　5 015 000

　　　应收股利　　250 000

　　　投资收益　　35 000

三、应收及预付款项

应收及预付款项，是指小企业在日常生产经营过程中发生的各项债权，包括：应收票据、应收账款、应收股利、应收利息、其他应收款等应收款项和预付账款。

应收及预付款项应当按照以下规定进行会计处理：

（1）应收及预付款项应当按照发生额入账。

（2）应收及预付款项的坏账损失应当于实际发生时计入营业外支出，同时冲减应收及预付款项。

（一）应收票据的核算

1. 会计科目的设置

“应收票据”科目核算小企业因销售商品（产成品或材料）、提供劳务等日常生产经营活动而收到的商业汇票（银行承兑汇票和商业承兑汇票）。本科目应按照开出、承兑商业汇票的单位进行明细核算。

（1）小企业因销售商品、提供劳务等而收到开出、承兑的商业汇票，按照商业汇票的票面金额，借记“应收票据”科目，按照确认的营业收入，贷记“主营业务收入”等科目。涉及增值税销项税额的，还应当贷记“应交税费——应交增值税（销项税额）”科目。

（2）将持有的商业汇票背书转让以取得所需物资，按照应计入取得物资成本的金额，借记“材料采购”或“原材料”、“库存商品”等科目，按照商业汇票的票面金额，贷记“应收票据”科目。如有差额，借记或贷记“银行存款”等科目。涉及按照税法规定可抵扣的增值税进项税额的，还应当借记“应交税费——应交增值税（进项税额）”科目。

（3）商业汇票到期，应按照实际收到的金额，借记“银行存款”科目，贷记“应收票据”科目。因付款人无力支付票款，或到期不能收回应收票据，应按照商业汇票的票面金额，借记“应收账款”科目，贷记“应收票据”科目。

（4）“应收票据”科目期末借方余额，反映小企业持有的商业汇票的票面金额。

2. 应收票据的核算

（1）收到商业汇票及商业汇票到期的账务处理。

【例 2-12】

英迪公司向A公司销售商品一批，货款为100 000元，尚未收到，已办妥托收手续，适用增值税税率为17%。

根据上述资料，英迪公司账务处理如下：

借：应收账款——A公司　　117 000
　　贷：主营业务收入　　100 000
　　　　应交税费——应交增值税（销项税额）　　17 000

10日后，英迪公司收到A公司寄来一张3个月的商业承兑汇票，面值为117 000元，抵付商品货款。账务处理如下：

借：应收票据　　117 000
　　贷：应收账款——A公司　　117 000

3个月后，应收票据到期收回票面金额117 000元存入银行，账务处理如下：

借：银行存款　　117 000
　　贷：应收票据　　117 000

如果该票据到期，A公司无力偿还票款，英迪公司应将到期票据的票面金额转入“应收账款”科目。账务处理如下：

借：应收账款——A公司　　117 000
　　贷：应收票据　　117 000

(2) 应收票据贴现的账务处理。小企业持未到期的商业汇票向银行贴现，应按照实际收到的金额（即减去贴现息后的净额），借记“银行存款”科目，按照贴现息，借记“财务费用”科目，按照商业汇票的票面金额，贷记“应收票据”科目（银行无追索权）或“短期借款”科目（银行有追索权）。

【例2-13】

20×3年4月4日，英迪公司持所收取的出票日期为2月26日、期限为4个月、面值为2 000 000元的不带息商业承兑汇票一张到银行贴现，假设英迪公司与承兑企业在同一票据交换区域内，银行年贴现率为8%。

该应收票据到期日为6月26日，其贴现天数82天（26+31+26−1）。

贴现息＝2 000 000×8%×82÷360＝36 444(元)

贴现净额＝2 000 000－36 444＝1 963 556(元)

根据上述资料，该公司账务处理如下：

借：银行存款　　1 963 556
　　财务费用　　36 444
　　贷：应收票据　　2 000 000

（3）应收票据的备查。小企业应当设置“应收票据备查簿”，逐笔登记商业汇票的种类，编号，出票日，票面金额，交易合同号，付款人、承兑人、背书人的姓名或单位名称，到期日，背书转让日，贴现日，贴现率和贴现净额，收款日期，收回金额，退票情况等资料。商业汇票到期结清票款或退票后，在备查簿中应予注销。

（二）应收账款的核算

1. 会计科目的设置

小企业应设置“应收账款”科目核算小企业因销售商品、提供劳务等日常生产经营活动应收取的款项。本科目应按照对方单位（或个人）进行明细核算。

小企业因销售商品或提供劳务形成应收账款，应当按照应收金额，借记“应收账款”科目，按照税法规定应交纳的增值税销项税额，贷记“应交税费——应交增值税（销项税额）”科目，按照其差额，贷记“主营业务收入”或“其他业务收入”科目。收回应收账款，借记“银行存款”或“库存现金”科目，贷记“应收账款”科目。

按照《小企业会计准则》规定，确认应收账款实际发生的坏账损失，应当按照可收回金额，借记“银行存款”等科目，按照其账面余额，贷记“应收账款”科目，按照其差额，借记“营业外支出”科目。

“应收账款”科目期末借方余额，反映小企业尚未收回的应收账款。

2. 应收账款的核算

【例2-14】

英迪公司向B公司销售商品一批，价款200 000元，增值税34 000元，已办理托收手续。

根据上述资料，英迪公司账务处理如下：

借：应收账款——B公司	234 000	
应交税费——应交增值税（销项税额）	34 000	
贷：主营业务收入		200 000

收到货款时。

借：银行存款	234 000	
贷：应收账款——B公司		234 000

(三) 预付账款的核算

1. 会计科目的设置

"预付账款"科目核算小企业按照合同规定预付的款项，包括根据合同规定预付的购货款、租金、工程款等。预付款项情况不多的小企业，也可以不设置"预付账款"科目，将预付的款项直接记入"应付账款"科目借方。小企业进行在建工程预付的工程价款，也通过本科目核算。本科目应按照对方单位（或个人）进行明细核算。

(1) 小企业因购货而预付的款项，借记"预付账款"科目，贷记"银行存款"等科目。收到所购货物，按照应计入购入物资成本的金额，借记"在途物资"或"原材料"，"库存商品"等科目，按照税法规定可抵扣的增值税进项税额，借记"应交税费——应交增值税（进项税额）"科目；按照应支付的金额，贷记"预付账款"科目。补付的款项，借记"预付账款"科目，贷记"银行存款"等科目；退回多付的款项，做相反的会计分录。

(2) 出包工程按照合同规定预付的工程价款，借记"预付账款"科目，贷记"银行存款"等科目。按照工程进度和合同规定结算的工程价款，借记"在建工程"科目，贷记"预付账款"科目、"银行存款"等科目。

(3) 按照《小企业会计准则》规定确认预付账款实际发生的坏账损失，应当按照可收回金额，借记"银行存款"等科目，按照其账面余额，贷记"预付账款"科目，按照其差额，借记"营业外支出"科目。

(4)"预付账款"科目期末借方余额，反映小企业预付的各种款项。

2. 预付账款的核算

【例 2-15】

英迪公司向阔达公司采购商品一批，货款 200 000 元，增值税 34 000 元。按照合同规定向经达公司预付货款的 50%，验收货物后补付其余款项。

根据上述资料，英迪公司账务处理如下：

(1) 预付 50%的货款。

借：预付账款——预付材料款（阔达公司）　　100 000

　贷：银行存款　　100 000

(2) 收到阔达公司商品，经验收无误，以银行存款补付不足款项。

借：材料采购　　200 000

　　应交税费——应交增值税（进项税额）　　34 000

　贷：预付账款——预付材料款（阔达公司）　　234 000

借：预付账款——预付材料款（阔达公司） 134 000

　贷：银行存款 134 000

（四）其他应收款的核算

1. 会计科目的设置

“其他应收款”科目核算小企业除应收票据、应收账款、预付账款、应收股利、应收利息等以外的其他各种应收及暂付款项。包括各种应收的赔款、应向职工收取的各种垫付款项等。小企业出口产品或商品按照税法规定应予退回的增值税款，也通过本科目核算。本科目应按照对方单位（或个人）进行明细核算。

（1）小企业发生的其他各种应收款项，借记“其他应收款”科目，贷记“库存现金”、“银行存款”、“固定资产清理”等科目。出口产品或商品按照税法规定应予退回的增值税款，借记“其他应收款”科目，贷记“应交税费——应交增值税（出口退税）”科目。收回其他各种应收款项，借记“库存现金”、“银行存款”、“应付职工薪酬”等科目，贷记“其他应收款”科目。

（2）按照《小企业会计准则》规定确认其他应收款实际发生的坏账损失，应当按照可收回金额，借记“银行存款”等科目，按照其账面余额，贷记“其他应收款”科目，按照其差额，借记“营业外支出”科目。

（3）“其他应收款”科目期末借方余额，反映小企业尚未收回的其他应收款项。

2. 其他应收款的核算

【例 2-16】

英迪公司以银行存款代职工王强垫付应由其个人负担的取暖费 1 000 元，拟从其工资中扣回。

根据上述资料，该公司账务处理如下：

（1）垫支时

借：其他应收款——应收职工欠款（王强） 1 000

　贷：银行存款 1 000

（2）扣款时

借：应付职工薪酬 1 000

　贷：其他应收款——应收职工欠款（王强） 1 000

【例 2-17】

英迪公司租入包装物一批，以银行存款向出租方支付押金4 000 元。

根据上述资料，该公司账务处理如下：

借：其他应收款——存出保证金　　4 000

　贷：银行存款　　4 000

【例 2-18】

承例 2-17，英迪公司将租入包装物按期如数退回，收到出租方退还的押金 4 000 元，已存入银行。

根据上述资料，该公司账务处理如下：

借：银行存款　　4 000

　贷：其他应收款——存出保证金　　4 000

（五）坏账损失的核算

1. 坏账损失的确认

《小企业会计准则》规定，应收及预付款项的坏账损失应当于实际发生时计入营业外支出，同时冲减应收及预付款项。

小企业应收及预付款项符合下列条件之一的，减除可收回的金额后确认的无法收回的应收及预付款项，可以作为坏账损失：

（1）债务人依法宣告破产、关闭、解散、被撤销，或者被依法注销、吊销营业执照，其清算财产不足清偿的。

（2）债务人死亡，或者依法被宣告失踪、死亡，其财产或者遗产不足清偿的。

（3）债务人逾期 3 年以上未清偿，且有确凿证据证明已无力清偿债务的。

（4）与债务人达成债务重组协议或法院批准破产重整计划后，无法追偿的。

（5）因自然灾害、战争等不可抗力导致无法收回的。

（6）国务院财政、税务主管部门规定的其他条件。

2. 坏账损失的核算

【例 2-19】

英迪公司应收 T 公司销货款 60 000 元，T 公司已于本月依法宣告破产，英迪公司收回货款 40 000 元。

根据上述资料，英迪公司账务处理如下：

借：银行存款　　　　40 000

　　营业外支出　　　　20 000

　贷：应收账款　　　　60 000

四、存货

(一) 存货的定义及分类

1. 存货的定义

存货，是指小企业在日常生产经营过程中持有以备出售的产成品或商品、处在生产过程中的在产品、将在生产过程或提供劳务过程中耗用的材料和物料等，以及小企业（农、林、牧、渔业）为出售而持有的或在将来收获为农产品的消耗性生物资产。

存货的主要特征表现为：存货是一项有形资产，不同于商标权、专利权等无形资产，从而与无形资产相区分；存货是一项流动资产，它通常能在一年或一个经营周期内被销售或者耗用而转为新的资产，从而与长期资产区别开；存货是非货币资产，从而与库存现金、银行存款、应收票据、应收款项等金融资产区别开；存货持有的目的是为了耗用或出售而不是自用或消耗，这一特征将其与固定资产区别开。

2. 存货的分类

小企业的存货包括：原材料、在产品、半成品、产成品、商品、周转材料、委托加工物资、消耗性生物资产等。

(1) 存货按经济内容分类。

①原材料，是指小企业在生产过程中经加工改变其形态或性质并构成产品主要实体的各种原料及主要材料、辅助材料、外购半成品（外购件）、修理用备件（备品备件）、包装材料、燃料等。

②在产品，是指小企业正在制造尚未完工的产品。包括：正在各个生产工序加工的产品，以及已加工完毕但尚未检验或已检验但尚未办理入库手续的产品。

③半成品，是指小企业经过一定生产过程并已检验合格交付半成品仓库保管，但尚未制造完工成为产成品，仍需进一步加工的中间产品。

④产成品，是指小企业已经完成全部生产过程并已验收入库，符合标准规格和技术条件，可以按照合同规定的条件送交订货单位，或者可以作为商品对外销售的产品。

⑤商品，是指小企业（批发业、零售业）外购或委托加工完成并已验收入库用于销售的各种商品。

⑥周转材料，是指小企业能够多次使用、逐渐转移其价值但仍保持原有形态且不确认为固定资产的材料。包括包装物、低值易耗品、小企业（建筑业）的钢模板、木模板、脚手架等。

⑦委托加工物资，是指小企业委托外单位加工的各种材料、商品等物资。

⑧消耗性生物资产，是指小企业（农、林、牧、渔业）生长中的大田作物、蔬菜、用材林以及存栏待售的牲畜等。

（2）存货按存放地点分类。

①库存存货，指已经运达企业，并已验收入库的各种原材料，以及半成品和产成品等。委托其他单位代管，代销的产品也包括在内。

②在途存货，包括运入在途存货和运出在途存货。运入在途存货是指货款已经支付，或虽未付款，但已经取得存货的所有权，正在运输途中或已经运达企业尚未验收入库的各种存货。运出的存货是指按合同规定已经发出，但其所有权尚未经购货方验收的存货。

③委托加工的存货，指企业根据需要，送往其他单位委托加工的存货。

④出租、出借的存货，指企业在销售过程中出租或出借给购买单位的包装容器，或企业附带经营某些租赁业务而出租的存货。

（二）存货的确认和计量

1. 存货的确认

对于存货的确认，要同时满足以下两个条件：

（1）与该存货包含的经济利益很可能流入企业。资产最重要的特征是预期会给企业带来经济利益，存货是企业一项重要的流动资产，因此，对存货的确认，关键是判断其是否很可能给企业带来经济利益或其包含的经济利益是否很可能流入企业（“很可能”是指事件发生的可能性在50%以上）。通常，拥有存货的所有权是存货包含的经济利益很可能流入本企业的一个重要标志。一般情况下，根据销售合同已经售出，所有权已经转移的存货，因其所包含的经济利益已不能流入本企业，因此不能再作为企业的存货来核算。这一条件实际上强调企业对资产的所有权。

（2）该存货的成本能够可靠地计量。资产能够可靠地计量是资产确认的一项基本条件。存货作为企业资产的组成部分，要予以确认也必须能够对其成本进行可靠的计量。存货的成本能够可靠计量必须以取得的确凿、可靠的证据为依据，并且具有可验证性。本条件强调资产的可计量性，任何资产的确认都必须满足可计量性要求。

在存货确认问题上需要说明的有：

（1）关于代销商品。代销商品是指一方委托另一方代其销售产品。从商品所有权的转移分析，代销商品在售出以前，所有权属于委托方，受托方只是代对方销售商品。因此，代销商品应作为委托方的存货处理。

（2）关于在途商品。对于销售方按销售合同、协议规定已确认销售，而尚未发货给购货方的商品，应作为购货方的存货而不应再作为销货方的存货；对于购货方已收到商品但尚未收到销货方结算发票等的商品，购货方应作为存货处理；对于购货方已经确认为购进而尚未验收入库的在途商品，购货方也应将其作为存货处理。

2. 存货的计量

小企业取得的存货，应当按照成本进行计量，主要包括以下几种情况：

（1）外购存货的成本。外购存货的成本包括购买价款、相关税费、运输费、装卸费、保险费以及在外购存货过程发生的其他直接费用，但不含按照税法规定可以抵扣的增值税进项税额。

（2）通过进一步加工取得存货的成本。主要有直接材料、直接人工以及按照一定方法分配的制造费用。

此外，经过一年期以上的制造才能达到预定可销售状态的存货发生的借款费用，也计入存货的成本。

所谓的借款费用，是指小企业因借款而发生的利息及其他相关成本，包括借款利息、辅助费用以及因外币借款而发生的汇兑差额等。

（3）投资者投入存货的成本，应当按照评估价值确定。

（4）提供劳务的成本，主要包括与劳务提供直接相关的人工费、材料费和应分摊的间接费用。

（5）自行栽培、营造、繁殖或养殖的消耗性生物资产的成本，应当按照下列规定确定：

①自行栽培的大田作物和蔬菜的成本包括：在收获前耗用的种子、肥料、农药等材料费、人工费和应分摊的间接费用。

②自行营造的林木类消耗性生物资产的成本包括：郁闭前发生的造林费、抚育费、营林设施费、良种试验费、调查设计费和应分摊的间接费用。

③自行繁殖的育肥畜的成本包括：出售前发生的饲料费、人工费和应分摊的间接费用。

④水产养殖的动物和植物的成本包括：在出售或入库前耗用的苗种、饲料、肥料等材料费、人工费和应分摊的间接费用。

（6）盘盈存货的成本应当按照同类或类似存货的市场价格或评估价值

确定。

（三）存货收发核算的实际成本计价法

1. 存货按实际成本核算的特点

存货按实际成本核算的特点是：从存货收发凭证到明细分类账和总分类账全部按实际成本计价。由于按实际成本计价，存货成本因素的变化会对存货的单价产生影响，因此，同样的存货入库的时候其单位成本就可能不同，导致发出该种存货时候，要采用一定的计算方法确定发出存货的成本，计算比较麻烦。

以往这种方法一般适用于规模较小、存货品种简单、采购业务不多的企业，但是由于会计电算化的发展和普及，按实际成本计价的发出存货成本的计算变得简便和易于操作了，因此这种方法得到比较普遍的运用。

2. 会计科目的设置

在实际成本法下，存货应通过设置“原材料”、“在途物资”、“库存商品”等会计科目进行核算。

(1)“原材料”科目。“原材料”用来核算小企业库存的各种材料。包括：原料及主要材料、辅助材料、外购半成品（外购件）、修理用备件（备品备件）、包装材料、燃料等的实际成本。本科目借方登记入库材料的实际成本，贷方登记发出材料的实际成本。期末借方余额反映小企业库存材料的实际成本。要注意的是，小企业购入的工程用材料应单设“工程物资”科目核算，不在本科目核算。

“原材料”科目可按材料的保管地点（仓库）、材料的类别、品种和规格等进行明细核算。

(2)“在途物资”科目。“在途物资”科目用来核算小企业采用实际成本进行材料、商品等物资的日常核算、尚未到达或尚未验收入库的各种物资的实际采购成本。借方登记已支付款项但尚未入库材料的实际成本，贷方登记验收入库材料的实际成本。期末借方余额，反映小企业已经收到发票账单但材料或商品尚未到达或尚未验收入库的在途材料、商品等物资的采购成本。

“在途物资”科目可按供应单位和物资品种进行明细核算。

小企业（批发业、零售业）在购买商品过程中发生的费用（包括运输费、装卸费、包装费、保险费、运输途中的合理损耗和入库前的挑选整理费等），应该在“销售费用”科目核算，不在本科目核算。

(3)“库存商品”科目。“库存商品”科目核算小企业库存的各种商品的实际成本或售价，包括库存产成品、外购商品、存放在门市部准备出售的商品、发出展览的商品以及寄存在外的商品等。本科目借方登记入库产成品的实际成本，贷方登记发出产成品的实际成本。期末借方余额，反映小企业库存商品的实际成本或售价。

接受来料加工制造的代制品和为外单位加工修理的代修品，在制造和修理完成验收入库后，视同小企业的产成品，也通过本科目核算。

可以降价出售的不合格品，也在本科目核算，但应与合格产品分开记账。

已经完成销售手续，但购买单位在月末未提取的库存产成品，应作为代管产品处理，单独设置代管产品备查簿，不再在本科目核算。

小企业（批发业、零售业）在购买商品过程中发生的费用（包括：运输费、装卸费、包装费、保险费、运输途中的合理损耗和入库前的挑选整理费等），应在"销售费用"科目核算，不在本科目核算。

"库存商品"科目应按照库存商品的种类、品种和规格等进行明细核算。

3. 取得存货的核算

（1）购入原材料的核算。企业外购原材料时，由于结算方式和采购地点不同，材料入库和货款的支付在时间上不一定完全同步，其账务处理也有所不同。

①收到材料，同时付清款项。对于发票账单与材料同时到达的采购业务，企业在支付货款或开出、承兑商业汇票，材料验收入库后，应根据发票账单等结算凭证确定的材料成本，借记"原材料"科目，根据取得的增值税专用发票上注明的（不计入材料采购成本的）税额，借记"应交税费——应交增值税（进项税额）"（一般纳税人，下同）科目，按照实际支付的款项或应付票据面值，贷记"银行存款"或"应付票据"等科目。

【例 2-20】

英迪公司是增值税一般纳税人，该公司购入材料一批，取得的增值税专用发票上注明的原材料价款为 13 000 元，增值税额为 2 210 元，发票等结算凭证已经收到，货款已通过银行转账支付，材料已验收入库。

根据上述资料，该公司账务处理如下：

借：原材料	13 000
应交税费——应交增值税（进项税额）	2 210
贷：银行存款	15 210

②先支付款项，后收到材料。对于已经付款或已开出、承兑商业汇票，但材料尚未到达货尚未验收入库的采购业务，应根据发票账单等结算凭证，借记"在途物资"、"应交税费——应交增值税（进项税额）"科目，贷记"银行存

款”或“应付票据”等科目；待材料到达，验收入库后，再根据收料单，借记“原材料”科目，贷记“在途物资”科目。

【例 2-21】

英迪公司购入材料一批，取得的增值税专用发票上注明的原材料价款为 20 000 元，增值税额为 3 400 元，发票等结算凭证已经收到，货款已通过银行转账支付，材料已验收入库。

根据上述资料，该公司账务处理如下：

借：在途物资　20 000
　　应交税费——应交增值税（进项税额）　3 400
　贷：银行存款　23 400

待上述材料到达入库时，再根据材料入库单，将入库材料的实际成本从“在途物资”科目转出，记入“原材料”科目，根据上述资料，该公司账务处理如下：

借：原材料　20 000
　贷：在途物资　20 000

③先收到材料，后支付款项。对于材料已到达并已验收入库但尚未付款的情况，则要区分不同情况进行处理。一种情况是材料已验收入库，采购发票等也都取得，但由于某些原因尚未付款，则应按照已经发生的采购成本入账，借记“原材料”、“应交税费——应交增值税（进项税额）”科目，贷记“应付账款”科目。

【例 2-22】

英迪公司从兴旺公司购入材料一批，取得的增值税专用发票上注明的原材料价款为 50 000 元，增值税额为 8 500 元，发票等结算凭证已经收到，货款已通过银行转账支付，材料已验收入库。

根据上述资料，该公司账务处理如下：

借：原材料　50 000
　　应交税费——应交增值税（进项税额）　8 500
　贷：应付账款——兴旺公司　58 500

另一种情况是由于发票账单等结算凭证未到，货款尚未支付。这种情况下，为了如实反映企业月末这一时点所拥有的资产，应将这些材料暂估入账。

月末，按材料的暂估价值，借记“原材料”科目，贷记“应付账款——暂估应付账款”科目。下月初用红字作同样的记账凭证予以冲回，以便下月付款或开出、承兑商业汇票后，按正常程序，借记“原材料”、“应交税费——应交增值税（进项税额）”科目，贷记“银行存款”或“应付票据”等科目。

【例2-23】

英迪公司购入材料一批，材料已经验收入库，但发票等结算凭证未到，月末按暂估价18 000元暂估入账，

根据上述资料，该公司账务处理如下：

借：原材料　　18 000

贷：应付账款——暂估应付账款　　18 000

下月初用红字将上述分录原账冲回

借：原材料　　[18 000]

贷：应付账款——暂估应付账款　　[18 000]

英迪公司收到有关结算凭证，材料款15 000元，增值税2 550元，支付货款时，该公司账务处理如下：

借：原材料　　15 000

应交税费——应交增值税（进项税额）　　2 550

贷：银行存款　　17 550

④预付款项，收到材料再结算。采用预付货款的方式采购材料，应在预付材料价款时，按照实际预付金额，借记“预付账款”科目，贷记“银行存款”科目；已经预付货款的材料验收入库，根据发票账单等所列的价款、税额等，借记“原材料”科目和“应交税费——应交增值税（进项税额）”科目，贷记“预付账款”科目；预付款项不足，补付货款的，按补付金额，借记“预付账款”，贷记“银行存款”科目；收到退回多付的款项，借记“银行存款”科目，贷记“预付账款”科目。

【例2-24】

英迪公司向星远公司订购原材料一批，按购货合同规定，开出支票预付购买材料款20 000元。

根据上述资料，英迪公司账务处理如下：

借：预付账款——星远公司　　20 000

贷：银行存款　　20 000

次月收到材料验收入库时，货款40 000元，增值税6 800元。根据上述资料，英迪公司账务处理如下：

借：原材料　40 000

　　应交税费——应交增值税（进项税额）　6 800

　贷：预付账款——星远公司　46 800

英迪公司补付材料款及增值税款26 800元。根据上述资料，英迪公司账务处理如下：

借：预付账款——星远公司　26 800

　贷：银行存款　26 800

（2）自制、投资者投入原材料的核算。

①自制材料入库的核算。自制存货的成本，包括自制原材料、包装物、低值易耗品、半成品、产成品等，其实际成本包括所耗用的原材料或者半成品成本、自制过程中发生的加工费、委托加工的往返运费以及按规定应该计入成本的税费。对于已验收入库的原材料，应该按实际自制成本，借记"原材料"科目，贷记"生产成本"科目。

【例2-25】

英迪公司的二车间将加工好的材料一批交给仓库，生产成本20 600元。

根据上述资料，该公司账务处理如下：

借：原材料　20 600

　贷：生产成本——二车间　20 600

②投资者投入存货的核算。投资者投入的原材料，按投资合同或协议约定的价格，借记"原材料"科目，按专业发票上注明的增值税额，借记"应交税费——应交增值税（进项税额）"科目，按确定的出资额，贷记"实收资本"（或"股本"）科目，按其差额，贷记"资本公积"科目。

【例2-26】

英迪公司收到投资者作为投资投入的的原材料，原材料的价值50 000元，增值税额8 500元。

根据上述资料，该公司账务处理如下：

借：原材料　50 000

　　应交税费——应交增值税（进项税额）　8 500

贷：实收资本　　58 500

(3) 委托加工物资的核算。小企业有些物资受自身加工条件的限制，需要委托外单位进行加工。委托加工业务在会计处理上主要包括拨付加工物资、支付加工费用和税金、收回加工物资和剩余物资等几个环节。委托加工物资通过设置“委托加工物资”科目核算。

“委托加工物资”科目核算小企业委托外单位加工的各种材料、商品等物资的实际成本。借方登记发给外单位加工物资的实际成本，支付的加工费、运杂费等，贷方登记加工完成验收入库的物资和剩余的物资。期末借方余额，反映小企业委托外单位加工尚未完成物资的实际成本。

委托加工物资的主要账务处理包括：

①拨付委托加工物资。小企业发给外单位加工的物资，应将物资的实际成本由“原材料”、“库存商品”等科目转入“委托加工物资”科目，贷记“原材料”或“库存商品”等科目。

②支付加工费、增值税等。企业支付的加工费、应负担的运杂费、增值税等，借记“委托加工物资”、“应交税费——应交增值税（进项税额）”等科目，贷记“银行存款”等科目。

③交纳的消费税。对于需要交纳消费税的委托加工物资，其由受托方代收代交的消费税，应分别以下情况处理：委托加工的物资收回后直接用于销售的，委托方应将受托方代收代交的消费税计入委托加工物资的成本，借记“委托加工物资”科目，贷记“应付账款”、“银行存款”等科目。委托加工的物资收回后用于连续生产应税消费品的，委托方应按准予抵扣的受托方代收代交的消费税额，借记“应交税费——应交消费税”科目，贷记“应付账款”、“银行存款”等科目。

④加工完成收回加工物资。加工完成验收入库的物资和剩余物资，按加工收回物资的实际成本和剩余物资的实际成本，借记“库存商品”、“原材料”等科目，贷记“委托加工物资”科目。

【例 2-27】

英迪公司委托 LD 企业加工材料一批（属于应税消费品）。原材料成本为 200 000 元，支付加工费 34 000（不含增值税），消费税率为 10%，材料加工完毕验收入库，加工费等尚未支付。双方适用的增值税税率为 17%。英迪公司按实际成本对原材料进行日常核算。

根据上述资料，该公司账务处理如下：

(1) 发出委托加工材料

借：委托加工物资　　200 000

　贷：原材料　　200 000

(2) 支付加工费

$$消费税组成计税价格=\frac{200\,000+34\,000}{1-10\%}=260\,000(元)$$

(LD企业)代收代交的消费税=260 000×10%=26 000(元)

应交增值税=34 000×17%=5 780(元)

① 英迪公司收回加工后的材料用于连续生产应税消费品时

借：委托加工物资　　34 000

　　应交税费——应交增值税（进项税额）　　5 780

　　　　　　——应交消费税　　26 000

　贷：应付账款　　65 780

② 若收回加工后的材料直接用于销售时

借：委托加工物资　　60 000

　　应交税费——应交增值税（进项税额）　　5 780

　贷：应付账款　　65 780

(3) 加工完成收回委托加工材料

① 英迪公司收回加工后的材料用于连续生产应税消费品时

借：原材料　　234 000

　贷：委托加工物资　　234 000

借：应付账款　　65 780

　贷：银行存款　　65 780

② 若收回加工后的材料直接用于销售时

借：原材料　　260 000

　贷：委托加工物资　　260 000

借：应付账款　　65 780

　贷：银行存款　　65 780

---

(4) 周转材料的核算。周转材料包括包装物、低值易耗品，以及小企业（建筑业）的钢模板、木模板、脚手架等。小企业应设置“周转材料”科目核算上述物资。各种包装材料，如纸、绳、铁丝、铁皮等，应在“原材料”科目内核算；用于储存和保管产品、材料而不对外出售的包装物，应按照价值大小

和使用年限长短，分别在“固定资产”科目或“周转材料”科目核算。

小企业的包装物、低值易耗品，也可以单独设置“包装物”、“低值易耗品”科目。包装物数量不多的小企业，也可以不设置“周转材料”科目，将包装物并入“原材料”科目核算。

“周转材料”科目核算小企业库存的周转材料的实际成本。借方登记验收入库的周转材料实际成本，贷方登记出库的周转材料成本以及使用中的周转材料摊销的价值，期末借方余额反映小企业在库、出租、出借周转材料的实际成本或计划成本以及在用周转材料的摊余价值。

“周转材料”科目应按照周转材料的种类，分别“在库”、“在用”和“摊销”进行明细核算。

周转材料的主要账务处理包括：

①小企业购入、自制、委托外单位加工完成并验收入库的周转材料，以及对周转材料清查盘点的业务，与“原材料”科目的相关规定一样，借记“周转材料”科目。

②生产、施工领用周转材料，通常采用一次转销法，按照其成本，借记“生产成本”、“管理费用”、“工程施工”等科目，贷记“周转材料”科目。

随同产品出售但不单独计价的包装物，按照其成本，借记“销售费用”科目，贷记“周转材料”科目。随同产品出售并单独计价的包装物，按照其成本，借记“其他业务成本”科目，贷记“周转材料”科目。

金额较大的周转材料，也可以采用分次摊销法，领用时应按照其成本，借记“周转材料（在用）”科目，贷记“周转材料（在库）”科目；按照使用次数摊销时，应按照其摊销额，借记“生产成本”、“管理费用”、“工程施工”等科目，贷记“周转材料（摊销）”科目。

③周转材料采用计划成本进行日常核算的，领用等发出周转材料，还应结转应分摊的成本差异。

4. 存货发出的计量与核算

（1）存货发出的计价基础。企业的存货是不断流动的，既有收入也有发出，收发相抵后形成期末结余存货，在下期继续流动，如此往复，形成企业的存货流转。存货流转包括实物流转和成本流转两个方面。成本流转是指各期取得存货时所确定成本应随着存货的销售或者耗用结转。理论上，结转发出存货的成本与发出存货的实际成本保持一致，即使成本流转与实物流转保持一致。实务上，因为企业的存货进出量很大，存货的品种繁多，存货的单位成本多变，很难精确确定发出存货的实际成本，即使能够做到精确，代价也会高于近似处理带来的收益，因此，根据成本收益原则和重要性原则，对存货的成本流转做出假设，以便进行实务操作。

采用某种存货成本流转的假设，在期末存货与发出存货之间分配成本，就产生了不同的发出存货的计价方法。按照《小企业会计准则》的规定，企业根据各类存货的实际情况，可以采用先进先出法、加权平均法或者个别计价法确定发出存货的实际成本。计价方法一经选用，不得随意变更。对于不能代替使用的存货，以及为特定项目专门购入或制造的存货，一般应当采用个别计价法确定发出存货的成本。

发出存货计价方法的不同，对企业财务状况、盈亏情况会产生不同的影响，主要表现在以下三个方面：第一，存货计价对企业损益的计算有直接影响。表现在：①期末存货计价（估价）如果过低，当期的收益可能因此而相应减少；②期末存货计价（估价）如果过高，当期的收益可能因此而相应增加；③初存货计价如果过低，当期的收益可能因此而相应增加；④期初存货计价如果过高，当期的收益可能因此而相应减少。第二，存货计价对于资产负债表有关项目金额计算有直接影响，包括流动资产总额、所有者权益等项目，都会因存货计价的不同而产生不同的数据。第三，存货计价方法的选择对计算所得税费用的数额有一定的影响。因为不同的计价方法，使结转当期销售成本的数额会有所不同，从而影响企业当期利润数额的确定。

（2）原材料发出的计价方法。

①个别计价法。个别计价法，又称个别认定法、具体辨认法、分批实际法。采用这一方法是假设存货的成本流转与实物流转相一致，按照存货种类，逐一辨认各批发出存货和期末存货所属的购进批别或生产批别，分别按其购入或生产时所确定的单位成本作为计算各批发出存货和期末存货成本。

采用这种方法，计算发出存货的成本和期末存货的成本比较合理、准确，但使用这种方法的前提是需要对发出和结存存货的批次进行具体认定，以辨别其所属的收入批次，所以实务操作的工作量繁重，困难较大。个别计价法适用于一般不能替代使用的存货以及为特定项目专门购入或制造的存货，如珠宝、名画等贵重物品。

②先进先出法。先进先出法是以先购入的存货先发出（销售或耗用）的存货实物流动假设为前提，对发出存货进行计价。采用这种方法，先购入的存货成本在后购入存货成本之前转出，据此确定发出存货和期末存货的成本。

采用此法时，存货成本是按最近购货价格确定的，期末存货成本比较接近现行的市场价值，其优点是使企业不能随意挑选存货计价以调整当期利润，缺点是工作量比较大，特别对于存货进出频繁的企业更是如此。而且当物价上涨时，会高估企业当期利润和存货价值；反之，会低估企业存货价值和当期利润。

【例 2-28】

英迪公司甲材料明细账如表 2-1 所示。

表 2-1　　　　存货明细账

存货名称及规格：甲

日期	摘要	收入			发出			结存		
		数量（千克）	单价（元）	金额（元）	数量（千克）	单价（元）	金额（元）	数量（千克）	单价（元）	金额（元）
1	期初							500	20	10 000
10	购入	1 000	25	25 000				500 1 000	20 25	10 000 25 000
11	发出				500 400	20 25	10 000 10 000	600	25	15 000
16	购入	700	30	21 000				600 700	25 30	15 000 21 000
23	发出				600 500	25 30	15 000 15 000	200	30	6 000
31	合计	1 700		46 000	2 000		50 000	200	30	6 000

采用先进先出法：

本月发出存货成本＝(500×20＋400×25)＋(600×25＋500×30)
＝50 000（元）

月末存货成本＝500×20＋1 000×25－（500×20＋400×25）
＋700×30－（600×25＋500×30）
＝6 000（元）

③加权平均法。加权平均法按其计算时点的不同，可以分为全月一次加权平均法和移动加权平均法。

第一，全月一次加权平均法，是指以当月全部进货数量加上月初存货的数量作为权数，去除当月全部进货成本加上月初存货成本，计算出存货的加权平均单位成本，以此为基础计算当月发出存货的成本和期末存货成本的方法。计算公式如下：

$$\text{存货单位成本}=\frac{\text{月初库存存货的实际成本}+\sum\left[\text{本月某批进货的实际单位成本}\times\text{本月某批进货的数量}\right]}{\text{月初库存存货的数量}+\text{本月各批进货数量之和}}$$

本月发出存货成本＝本月发出存货数量×存货单位成本

月末库存存货成本＝月末库存存货数量×存货单位成本

采用全月一次加权平均法，只在月末计算一次平均单价，简化了发出存货与期末存货的计价工作，但不能及时提供发出存货与结存存货成本的相关资料，不利于存货的管理。此法与其他计价方法相比，在市场价格上涨或下跌时，所计算的存货单位成本平均化，对发出存货的计价较为折中。

【例 2-29】

承例 2-28，采用加权平均法计算甲材料成本如下：

$$甲材料平均单位成本=\frac{10\,000+25\,000+21\,000}{500+1\,000+700}=25.46(元/千克)$$

本月发出甲材料成本＝2 000×25.46＝50 920(元)

月末库存甲材料成本＝10 000＋25 000＋21 000－50 920＝5 080(元)

第二，移动加权平均法，指以每次进货的成本加上原有存货的成本，除以每次进货的数量加上原有存货的数量，据以计算加权平均单位成本，作为在下次进货前计算各次发出存货的依据。计算公式如下：

$$存货单位成本=\frac{原有库存存货实际成本+本次进货的实际成本}{原有库存存货数量+本次进货数量}$$

本次发货成本＝本次发货数量×本次发货前存货的单位成本

本月月末库存存货成本＝月末库存存货的数量×本月月末存货单位成本

移动平均法与加权平均法计算原理相同，只不过要求在每次进货时计算一次加权平均单价，从而导致计算工作量较大，存货收发频繁时尤其突出。

采用移动加权平均法，要求每次进货后计算移动平均单价，因此这种计价方式不适用于实地盘存制。应用此法计算的平均单价比较客观，能够及时为管理当局提供存货结存数量以及成本信息，有利于加强存货管理。

【例 2-30】

承例 2-28，采用移动平均法计算甲材料成本如下：

$$第一批收货后的平均单位成本=\frac{10\,000+25\,000}{500+1\,000}=23.33(元)$$

第一批发货的存货成本＝900×23.33＝20 997(元)

当时结存的存货成本＝10 000＋25 000－20 997＝14 003(元)

$$第二批收货后的平均单位成本=\frac{14\,003+21\,000}{600+700}=26.93(元)$$

第二批发出的存货成本＝1 100×26.93＝29 623(元)

当时结存的存货成本＝14 003＋21 000－29 623＝5 380(元)

甲材料月末结余 200 千克，月末结存成本为 5 380 元；本月发出甲材料成本合计为 50 620 元（20 997＋29 623）。

（3）领用和出售原材料的核算。小企业生产经营领用原材料，按实际成本，借记“生产成本”、“制造费用”、“销售费用”、“管理费用”等科目，贷记“原材料”科目；发出委托外单位加工的原材料，借记“委托加工物资”科目，贷记“原材料”科目。

基建工程、福利等部门领用的原材料，按实际成本加上不予抵扣的增值税额等，借记“在建工程”、“应付职工薪酬”等科目，按实际成本，贷记“原材料”科目，按不予抵扣的增值税，贷记“应交税费——应交增值税（进项税额转出）”科目（税法准予抵扣的增值税除外）。

对于出售的原材料，企业应当按照已收的价款，借记“银行存款”或“应收账款”等科目，按实际的营业收入，贷记“其他业务收入”等科目，按应交的增值税额，贷记“应交税费——应交增值税（销项税额）”科目；月度终了，按出售原材料的实际成本，借记“其他业务成本”科目，贷记“原材料”科目。

（4）发出周转材料的核算。小企业发出包装物的核算，应按发出包装物的不同用途分别进行处理。

①生产领用包装物。生产领用的包装物用于包装产品，构成了产品的组成部分，应将包装物的成本计入产品生产成本，借记“生产成本”等科目，贷记“周转材料——包装物”科目。

②随同商品出售的包装物。随同商品出售的包装物分为两种形式：随同商品出售但不单独计价的包装物和随同商品出售单独计价的包装物。

随同商品出售但不单独计价的包装物，应于包装物发出时，按其实际成本，借记“销售费用”科目，贷记“周转材料——包装物”科目。随同商品出售单独计价的包装物，在随同商品出售时要单独计价，单独反映其销售收入，相应也应该单独反映其销售成本，因此，应于商品出售时，视同材料销售处理，借记“其他业务成本”科目，贷记“周转材料——包装物”科目。

③出租、出借包装物。小企业在生产经营过程中经常需要将包装物出租或出借给外单位使用，或将多余闲置未用的包装物出租或出借给外单位使用。

在第一次领用新包装物时，按出租、出借包装物的实际成本，借记“其他业务成本（出租包装物）”或“销售费用（出借包装物）”科目，贷记“周转材料——包装物”科目。

收到出租包装物的租金，借记“库存现金”、“银行存款”等科目，贷记“营业外收入”等科目。

收到出租、出借包装物的押金，借记“库存现金”、“银行存款”等科目，贷记“其他应付款”科目；退回押金作相反的会计分录。对于逾期未退包装物，按没收的押金，借记“其他应付款”科目，按应交的增值税，贷记“应交税费——应交增值税（销项税额）”科目，按其差额，贷记“营业外收入”科目。

出租、出借的包装物不能使用而报废时，按其残料价值，借记“原材料”等科目，贷记“营业外支出（出租包装物）”、“销售费用（出借包装物）”等科目。

出租、出借的包装物可以长期周转使用，但在其使用过程中由于磨损，价值会逐渐丧失。因此，企业应采用一次转销法对包装物进行摊销，计入相关资产的成本或当期损益。对于价值相对较高、使用寿命较长的包装物，也可以考虑采用分次摊销法进行价值的摊销。

第一，一次摊销法。这种方法是指在领用包装物时，将其成本一次全部摊入成本或费用的做法。它适用于一次领用数量不多、价值较低或易损坏的包装物。采用这种方法比较简单，但费用负担不够均衡，且会出现账外财产。

第二，分次摊销法。这种方法是指在领用包装物时，将包装物的价值按其使用期限的长短或价值的大小分月摊入成本、费用。

（四）存货成本日常核算的其他方法

为了简化核算，小企业也可以采用计划成本法、售价金额核算法等进行存货成本的日常核算，但在期末应调整为实际成本。

1. 计划成本法

计划成本法是指小企业存货的收入、发出和结余均按预先制定的计划成本计价，要求存货的总分类核算和明细分类核算均按计划成本计价。这种方法一般适用于存货品种繁多、收发频繁的企业。如果企业的自制半成品、产成品品种繁多的，或者在管理上需要分别核算其计划成本差异的，也可以采用计划成本法核算。

(1) 会计科目的设置。由于计划成本是企业在计划期内的目标成本，与取得存货所发生的实际成本会存在差异，因此存货按计划成本核算下需要设置“材料采购”和“材料成本差异”（或“产品成本差异”，下同）科目。

①“材料采购”科目。该科目核算小企业采用计划成本进行材料日常核算

时购入材料的采购成本。借方登记外购材料的实际成本和结转外购材料实际成本小于计划成本的节约差异额；贷方登记验收入库材料的计划成本和结转外购材料实际成本大于计划成本的超支差异额；本科目期末借方余额，反映小企业已经收到发票账单但材料尚未到达或尚未验收入库的在途材料的采购成本。

“材料采购”科目应按照供应单位和材料品种进行明细核算。

②“材料成本差异”科目。该科目核算小企业采用计划成本进行日常核算的材料计划成本与实际成本的差额。小企业也可以在“原材料”、“周转材料”等科目设置“成本差异”明细科目。借方登记入库材料实际成本大于计划成本的超支差异额和月末分配转出的应由本月发出材料负担的节约差异额；贷方登记入库材料实际成本小于计划成本的节约差异额和月末分配转出的应由本月发出材料负担的超支差异额；期末借方余额，反映小企业库存材料等的实际成本大于计划成本的差异；贷方余额反映小企业库存材料等的实际成本小于计划成本的差异。

“材料成本差异可以分别“原材料”、“周转材料”等，按照类别或品种进行明细核算。

入库材料的计划成本应当尽可能接近实际成本。除特殊情况外，计划成本在年度内不得随意变更。

发出材料应负担的成本差异应当按月分摊，不得在季末或年末一次计算。发出材料应负担的成本差异，除委托外部加工发出材料可按照月初成本差异率计算外，应使用本月的实际成本差异率；月初成本差异率与本月实际成本差异率相差不大的，也可按照月初成本差异率计算。计算方法一经确定，不得随意变更。

（2）计划成本法下取得存货的核算。计划成本法下，取得的原材料先要通过“材料采购”科目进行核算，材料的实际成本与计划成本的差异，通过“材料成本差异”科目进行核算。如果该批存货的实际成本大于计划成本，这一差额称为超支额；反之，称为节约额。周转材料、委托加工物资等存货的材料成本差异，也要通过“材料成本差异”科目进行核算。

【例 2-31】

英迪公司是一般纳税人，采用计划成本法核算原材料收发业务。20×3 年 5 月该企业发生的材料采购业务如下：

（1）6 日，该企业购入原材料一批，取得的增值税专用发票上注明的原材料价款为 13 000 元，增值税额为 2 210 元，发票等结算凭证已经收到，货款已通过银行转账支付，材料已验收入库。该批材料的计划成本为 12 000 元。

根据上述资料，该公司账务处理如下：

借：材料采购　13 000

　应交税费——应交增值税（进项税额）　2 210

　贷：银行存款　15 210

(2) 16日，购入原材料一批，取得的增值税专用发票上注明的原材料价款为3 000元，增值税额为510元，发票等结算凭证已经收到，货款已通过银行转账支付，材料已验收入库。该批材料的计划成本为2 400元。根据上述资料，该公司账务处理如下：

借：材料采购　3 000

　应交税费——应交增值税（进项税额）　510

　贷：银行存款　3 510

(3) 19日，购入一批材料已经运到，并验收入库，但发票结算凭证尚未收到，货款尚未支付。该批材料的计划成本为14 000元。月末，按计划成本暂估入账，根据上述资料，该公司账务处理如下：

借：原材料　14 000

　贷：应付账款——暂估应付账款　14 000

下月初用红字将上述分录原账冲回

借：原材料　[14 000]

　贷：应付账款——暂估应付账款　[14 000]

待收到有关结算凭证并支付货款时，按正常程序记账。假定次月取得的增值税专用发票上注明的价款为15 000元，增值税额为2 550元，根据上述资料，该公司账务处理如下：

借：材料采购　15 000

　应交税费——应交增值税（进项税额）　2 550

　贷：银行存款　17 550

(4) 21日，购入原材料一批，取得的增值税专用发票上注明的原材料价款为50 000元，增值税额为8 500元。双方约定采用商业承兑汇票结算方式支付货款，付款期限为3个月。材料已经到达并验收入库，已开出承兑商业汇票。该批材料的计划成本为45 000元。根据上述资料，该公司账务处理如下：

借：材料采购　50 000

　应交税费——应交增值税（进项税额）　8 500

　贷：应付票据　58 500

(5) 月末，汇总本月已经付款或已开出承兑商业汇票的入库材料的计划成本为 59 400 元。有关根据上述资料，该公司账务处理如下：

借：原材料　　59 400

　　贷：材料采购　　59 400

月末结转本月已经付款或已开出承兑商业汇票的入库材料的材料成本差异，其实际成本为 66 000 元（13 000＋3 000＋50 000），材料成本差异额为 6 600 元（66 000－59 400）（超支额），根据上述资料，该公司账务处理如下：

借：材料成本差异　　6 600

　　贷：材料采购　　6 600

（3）计划成本法下发出存货的核算。采用计划成本法对存货进行核算是指日常的会计处理，会计期末需要通过“材料成本差异”科目，将发出存货和期末存货调为实际成本，公式如下：

实际成本＝计划成本±成本差异

材料成本差异随着材料的入库而形成，包括外购材料、自制材料、委托加工完成的材料入库等；同时也随着材料发出而减少，如领用材料、出售材料、消耗材料等。期初和当期形成的材料成本差异，应在当期已发出材料和期末结存材料之间进行分配，属于消耗材料应分配的材料成本差异，从“材料成本差异”科目转入有关科目。小企业应在月份终了时计算材料成本差异率，据以分配当月形成的材料成本差异。计算公式如下：

$$\text{本月材料成本差异率}=\frac{\text{月初结存材料的成本差异}+\text{本月收入材料的成本差异}}{\text{月初结存材料的计划成本}+\text{本月收入材料的计划成本}}\times 100\%$$

或者

$$\text{上月材料成本差异率}=\frac{\text{月初结存材料的成本差异}}{\text{月初结存材料的计划成本}}\times 100\%$$

本月发出材料应负担差异＝发出材料的计划成本×材料成本差异率

经分配后，属于发出存货应负担的成本差异从“材料成本差异”科目转入有关的会计科目；属于期末库存存货应负担的成本差异，应仍留在“材料成本差异”科目，作为存货的调整项目，以库存存货的计划成本加上或减去成本差异，即为期末库存存货的实际成本。编制资产负债表时，存货项目中的材料存货，应当列示加（减）材料成本差异后的实际成本。需要说明的是，材料成本差异率的计算方法一经确定，不得随意变更。如需变更，应在财务报表附注中予以说明。在结转发出存货应负担的材料成本差异时，如果是超支额，则直接从“材料成本差异”科目的贷方转出，如果是节约额，应从“材料成本差异”科目的借方转出。

【例2-32】

英迪公司某月“原材料”科目丙材料的期初余额为60 000元，“材料成本差异”科目期初借方余额5 000元，丙材料单位计划成本15元，本月11日进货1 500千克，不含税单价12元，增值税税率17%；21日又进货3 000千克，不含税单价16元，增值税税率17%。本月16日和26日车间分别领用材料2 000千克。

根据上述资料，该公司账务处理如下：

(1) 11日进货，支付材料价款18 000元，运输费600元，材料进项税额3 060元，运输费的增值税进项税额为42元（运输费增值税抵扣率为7%），进项税额合计3 102元。应计入材料采购成本的运输费为558元（600－42）。

借：材料采购　　18 558
　　应交税费——应交增值税（进项税额）　　3 102
　贷：银行存款　　21 660

(2) 第一批材料验收入库时，按验收入库数量和计划单价计算确定该批材料的计划总成本。

借：原材料　　22 500
　贷：材料采购　　22 500

同时结转材料成本差异

借：材料采购　　3 942
　贷：材料成本差异　　3 942

(3) 16日车间领用原材料2 000千克，按发出材料数量和计划单价计算确定该批领用材料的计划总成本。

借：生产成本　　30 000
　贷：原材料　　30 000

(4) 21日进货，支付材料货款48 000元，运输费1 000元，材料进项税额为8 160元，运输费的增值税进项税额为70元，进项税额合计8 230元。应计入材料采购成本的运输费为930元（1 000－70）。

借：材料采购　　48 930
　　应交税费——应交增值税（进项税额）　　8 230

贷：银行存款　57 160

(5) 第二批材料验收入库时，按验收入库数量和计划单价计算确定该批材料的计划总成本。

借：原材料　45 000

贷：材料采购　45 000

同时结转材料成本差异

借：材料成本差异　3 930

贷：材料采购　3 930

(6) 1月26日车间第二次领用原材料2 000千克。

借：生产成本　30 000

贷：原材料　30 000

(7) 1月31日计算分摊本月领用材料的成本差异。

$$本月材料成本差异率=\frac{5\,000-3\,942+3\,930}{60\,000+22\,500+45\,000}\times 100\%=3.91\%$$

$$本月领用材料应负担的成本差异=(30\,000+30\,000)\times 3.91\%=2\,346(元)$$

借：生产成本　2 346

贷：材料成本差异　2 346

将上述会计分录过入“原材料”和“材料成本差异”科目，并结出余额。

$$月末“原材料”科目余额=60\,000+22\,500+45\,000-30\,000-30\,000=67\,500(元)$$

$$月末“材料成本差异”科目余额=5\,000+3\,930-3\,942-2\,346=2\,642(元)$$

月末编制资产负债表时，存货项目中的原材料，应根据“原材料”科目的余额67 500元加上“材料成本差异”科目的借方余额2 642元，以70 142元列示。

采用计划成本法进行材料的日常核算，材料明细账可以只登记存货收入、发出和结存的数量，将数量乘以计划成本，随时求得材料收、发、存的金额，通过“材料成本差异”科目计算和调整发出和结存材料的实际成本，简便易行；另外，将实际成本和计划成本对比，可以对采购部门进行考核，促使其降低采购成本，节约支出。

2. 毛利率法

毛利率法是指根据本期销售净额乘以以前实际毛利率（或本月计划毛利

率）匡算本期销售毛利，并计算发出存货成本的一种方法。计算公式如下：

$$毛利率=\frac{销售毛利}{销售净额}\times 100\%$$

销售净额=商品销售收入−销售退回与折让

销售毛利=销售净额×毛利率

期末存货成本=期初存货成本+本期购货成本−本期销售成本

【例 2-33】

某电器销售小企业月初电器存货成本为 350 000 元，本月购入存货成本为 900 000 元，本月不含税销售收入为 1 500 000 元，发生销售退回与折让合计 50 000 元，上季度该类商品毛利率是 20%，计算本月已销存货和月末存货的成本。

本月销售净额=1 500 000−50 000=1 450 000(元)

销售毛利=1 450 000×20%=290 000(元)

销售成本=1 450 000−290 000=1 160 000(元)

月末存货成本=350 000+900 000−1 160 000=90 000(元)

此方法是商品流通企业，尤其是商品批发企业常用的计算本期商品销售成本和期末库存商品成本的常用方法。采用这种方法，商品销售成本按商品大类计算，能大大简化核算工作量，但计算结果往往不够准确，一般应在每季季末采用其他计价方法进行调整。商品明细账平时只记数量，不记金额，每季季末再根据月末结存数量，先按照存货计价方法计算出月末结存存货的成本，再计算该季度的销售成本，减去前两个月已结转的销售成本，计算出季度内第三个月应结转的销售成本。

3. 零售价格法

零售价格法又称售价金额核算法，是指根据成本占零售价的百分比计算期末存货的一种方法。其基本内容如下：

(1) 期初存货和本期购货同时按成本和零售价记录，以便计算可供销售的存货成本和售价总额。

(2) 本期销货只按售价记录，从本期可供销售的存货售价总额中减去本期的售价总额，计算出期末存货的售价总额。

(3) 计算存货成本占零售价的百分比，即成本率，公式如下：

$$成本率=\frac{期初存货成本+本期购货成本}{期初存货售价+本期购货售价}\times 100\%$$

（4）计算期末存货成本，公式为：

期末存货成本＝期末存货售价总额×成本率

（5）计算本期销售成本，公式为：

本期销售成本＝期初存货成本＋本期购货成本－期末存货成本

【例 2-34】

某零售商店 2 月份的期初存货成本为 150 000 元，售价总额为 165 000 元；本期购货成本 500 000 元，售价总额 650 000 元；本期取得销售收入 600 000 元。计算期末存货成本和本期销货成本，如表 2-2 所示。

表 2-2　　单位：元

项　目	成本	售价
期初存货	150 000	165 000
本期购货	500 000	650 000
可供销售商品	650 000	815 000
成本率＝$\frac{650\,000}{815\,000}$×100%＝79.75%		
减：销售收入		600 000
期末存货售价		215 000
期末存货成本（215 000×79.75%）	171 462.50	
本期销售成本	478 537.50	

这种方法主要适用于商品零售企业，由于这类企业的商品型号、品种、规格、款式繁多，难以用其他方法计价。采用售价金额核算法，应设置“商品进销差价”科目进行处理，平时“库存商品“科目登记商品存货的进、销、存均按售价记账，售价与进价的差额记入“商品进销差价”科目，期末通过计算进销差价率的办法计算本期已销商品应分摊的进销差价，并据以调整本期销售成本。进销差价率的计算公式如下：

$$进销差价率=\frac{期初库存商品进销差价+本期发生的商品进销差价}{期初库存商品售价+本期发生的商品售价}\times100\%$$

本期已销售商品应分摊的进销差价＝本期商品销售收入×进销差价率

【例 2-35】

承例 2-34，对本期购销业务，该公司账务处理如下：

借：库存商品　　650 000

贷：商品采购　500 000

　　商品进销差价　150 000

记录本期销售收入

借：银行存款　600 000

　　贷：主营业务收入　600 000

平时结转商品销售成本

借：主营业务成本　600 000

　　贷：库存商品　600 000

$$进销差价率=\frac{15\ 000+150\ 000}{165\ 000+650\ 000}\times100\%=20.25\%$$

已销商品应分摊的进销差价＝600 000×20.25%＝121 500(元)

根据已销商品应分摊的进销差价冲转销售成本。

借：商品进销差价　121 500

　　贷：主营业务成本　121 500

经过转账，本期商品销售成本调整为实际成本 478 500 元（600 000－121 500）。

商品零售企业在会计期末编制资产负债表时，存货项目中的商品存货部分，应根据“库存商品”科目的期末余额扣除“商品进销差价”科目的期末余额，按其差额列示。

（五）存货的期末计量和披露

会计期末，为了客观地反映小企业期末存货的实际价值，在编制资产负债表时，应当准确计量存货项目的金额，即要确定期末存货的价值。正确地进行存货的计量，取决于存货数量的确定是否准确和采用何种期末计价原则。

1. 存货数量的盘存方法

（1）实地盘存制。实地盘存制，又称定期盘存制，是指会计期末对全部存货进行实地盘点确定期末存货的结存数量，然后分别乘以各项存货的单价，计算出期末存货成本，进而推导出本期耗用或者已销售存货成本的一种存货盘存方法。采用这种方法，平时对有关存货科目只记借方，不记贷方，期末，通过实地盘点确定存货数量，据以计算期末存货成本，然后计算出当期耗用或销货成本，记入有关存货科目的贷方。这一方法用于工业企业，称为“以存计耗”或“盘存计耗”；用于商品流通企业，称为“以存计销”或“盘存计销”。

“以存计耗”和“以存计销”以下列存货的基本等式为依据：

期初存货＋本期购货＝本期耗用或销货＋期末存货

用历史成本计价，则上述公式可以改写为：

本期耗用或销货成本＝期初存货成本＋本期购货成本－期末存货成本

期初存货成本和本期购货成本这两项数字都不难从账上取得，待通过实地盘存，确定期末存货成本，则本期销货成本即可用上述公式进行计算。

（2）永续盘存制。永续盘存制也称账面盘存制，是指对存货设置经常性的库存记录，即分别品名规格设置存货明细账，逐笔登记收入发出的存货，并随时记录结存数。通过会计账簿资料，就可以完整地反映存货的收入、发出和结存情况。在没有发生丢失和被盗的情况下，存货科目的余额应当与实际库存金额相符。采用永续盘存制，并不排除对存货的实物盘点，为了核对存货账面记录，加强对存货的管理，每年至少应对存货进行一次全面盘点，具体盘点次数视小企业内部控制要求而定。

（3）实地盘存制与永续盘存制的比较。实地盘存制与永续盘存制作为确定存货数量的两种方法，各有其优缺点和适用范围。实地盘存制的主要优点是平时不登记存货明细账的发出栏，从而简化了存货的日常核算工作，账务处理也简便易行。其缺点是：不能随时反映存货收入和结存状态，不利于加强对存货的管理；容易掩盖存货管理中存在的自然或人为的损失，非正常耗费或短缺都挤入耗费或销货成本，削弱了对存货的控制。采用这种方法只能到各期期末盘点时结转耗用或销售成本，既大大增加了期末核算和盘点的工作量，又不能随时结转成本。

实地盘存制的实用性较差，通常仅仅适用于价值较低、进出频繁的存货，或者适用于那些自然消耗大、数量不稳定的鲜活商品等。

永续盘存制的优点是：在存货明细账上，可以随时反映每一种存货的收发状态，有利于加强对存货的管理；根据存货的账面结存数，结合不定期盘点，将实际结存数与账面结存数相核对，可查明存货的溢余或短缺的状况及原因；通过账簿记录可以随时反映库存存货是否过多或者不足，以便及时合理地组织资源、加速资金周转。其缺点是存货明细账记录的工作量较大。

由于永续盘存制能加强对企业存货的管理，其实用性较强，在实务中得到广泛运用，尤其对于单位价值较高的存货更是如此。

在实务中，小企业可根据存货的特点和管理要求，对某些存货实行永续盘存制，而对另外一些存货实行实地盘存制，不论采用何种方法，前后各期都应保持一致。

（4）存货的盘盈、盘亏处理。小企业进行存货清查盘点，应当编制“存货盘存报告单”，并将其作为存货清查的原始凭证。经过存货盘存记录的实存数与存货的账面记录核对，若账面存货小于实际存货，为存货的盘盈；反之，为存货的盘亏。对于盘盈、盘亏的存货应记入“待处理财产损溢”科目，待查明原因后进行处理。

①存货盘盈。由于盘盈的存货没有账面记录，所以如果产生了盘盈应该予以补记，按照存货的计划成本或估计价值，借记有关存货科目，贷记“待处理财产损溢——待处理流动资产损溢”科目；为简化小企业会计核算，对于盘盈形成的收益均作为营业外收入处理，借记“待处理财产损溢——待处理流动资产损溢”科目，贷记“营业外收入”科目。在采用计划成本进行存货日常核算的情况下，盘盈存货应按计划成本入账。

【例2-36】

英迪公司进行存货清查时，发现某产品盘盈200千克，计划单位成本为20元/千克，合计4 000元。

根据上述资料，该公司账务处理如下：

借：库存商品　　4 000

　贷：待处理财产损溢——待处理流动资产损溢　　4 000

经核查该项盘盈属于收发计量错误造成，该公司账务处理如下：

借：待处理财产损溢——待处理流动资产损溢　　4 000

　贷：营业外收入　　4 000

②存货盘亏和毁损的核算。存货的盘亏和毁损，先按其账面成本，借记“待处理财产损溢——待处理流动资产损溢”科目，贷记有关存货科目。为简化小企业会计核算，对于盘亏形成的损失不再区分原因均作为营业外支出处理。

【例2-37】

英迪公司进行存货清查时，发现材料短缺100千克，计划单位成本为15元/千克，合计1 500元，材料成本差异率为+2%，由于材料短缺，原购进材料的增值税进项税额不得抵扣，应将增值税进项税额转出。

根据上述资料，该公司账务处理如下：

借：待处理财产损溢——待处理流动资产损溢　　1 790.1

　贷：原材料　　1 500

　　材料成本差异——原材料　　30

　　应交税费——应交增值税（进项税额转出）　　260.1

经批准，材料盘亏进行转销。

借：营业外支出　　　　　　　　　　　　　　　　　　1 090.1

　贷：待处理财产损溢——待处理流动资产损溢　　　　　　1 090.1

小企业盘盈或盘亏的存货，应当查明原因，在年末结账前处理完毕，处理后“待处理财产损溢”科目应无余额。

第三节　长期投资的核算

小企业长期投资按其性质分为长期债券投资和长期股权投资。

一、会计科目的设置

长期投资核算涉及的主要会计科目包括：“长期债券投资”、“长期股权投资”、“应收股利”、“应收利息”以及“投资收益”等科目。其中，“应收股利”、“应收利息”及“投资收益”科目在短期投资中做了介绍，这里不再赘述。

1.“长期债券投资”科目

“长期债券投资”科目核算小企业购入的在1年内（不含1年）不能变现或不准备随时变现的债券投资。

“长期债券投资”科目可按债券种类和被投资单位，分别“面值”、“溢折价”、“应计利息”进行明细核算。

“长期债券投资”科目期末借方余额，反映小企业持有长期债券投资的成本或到期一次还本付息债券的本息。

2.“长期股权投资”科目

“长期股权投资”科目核算小企业准备长期持有（通常在1年以上）的权益性投资。

“长期股权投资”科目应按照被投资单位进行明细核算。

“长期股权投资”科目期末借方余额，反映小企业持有的长期股权投资的成本。

二、长期债券投资的核算

小企业长期债券投资核算购入的1年内（不含1年）不能变现或不准备随

时变现的债券投资。

长期债券投资的对象是各种债券；投资的目的不是为了获得另一企业的剩余资产，而是为了获取高于银行储蓄存款利率的利息，并保证到期收回本金和利息，长期债券投资的持有期限超过一年。

（一）长期债券投资的初始计量

小企业购入债券作为长期投资，应当按照实际支付的购买价款和相关税费作为初始投资成本，如果实际支付的价款中包含已到付息期但尚未领取的债券利息，应当按照实际支付的价款扣除应收的债券利息，作为初始投资成本。

小企业购入债券作为长期投资，应当按照债券票面价值，借记“长期债券投资（面值）”，按照实际支付的购买价款和相关税费，贷记“银行存款”科目，按照其差额，借记或贷记“长期债券投资——溢折价”科目。

如果实际支付的购买价款中包含已到付息期但尚未领取的债券利息，应当按照债券票面价值，借记“长期债券投资——面值”，按照应收的债券利息，借记“应收利息”科目，按照实际支付的购买价款和相关税费，贷记“银行存款”科目，按照其差额，借记或贷记“长期债券投资——溢折价”科目。

【例2-38】

英迪公司20×2年1月1日以每张54元购入甲公司20×1年1月1日发行的5年期债券100 000张，实际支付款项5 400 000元（含已到付息期但尚未领取的利息债券300 000元），年利率为6%，每张债券面值为50元，另支付相关税费50 000元。

根据上述资料，该公司账务处理如下：

20×2年1月1日英迪公司持有的甲公司长期债权投资初始投资成本
=5 400 000－300 000＋50 000=5 150 000(元)

借：长期债券投资——面值　　5 000 000
　　应收利息　　300 000
　　长期债券投资——溢折价　　150 000
　贷：银行存款　　5 450 000

（二）长期债券投资持有期间的利息

(1) 分期付息、一次还本的长期债券投资，在债务人应付利息日按照票面利率计算的应收未收利息收入应当确认为应收利息，不增加长期债券投资的账面余额。

（2）一次还本付息的长期债券投资，在债务人应付利息日按照票面利率计算的应收未收利息收入应当增加长期债券投资的账面余额。

（3）债券的折价或者溢价在债券存续期间内确认相关利息收入时采用直线法摊销。

长期债券投资持有期间，在债务人应付利息日，按照分期付息、一次还本的长期债券投资票面利率计算的利息收入，借记“应收利息”科目，贷记“投资收益”科目；按照一次还本付息的长期债券投资票面利率计算的利息收入，借记“长期债券投资——应计利息”科目，贷记“投资收益”科目。

在债务人应付利息日，按照应分摊的债券溢折价金额，借记或贷记“投资收益”科目，贷记或借记“长期债券投资——溢折价”科目。

【例 2-39】

英迪公司 20×3 年 1 月 1 日以每张 51 元购入南方公司 20×3 年 1 月 1 日发行的 3 年期债券 100 000 张，债券票面年利率为 8%，每张债券面值为 50 元，另支付相关税费 50 000 元。该债券为分期付息、到期一次还本的债券，每年年末计息一次，每年 1月 1 日收到上年利息。

购入时长期债券投资初始成本＝51×100 000＋50 000＝5 150 000(元)

根据上述资料，该公司账务处理如下：

借：长期债券投资——面值　　5 000 000
　　　　　　　　——溢折价　　150 000
　贷：银行存款　　5 150 000

20×3—20×5 年每年 12 月 31 日确认利息收入

应收利息＝5 000 000×8%＝400 000(元)

溢折价摊销＝15 000÷3＝5 000(元)

借：应收利息　　400 000
　贷：投资收益　　400 000
借：投资收益　　5 000
　贷：长期债券投资——溢折价　　5 000

20×4—20×6 年每年 1 月 1 日收到利息

借：银行存款　　400 000
　贷：应收利息　　400 000

【例 2-40】

英迪公司 20×2 年 1 月 1 日以每张 48 元购入北方公司 20×2 年 1 月 1 日发行的 3 年期债券 100 000 张，债券年利率为 8%，债券面值为 50 元，另支付相关税费 50 000 元。该债券为到期一次还本付息的债券，每年年末计息一次。

购入时长期债券投资初始成本＝48×100 000＋50 000＝4 850 000(元)

根据上述资料，该公司账务处理如下：

借：长期债券投资——面值　　5 000 000
　贷：银行存款　　4 850 000
　　　长期债券投资——溢折价　　150 000

20×2—20×4 年每年 12 月 31 日确认利息收入

应计利息＝5 000 000×8%＝400 000(元)

溢折价摊销＝150 000÷3＝50 000(元)

借：长期债券投资——应计利息　　400 000
　贷：投资收益　　400 000
借：长期债券投资——溢折价　　50 000
　贷：投资收益　　50 000

（三）处置或到期收回长期债券投资

小企业处置长期债券投资，处置价款与其账面余额和相关税费的差额，应当计入投资收益。

小企业处置或到期收回长期债券投资，应当按照实际取得的价款或收回的债券本金（或本息），借记“银行存款”等科目，贷记“长期债券投资——面值、溢折价、应计利息”科目，按应收未收的利息，贷记“应收利息”科目，按照其差额，贷记或借记“投资收益”科目。

【例 2-41】

承例 2-39，假定 20×4 年 1 月 1 日，英迪公司收回债券投资本金。英迪公司账务处理如下：

借：银行存款　　5 000 000
　贷：长期债券投资——面值　　5 000 000

【例 2-42】

承例 2-40，假定 20×4 年 1 月 1 日，英迪公司将上述债券投资对外出售，收到款项5 760 000元存入银行。

英迪公司账务处理如下：

应计利息＝400 000×2＝800 000(元)

尚未摊销的溢折价＝150 000－50 000×2＝50 000(元)

借：银行存款　　5 760 000

　　长期债券投资——溢折价　　50 000

　贷：长期债券投资——面值　　5 000 000

　　　　　　　　——应计利息　　800 000

　　投资收益　　10 000

(四) 长期债券投资损失

1. 长期债券投资损失的判断

小企业长期债券投资符合下列条件之一的，减除可收回的金额后确认的无法收回的长期债券投资，作为长期债券投资损失：

(1) 债务人依法宣告破产、关闭、解散、被撤销或者被依法注销、吊销营业执照，其清算财产不足清偿的。

(2) 债务人死亡，或者依法被宣告失踪、死亡，其财产或者遗产不足清偿的。

(3) 债务人逾期3年以上未清偿，且有确凿证据证明已无力清偿债务的。

(4) 与债务人很达成债务重组协议或法院批准破产重整计划后，无法追偿的。

(5) 因自然灾害、战争等不可抗力导致无法收回的。

(6) 国务院财政、税务主管部门规定的其他条件。

2. 长期债券投资损失的会计处理

长期债券投资损失应当于实际发生时计入营业外支出，同时冲减长期债券投资账面余额。

小企业发生长期债券投资损失，按照可收回的金额，借记“银行存款”等科目，按照其账面余额，贷记“长期债券投资投资——面值、溢折价、应计利息”科目，按应收未收的利息，贷记“应收利息”科目，按照其差额，借记“营业外支出”科目。

【例2-43】

承例2-40，假定20×4年1月1日北方公司宣告破产，对北方公司债券投资只收回2 000 000元存入银行。

英迪公司账务处理如下：

借：银行存款　2 000 000

　长期债券投资——溢折价　50 000

　营业外支出　3 750 000

贷：长期债券投资——面值　5 000 000

　——应计利息　800 000

三、长期股权投资的核算

小企业长期股权投资是指小企业准备长期持有的权益性投资。

（一）长期股权投资的初始计量

长期股权投资在取得时，应按实际成本作为投资成本进行初始核算。

（1）以支付现金取得的长期股权投资，按实际支付的全部价款（包括支付的税金、手续费等相关费用）作为投资成本。实际支付的价款中包含已宣告但尚未领取的现金股利，应按实际支付的价款减去已宣告但尚未领取的现金股利后的差额，作为投资的实际成本，借记“长期股权投资”相关科目，按已宣告但尚未领取的现金股利金额，借记“应收股利”科目，按实际支付的价款，贷记“银行存款”科目。

借：长期股权投资（按实支付的全部价款减去已宣告但尚未领取的现金股利后的差额）

　应收股利（已宣告但尚未领取的现金股利）

贷：银行存款等

【例 2-44】

20×2 年 1 月 1 日，英迪公司以银行存款购入 A 股份公司普通股股票 1 000 000 股，每股 5.5 元，占 A 公司实际发行在外的股数的 12%，并准备长期持有，另支付相关手续费 30 000 元。

根据上述资料，英迪公司账务处理如下：

长期股权投资初始投资成本＝1 000 000×5.5＋30 000＝5 530 000(元)

借：长期股权投资——A 公司　5 530 000

贷：银行存款　5 530 000

【例 2-45】

20×2 年 5 月 1 日，英迪公司以银行存款购入 B 股份公司普通股股票

1 000 000 股，每股 5.5 元（其中包含已宣告但尚未领取的现金股利每股 0.5 元），占 A 公司实际发行在外的股数的 12%，并准备长期持有，另支付相关手续费 30 000 元。

根据上述资料，英迪公司账务处理如下：

应收股利＝1 000 000×0.5＝500 000(元)

长期股权投资初始投资成本＝1 000 000×(5.5－0.5)＋30 000＝5 030 000(元)

借：长期股权投资——B 公司　　5 030 000
　　应收股利　　500 000
　贷：银行存款　　5 530 000

（2）通过非现金资产取得的长期股权投资，应当按照换出非货币性资产的评估价值和相关税费作为成本进行计量。换出非货币性资产评估价值与账面价值之间的差额计入当期损益。

【例 2-46】

20×2 年 1 月 1 日，英迪公司以一台固定资产和银行存款 2 000 000 元向东方公司投资，占东方公司注册资本的 60%，该固定资产的账面原价为 80 000 000 元，已计提累计折旧 5 000 000 元，公允价值（评估价值）为 76 000 000 元。不考虑其他相关税费。

根据上述资料，英迪公司账务处理如下：

投出固定资产账面价值＝80 000 000－5 000 000＝75 000 000(元)

借：固定资产清理　　75 000 000
　　累计折旧　　5 000 000
　贷：固定资产　　80 000 000

长期股权投资账面价值＝2 000 000＋76 000 000＝78 000 000(元)

借：长期股权投资——东方公司　　78 000 000
　贷：固定资产清理　　76 000 000
　　　银行存款　　2 000 000
借：固定资产清理　　1 000 000
　贷：营业外收入　　1 000 000

【例 2-47】

20×2 年 4 月 30 日，英迪公司以一项专利技术向南方公司投资，占南方公司注册资本的 15%，该专利技术账面原值为 8 000 000 元，已计提累计摊销 1 000 000 元，评估价值（公允价值）为 10 000 000 元，不考虑其他因素。

根据上述资料，该公司账务处理如下：

英迪公司换出的无形资产账面价值 ＝8 000 000－1 000 000＝7 000 000(元)

借：长期股权投资——南方公司　10 000 000
　　累计摊销　1 000 000
　贷：无形资产　8 000 000
　　　营业外收入　3 000 000

（二）长期股权投资的后续计量

小企业长期股权投资后续计量采用成本法核算。

采用成本法核算时，除追加或收回投资外，长期股权投资的账面余额一般应当保持不变。初始投资或追加投资时，按照初始投资或追加投资时的成本增加长期股权投资的账面价值。

股权持有期间内，除取得投资时实际支付的价款或对价中包含的已宣告发放但尚未发放的现金股利或利润外，企业应于被投资单位宣告发放现金股利或利润时确认投资收益。

投资收益＝被投资单位宣告发放现金股利或利润×持股比例

按被投资单位宣告发放的现金股利或利润中属于应由本企业享有的部分，借记“应收股利”科目，贷记“投资收益”科目。

借：应收股利（被投资单位宣告发放的现金股利或利润中属于应由本企业享有的部分）
　贷：投资收益

收到现金股利或利润时，借记“银行存款”科目，贷记“应收股利”科目。

【例 2-48】

英迪公司 20×2 年 1 月 1 日，以银行存款 7 000 000 元购入 D 公司 15% 的股份，准备长期持有，另支付相关手续费 50 000 元；D 公司于 20×2 年 4 月 12 日宣告分派现金股利 1 000 000 元；英迪公司于 20×2 年 5 月 2 日收到现金股利。

根据上述资料，英迪公司账务处理如下：

(1) 长期股权投资初始投资成本＝7 000 000＋50 000＝7 050 000（元）

借：长期股权投资——D 公司　　7 050 000

　贷：银行存款　　7 050 000

(2) 20×2 年 4 月 12 日宣告发放现金股利

应确认的投资收益＝1 000 000×15％＝150 000(元)

借：应收股利　　150 000

　贷：投资收益　　150 000

(3) 20×2 年 5 月 2 日收到现金股利

借：银行存款　　150 000

　贷：应收股利　　150 000

(三) 长期股权投资的处置

处置长期股权投资，处置价款扣除其成本、相关税费后的净额，应当计入投资收益。

小企业处置长期股权投资时，按实际取得的价款，借记“银行存款”等科目，按长期股权投资的账面余额，贷记“长期股权投资”科目，按尚未领取的现金股利或利润，贷记“应收股利”科目，按其差额，贷记或借记“投资收益”科目。

借：银行存款（实际取得的价款等）

　　投资收益（借方差额）

　贷：长期股权投资（长期股权投资的账面余额）

　　　应收股利（尚未领取的现金股利或利润）

　　　投资收益（贷方差额）

“长期股权投资”科目应按被投资单位设置明细账，进行明细核算。

“长期股权投资”科目期末借方余额，反映小企业持有的长期股权投资的账面余额。

【例 2-49】

英迪公司 20×4 年 1 月 1 日将持有的 D 公司长期股权投资全部对外出售，售价为 8 000 000 元，取得时成本为 7 050 000 元。

根据上述资料，英迪公司账务处理如下：

借：银行存款　　8 000 000
　贷：长期股权投资——D公司　　7 050 000
　　　投资收益　　950 000

(四) 长期股权投资损失

1. 长期股权投资损失的判断

小企业的长期股权投资符合下列条件之一的，减除可收回的金额后确认的无法收回的长期股权投资，可以作为长期股权投资损失：

(1) 被投资方依法宣告破产、关闭、解散、被撤销，或者被依法注销、吊销营业执照的。

(2) 被投资方财务状况严重恶化，累计发生巨额亏损，已连续停止经营3年以上，且无重新恢复经营改组计划的。

(3) 对被投资方不具有控制权，投资期限届满或者投资期限已超过10年，且被投资单位因连续3年经营亏损导致资不抵债的。

(4) 被投资方财务状况严重恶化，累计发生巨额亏损，已完成清算或清算期超过3年以上的。

(5) 国务院财政、税务主管部门规定的其他条件。

2. 长期股权投资损失的会计处理

长期股权投资损失应当于实际发生时计入营业外支出，同时冲减长期股权投资账面余额。

小企业长期股权投资损失，按照可收回的金额，借记“银行存款”等科目，按照其账面余额，贷记“长期股权投资”科目，按照其差额，借记“营业外支出”科目。

【例2-50】

20×2年12月31日，英迪公司对东方公司的长期股权投资账面价值为6 000 000元，东方公司宣告破产，英迪公司对东方公司投资只收回1 000 000元，存入银行。

根据上述资料，英迪公司账务处理如下：

借：银行存款　　1 000 000
　　营业外支出　　5 000 000
　贷：长期股权投资——东方公司　　6 000 000

第四节　固定资产的核算

一、固定资产的定义及分类

（一）固定资产的定义

固定资产是小企业重要的生产资料，是指小企业为生产商品、提供劳务、出租或经营管理而持有的，使用寿命超过一个会计年度的有形资产。

从实物形态来看，固定资产具有使用年限较长，能多次参加生产经营过程而不改变其实物形态的特点；从价值形态来看，固定资产的价值是随着实物的损耗程度，逐渐地转移到产品成本和有关费用中去，构成成本或费用的一个组成部分。

小企业的固定资产包括：房屋、建筑物、机器、机械、运输工具以及其他与生产经营有关的设备、器具、工具等。小企业购置计算机硬件所附带的、未单独计价的软件，也作为固定资产进行核算。

（二）固定资产的分类

小企业固定资产的种类繁多，为了正确进行固定资产核算，应按不同标准对固定资产进行分类，具体可分为如下几类：

1. 按经济用途分类

固定资产按经济用途进行分类，可以分为生产经营用固定资产和非生产经营用固定资产。

生产经营用固定资产是指直接参加生产经营过程或直接服务于生产经营过程的各种房屋及建筑物、机器设备、运输设备等。

非生产经营用固定资产指生活福利部门等非生产经营部门使用的房屋、设备以及职工住宅等。

2. 按使用情况分类

固定资产按使用情况分类，可以分为使用中固定资产、未使用固定资产和不需用固定资产。

使用中固定资产是指正在使用（包括企业内部使用和出租给其他企业使用）的各种固定资产，以及由于季节性停用或修理停用的固定资产。

未使用固定资产是指尚未投入使用或暂停使用（房屋及建筑物以及季节性停用、修理停用除外）的各种固定资产。

不需用固定资产是指不适合本企业需要，准备出售处理的各种固定资产。

3. 按固定资产的经济用途和使用情况综合分类

按经济用途和使用情况综合分类，一般将固定资产分为七大类：

（1）生产经营用固定资产。

（2）非生产经营用固定资产。

（3）租出固定资产，指在经营性租赁方式下出租给承租人使用的固定资产。

（4）不需用固定资产。

（5）未使用固定资产。

（6）融资租入固定资产，指企业以融资租赁方式租入的固定资产在租赁期内应视同自有固定资产进行管理。

（7）土地，指过去已经估价单独入账的土地。因征地而支付的补偿费，应计入与土地有关的房屋、建筑物的价值，不单独作为土地价值入账。企业取得的土地使用权不能作为固定资产管理。

小企业应当根据固定资产的定义，结合本企业的具体情况，制定适合本企业的固定资产目录和分类方法。

二、固定资产的确认和初始计量

（一）固定资产的确认

只有符合一定条件的资产才能作为固定资产来进行核算，固定资产确认的一般标准是：

（1）该固定资产包含的经济利益很可能流入企业；

（2）该固定资产的成本能够可靠计量。

（二）固定资产的初始计量

正确地确定固定资产的价值，不仅是进行固定资产管理和核算的需要，而且关系到小企业的收入和费用是否配比，经营成果的核算是否真实。固定资产的计量包括固定资产的计价方法和固定资产入账成本的确定两个部分。

1. 固定资产的计价方法

按照不同的计价目的，固定资产计价可以采取以下两种不同的方法：

（1）按历史成本计价。历史成本，是指小企业构建某项固定资产达到预定可使用状态前所发生的一切合理、必要的支出。

（2）按净值计价。净值是指固定资产原始价值减去已提累计折旧后的净额。采用这种计价方法，可以反映小企业实际占用在固定资产上的资金数额和固定资产的新旧程度。

2. 固定资产入账成本

固定资产应按其取得时的成本作为入账价值，取得时的成本包括买价、相关税费、运输过程中发生的各项相关费用，以及为使固定资产达到预定可使用状态前所发生的必要的支出。固定资产取得时的成本应当根据具体情况分别确定：

(1) 外购固定资产的成本包括购买价款、相关税费以及相关的运输费、装卸费、安装费等，但不包括按照税法规定可以抵扣的增值税额。

以一笔款项购入多项没有单独标价的固定资产，应当按照各项固定资产市场价格或类似资产的市场价格比例对总成本进行分配，分别确定各项固定资产的成本。

(2) 自建的固定资产，按建造该项资产达到预定可使用状态前所发生的必要支出作为其成本，包括应负担的借款利息。

小企业在建工程在试运转过程中所取得的收入直接计入主营业务收入、其他业务收入或营业外收入，不冲减在建工程成本。

(3) 投资者投入的固定资产，应当按照投资合同或协议约定的价值确定其成本。

(4) 融资租入的固定资产，按照租赁协议或者合同确定的价款，加上运输费、途中保险费、安装调试费以及使融资租入固定资产达到预定可使用状态前发生的利息费用后的金额作为其成本。

(5) 接受捐赠的固定资产，捐赠方提供了有关凭据的，按凭据上标明的金额加上应支付的相关税费，作为固定资产的成本；如果捐赠方未提供有关凭据，则按其市价或同类、类似固定资产的市场价格估计的金额，加上由企业负担的运输费、保险费、安装调试费等作为固定资产成本。

(6) 盘盈的固定资产，按其市价或同类、类似固定资产的市场价格，减去按该项资产的新旧程度估计的折旧后的余额作为其成本。

三、固定资产的核算

(一) 会计科目的设置

小企业固定资产的核算应设置“固定资产”、“累计折旧”、“在建工程”、“工程物资”、“固定资产清理”等科目。

1. “固定资产”科目

本科目核算小企业生产经营活动中使用的固定资产的原价。借方登记固定资产原价的增加；贷方登记固定资产原价的减少；期末本科目余额在借方，反映小企业期末固定资产的账面原价。

临时租入的固定资产，应当另设备查簿进行登记，不在本科目核算。

2.“累计折旧”科目

本科目核算小企业固定资产的累计折旧。借方登记固定资产折旧额的转出额；贷方登记每期提取的折旧额；期末余额在贷方，反映小企业累计提取的固定资产折旧额。

3.“在建工程”科目

本科目核算小企业进行基建工程、安装工程、技术改造工程等过程中发生的实际支出。借方登记小企业出包或自营基建工程达到预定可供使用状态前所发生的全部净支出以及改扩建过程中发生的有关支出；贷方登记基建工程达到预定可使用状态转出的实际工程成本；期末余额在借方，反映小企业尚未完工的基建工程发生的各项实际支出。为了反映在建工程的明细资料，小企业应设置“建筑工程”、“安装工程”和“其他支出”等明细科目。同时，小企业为在建工程而专门购入的工程物资，应通过“工程物资”科目进行核算，待领用时转入本科目。

4.“工程物资”科目

本科目核算小企业为建筑工程等购入的各种物资的实际成本，包括为工程设备准备的材料、尚未安装的设备的实际成本等。借方登记购入为工程准备的物资和工程完工后办理退库手续的剩余工程物资；贷方登记领用、盘亏、报废、毁损的工程物资。期末余额在借方，反映小企业为工程购入但尚未领用的材料及购入需要安装设备的实际成本。

5.“固定资产清理”科目

本科目核算小企业因出售、报废、毁损等原因转入清理的固定资产价值及在清理过程中所发生的清理费用和清理收入等。借方登记转入清理的固定资产的账面价值、清理过程中发生的清理费用和应交的税金以及结转的固定资产清理后的净收益；贷方登记收回的出售固定资产的价款、残料价值和变价收入、应由保险公司或过失责任人赔偿的损失以及结转的固定资产清理后的净损失；期末余额在借方，反映小企业尚未清理完毕的固定资产的净值以及清理净收入。

小企业应当设置“固定资产登记簿”和“固定资产卡片”，按固定资产类别、使用部门对每项固定资产进行明细核算。

（二）固定资产增加的核算

固定资产增加来源主要包括：外购、自建、投资者投入和盘盈等。固定资产按取得方式不同，其相应的账务处理也不相同。

1. 购入的固定资产

小企业购入固定资产分两种情况，一种是购入不需要安装的固定资产；另一种是购入需要安装的固定资产。

(1) 小企业购入不需要安装的固定资产，应当按照实际支付的价款扣除可抵扣的增值税进项税额，借记“固定资产”科目，按增值税进项税额，借记“应交税费——应交增值税（进项税额)”科目，贷记“银行存款”等科目。

【例 2-51】

英迪公司 20×3 年 1 月购置一台不需要安装的生产设备一台，取得增值税专用发票上注明的买价为 30 000 元，增值税额 5 100 元，运输过程中发生的运杂费 2 000 元，款项已支付。

根据上述资料，该公司账务处理如下：

固定资产的入账价值＝30 000＋2 000＝32 000(元)

借：固定资产——生产设备　　32 000
　　应交税费——应交增值税（进项税额）　　5 100
　贷：银行存款　　37 100

(2) 小企业购入需要安装调试后才能交付使用的固定资产，应按实际支付的全部价款以及发生的安装费等先通过“在建工程”科目核算，待安装完毕达到预定可使用状态时，再由“在建工程”科目转入“固定资产”科目。

【例 2-52】

英迪公司 20×3 年 1 月购入需要安装的设备一台，取得增值税专用发票上注明的买价为 200 000 元，增值税额为 34 000 元，支付的运杂费 5 000 元，应付工人安装费 2 400 元。

根据上述资料，该公司账务处理如下：

(1) 支付设备价款、税金及运杂费时

借：在建工程——安装工程　　205 000
　　应交税费——应交增值税（进项税额）　　34 000
　贷：银行存款　　239 000

(2) 发生安装费用时

借：在建工程——安装工程　　2 400
　贷：应付职工薪酬　　2 400

(3) 设备安装完成交付使用时

固定资产的入账价值＝205 000＋2 400＝207 400(元)

借：固定资产　　207 400

　贷：在建工程——安装工程　　207 400

2. 自行建造固定资产

自行建造工程按其实施的方式不同可分为自营工程和出包工程两种。

(1) 自营工程建造的固定资产，是指小企业根据工程要求自行组织工程物资，自行施工建造，使工程达到预计的使用状态。小企业自营工程主要通过“工程物资”和“在建工程”两个科目进行核算。

小企业将购入的工程所需专用材料通过“工程物资”科目核算，购入工程物资时，按支付的价款借记“工程物资”科目，贷记“银行存款”等科目。工程耗用的材料、人工以及其他费用和交纳的有关税金，通过“在建工程”科目核算，施工时借记“在建工程”，贷记“工程物资”、“应付职工薪酬”等科目，设备施工完毕达到预计可使用状态时，将“在建工程”科目中归集的全部实际支出作为固定资产入账价值，借记“固定资产”科目，贷记“在建工程”科目。

自行建造资产达到预定可使用状态前所发生的必要支出，包括小企业以专门借款购建的固定资产在达到预定可使用状态前实际发生的借款费用等。

【例2-53】

英迪公司自行建造厂房一幢，厂房于20×3年1月1日起开始建造，购买工程用物资3 000 000元，增值税为510 000元，已投入使用；支付建造资产的工人工资280 000元；工程于20×3年5月底建造完工。

根据上述资料，该公司账务处理如下：

(1) 购入工程物资时

借：工程物资——专用材料　　3 000 000

　　应交税费——应交增值税（进项税额）　　510 000

　贷：银行存款　　3 510 000

(2) 领用工程物资时

借：在建工程——建筑工程　　3 000 000

　贷：工程物资——专用材料　　3 000 000

(3) 支付工人工资时

借：在建工程——建筑工程　　280 000

　贷：应付职工薪酬　　280 000

(4) 工程完工交付使用时

借：固定资产　　3 280 000

　贷：在建工程——建筑工程　　3 280 000

(2) 出包工程是指小企业委托外部组织进行施工的工程。企业通过出包方式进行自建的固定资产，按应支付给承包单位的工程价款作为工程成本，通过“在建工程”科目核算。企业在支付工程价款时借记“在建工程”科目，贷记“银行存款”科目；工程达到预定可使用状态交付使用时借记“固定资产”科目，贷记“在建工程”科目。

3. 投资者投入的固定资产

投资者投入的固定资产按投资各方确认的价值作为入账价值。在收到投资者投入固定资产时，借记“固定资产”科目，贷记“实收资本”科目。

【例 2-54】

英迪公司 20×3 年 1 月收到 KF 公司投资转入的机器设备一台，该设备的账面原值为 2 000 000 元，已提折旧 200 000 元，经双方协商确认，同意以该设备的原账面净值确认为投资额。

根据上述资料，英迪公司账务处理如下：

借：固定资产　　1 800 000

　贷：实收资本　　1 800 000

4. 融资租赁

采用融资租赁方式租入固定资产，尽管从法律形式上资产的所有权在租赁期内仍然属于出租方，但由于资产租赁期基本上包括了资产的有效使用年限，与资产所有权相关的风险和报酬实质上已经转移到了承租方。因此企业应将融资租入的固定资产作为企业的固定资产计价入账，同时确认一项负债，并计提固定资产的折旧。为了同小企业的自有资产相区别，应对融资租入固定资产单设“固定资产——融资租入固定资产”明细科目进行核算。

小企业应在租赁开始日，按租赁协议或者合同确定的价款、运输费、途中保险费、安装调试费以及融资租入固定资产达到预定可使用状态前发生的借款费用等，作为其入账成本。借记“固定资产——融资租入固定资产”，按租赁协议或者合同确定的设备价款，贷记“长期应付款——应付融资租赁款”科目，按支付的其他费用，贷记“银行存款”等科目。租赁期满，如合同规定将固定资产所有权转归承租企业，应进行转账，将固定资产从“融资租入固定资产”明细科目转入有关明细科目。其会计处理为：

租赁开始日：

借：固定资产——融资租入固定资产

贷：长期应付款——应付融资租赁款

银行存款

按期支付融资租赁款时：

借：长期应付款——应付融资租赁款

贷：银行存款

租赁期满，如合同规定将固定资产所有权转归承租企业，应进行转账，将固定资产从“融资租入固定资产”明细科目转入有关明细科目。

借：固定资产——有关明细科目

贷：固定资产——融资租入固定资产

【例 2-55】

英迪公司 20×3 年 1 月 1 日与租赁公司达成融资租赁协议，租入一套产品生产线。协议规定的租赁价款为 400 000 元，在 5 年内于每年年初分期等额支付；租赁期满后，该生产线归英迪公司所有。此外，英迪支付了设备安装调试费 30 000 元。

根据上述资料，英迪公司账务处理如下：

(1) 租入资产时

借：固定资产——融资租入固定资产　430 000

贷：长期应付款——应付融资租赁款　400 000

银行存款　30 000

(2) 每年支付租金时

借：长期应付款——应付融资租赁款　80 000

贷：银行存款　80 000

(3) 租赁期届满时

借：固定资产　430 000

贷：固定资产——融资租入固定资产　430 000

四、固定资产折旧

(一) 固定资产折旧的概述

固定资产折旧，是指在固定资产使用寿命内，按照确定的方法对应计折旧额进行系统分摊。其中，应计折旧额，是指应当计提折旧的固定资产的原价扣除其预计净残值后的金额。预计净残值，是指固定资产预计使用寿命已满，企业从该项固定资产处置中获得的扣除预计处置费用后的金额。

小企业应当根据固定资产的性质和使用情况，合理确定固定资产的使用寿命、预计净残值以及计提折旧的方法，作为计提折旧的依据。小企业会计实务中，固定资产的折旧方法、使用寿命、预计净残值一经确定，不得随意变更。

（二）影响折旧的因素

影响固定资产折旧的因素主要有以下四个方面：

1. 固定资产的原值

固定资产的原值，是指从取得固定资产使之达到预计可使用状态时所发生的全部支出，即其历史成本。固定资产的原值通过影响固定资产使用寿命内的所有应计折旧额的大小而间接影响固定资产折旧的计提。

2. 固定资产的净残值

固定资产的净残值，等于资产预计残值与预计清理费用的差值。即：

固定资产净残值＝资产预计残值－预计清理费用

其中，资产预计残值是指固定资产在报废清理时收回的零部件、材料等残余价值；预计清理费用是指固定资产在报废清理中需要发生的清理费用。这两部分都应预先估计，并在固定资产原值中扣除，得到应计折旧总额。

3. 固定资产的有效使用年限

固定资产的有效使用年限，是影响折旧的直接因素，是指固定资产为企业提供使用效能的有效期限。

小企业在确定固定资产的使用寿命时，除应遵循上述规定外，还应当考虑下列因素：

（1）该资产的预计生产能力或实物产量。

（2）该资产的有形损耗，即由于使用和自然力的影响而发生的耗损，如设备使用中发生磨损、房屋建筑物受到自然侵蚀等。

（3）该资产的无形损耗，即由于劳动生产率的提高引起的原有固定资产价值的绝对降低，及由于科学技术的进步，产生了效率更高的固定资产，使原有固定资产经济效能相对降低。如因新技术的出现而使现有的固定资产技术水平相对陈旧，市场需求变化使产品过时等。

（4）有关资产使用的法律或者类似的限制。

（三）折旧方法

折旧方法的选择涉及应计折旧总额在整个固定资产的使用寿命内的分配问

题，所以也是影响各期折旧额的因素之一。《小企业会计准则》规定，小企业应当按照年限平均法（即直线法，下同）计提折旧。小企业的固定资产由于技术进步等原因，确需要加速折旧的，可以采用双倍余额递减法和年数总和法。

小企业固定资产的折旧方法、使用寿命、预计净残值一经确定，不得随意变更。

（四）固定资产折旧的范围

小企业应当对所有固定资产计提折旧，并根据用途计入相关资产成本或者当期损益。但是，下列固定资产不计提折旧：

（1）已提足折旧仍继续使用的固定资产；

（2）单独计价入账的土地。

对于已经达到预定可使用状态的固定资产，如果尚未办理竣工决算，那么应按估计的价值暂估入账，并计提折旧；等办理了竣工决算手续之后，应按照资产的实际成本调整原来的暂估价，并调整已计提的累计折旧额。

小企业对固定资产进行改良之后，应该根据新的固定资产的成本及企业自身的使用情况来合理估计折旧的年限和净残值，并按规定选取折旧方法，提取折旧。

小企业对单独计价入账的土地应作为固定资产处理，但不得计提折旧。

小企业应当按月计提折旧。在具体计提过程中，当月增加的固定资产，当月不计提折旧，从下月起计提；当月减少的固定资产，当月继续计提折旧，下月起不再计提。固定资产提足折旧后，无论是否能够继续使用都不再计提折旧。

（五）固定资产折旧的方法

1. 年限平均法

年限平均法又称为直线法，是将应计折旧总额在固定资产的全部预计使用年限内平均分摊的一种折旧计提方法。该方法的特点是每期计提的折旧额都是相等的。计算过程为：

$$年折旧额=\frac{应计折旧总额}{预计使用年限}$$

$$应计折旧总额=固定资产原值-固定资产净残值$$

$$年折旧率=\frac{年折旧额}{固定资产原值}\times 100\%$$

$$=\frac{(1-预计净残值率)}{预计使用年限}\times 100\%$$

$$月折旧率=\frac{年折旧率}{12}$$

月折旧额＝月折旧率×固定资产原值

【例 2-56】

英迪公司某项固定资产原值为 2 000 000 元，预计使用年限为 10 年，预计净残值率为 16%，该项固定资产的年折旧率、月折旧率和月折旧额计算如下：

$$年折旧率=\frac{(1-16\%)}{10}\times 100\%=8.4\%$$

月折旧率＝8.4%÷12＝0.7%

月折旧额＝2 000 000×0.7%＝14 000(元)

在会计实务中，计算固定资产折旧时，小企业采用分类折旧率。其中，分类年折旧率即按各类固定资产单独计算的年折旧率，使用该种方法应先将性质、结构、使用年限接近的固定资产归为一类。例如，将所有的房屋建筑物归为一类，将所有的机器设备归为一类。采用分类年折旧率可以适当地简化核算工作。恰当的分类是分类年折旧率计算的基本保障，这给财务人员提出了一定要求。具体公式为：

$$分类年折旧率=\frac{某类固定资产的年折旧额之和}{该类固定资产的原值之和}\times 100\%$$

【例 2-57】

英迪公司拥有机器设备类固定资产合计 960 000 元，该类固定资产的年折旧率为 10%，该类固定资产的月折旧额计算如下：

该类固定资产的月折旧额＝960 000×10%÷12＝8 000(元)

2. 工作量法

工作量法是指将应计折旧总额在固定资产的预计总工作量上进行平均分摊的一种折旧计提方法。这里的“工作量”可以是小时数、产量数、行驶里程数等。计算公式为：

$$单位工作量的折旧额=\frac{应计折旧总额}{预计总的工作量}=\frac{固定资产原值\times(1-预计净残值率)}{预计总的工作量}$$

某固定资产的月折旧额＝该固定资产的月工作量×单位工作量的折旧额

【例 2-58】

英迪公司有一辆卡车，原值为 480 000 元，预计最多可行驶 40 万公里，预计净残值率为 10%。采用工作量法为卡车计提折旧，已知本月该卡车行驶 8 000 公里。该卡车的单位工作量折旧额和本月应计提折旧额计算如下：

$$单位工作量折旧额=\frac{480\,000\times(1-10\%)}{400\,000}=1.08(元/公里)$$

$$卡车本月应计提的折旧额=8\,000\times1.08=8\,640(元)$$

3. 双倍余额递减法

双倍余额递减法是快速计提折旧的一种方法，是在不考虑固定资产残值的情况下，根据每期期初固定资产账面净值（固定资产账面余额减去累计折旧）和双倍的直线法折旧率计算固定资产折旧的一种方法。计算公式如下：

$$年折旧率=\frac{2}{预计使用年限}\times100\%$$

$$月折旧率=\frac{年折旧率}{12}$$

$$月折旧额=固定资产期初账面净值\times月折旧率$$

使用这种方法计提折旧时，由于每期期初的固定资产账面净值是固定资产账面余额减去累计折旧，未考虑资产的残值，具体各期计提的固定资产折旧额也相当于是直接用两倍于直线法的折旧率乘以固定资产账面净值得到的。使用该种方法时应注意，在折旧年限到期以前的两年内，应将固定资产净值扣除预计净残值之后的余额平均分摊，这样就将预计净残值对折旧计提的影响加了进来。

【例 2-59】

英迪公司一项固定资产原值为 200 000 元，预计净残值率为 3%，预计使用年限为 4 年。采用双倍余额递减法计算该项固定资产的年折旧率和年折旧额见表 2-3。

表 2-3　　双倍余额递减法折旧计算表　　单位：元

年份	期初账面余额	年折旧率	年折旧额	累计折旧	期末账面余额
1	200 000	50%	100 000	100 000	100 000
2	100 000	50%	50 000	150 000	50 000
3	50 000	50%	25 000	175 000	25 000
4			9 500	184 500	15 500
5			9 500	194 000	6 000

年折旧率＝2/4×100%＝50%

第一年年折旧额＝200 000×50%＝100 000(元)

第二年年折旧额＝100 000×50%＝50 000(元)

第三年年折旧额＝50 000×50%＝25 000(元)

第四、五年年折旧额＝(25 000－6 000)÷2＝9 500(元)

4. 年数总和法

年数总和法又称合计年限法，也是一种快速折旧的方法，这种方法是将应计折旧总额乘以一个逐年递减的分数来计算每年的折旧额。这个分数的分子是固定资产尚可使用的年限，分母是固定资产预计使用的年数总和。计算公式如下：

$$年折旧率=\frac{尚可使用的年限}{预计使用年限总和}\times 100\%$$

$$=\frac{尚可使用的年限}{预计使用年限\times(预计使用年限+1)\div 2}\times 100\%$$

年折旧额＝应计折旧总额×年折旧率

$$月折旧率=\frac{年折旧率}{12}$$

月折旧额＝应计折旧总额×月折旧率

双倍余额递减法和年数总和法都属于加速折旧的方法，即在固定资产使用的前期多计提折旧，从而使固定资产的成本在使用前期通过折旧较快地得到补偿。从另一个角度来看，采用这两种方法时，每期计提的折旧额是随着时间的推移逐渐减少的，故也称递减折旧法。

【例 2-60】

英迪公司一项固定资产原值为 910 000 元，预计使用年限为 5 年，预计净残值为 10 000 元，公司的该项固定资产由于技术进步，很快就可能被更新换代，故公司决定采用年数总和法计算年折旧率及年折旧额，计算结果如表 2-4 所示。

表 2-4　　年数总和法折旧计算表　　单位：元

年份	尚可使用年限	原值－净残值	年折旧率	年折旧额	累计折旧额
1	5	900 000	5/15	300 000	300 000
2	4	900 000	4/15	240 000	540 000
3	3	900 000	3/15	180 000	720 000
4	2	900 000	2/15	120 000	840 000
5	1	900 000	1/15	60 000	900 000

（六）固定资产折旧的核算

在会计实务中，固定资产折旧实际上是一个成本费用分摊的过程，通过折旧将固定资产的取得成本系统地分摊到固定资产预计的有效使用年限内。

小企业固定资产折旧只进行总分类核算，不进行明细分类核算。在进行总分类核算时，要编制“固定资产折旧计算表”和相应的“固定资产折旧计算汇总表”，然后再据此进行相应账务处理。固定资产计提折旧时，应以月初可计提折旧的固定资产账面余额为基础来计算，各月计算应计折旧额时，根据上月计提折旧额加上上月增加的固定资产应计提折旧额减去上月减少的固定资产应计提折旧额为本月固定资产应计提的折旧额。当需要查明某项固定资产的已提折旧时，可以根据固定资产卡片上所记载的该项固定资产原价、折旧率和实际使用年数等资料进行计算。

一般的“固定资产折旧计算表”如表 2-5 所示。

表 2-5　　固定资产折旧计算表

<table>
<tr><th rowspan="2">使用部门</th><th rowspan="2">固定资产项目</th><th rowspan="2">上月折旧额</th><th colspan="2">上月增加固定资产</th><th colspan="2">上月减少固定资产</th><th rowspan="2">本月折旧额</th><th rowspan="2">分配费用</th></tr>
<tr><th>原值</th><th>折旧额</th><th>原值</th><th>折旧额</th></tr>
<tr><td rowspan="4">生产部门</td><td>房屋</td><td></td><td></td><td></td><td></td><td></td><td></td><td rowspan="4">制造费用</td></tr>
<tr><td>设备</td><td></td><td></td><td></td><td></td><td></td><td></td></tr>
<tr><td>其他设备</td><td></td><td></td><td></td><td></td><td></td><td></td></tr>
<tr><td>小计</td><td></td><td></td><td></td><td></td><td></td><td></td></tr>
<tr><td rowspan="3">管理部门</td><td>房屋建筑</td><td></td><td></td><td></td><td></td><td></td><td></td><td rowspan="3">管理费用</td></tr>
<tr><td>运输工具</td><td></td><td></td><td></td><td></td><td></td><td></td></tr>
<tr><td>小计</td><td></td><td></td><td></td><td></td><td></td><td></td></tr>
<tr><td rowspan="3">销售部门</td><td>房屋建筑</td><td></td><td></td><td></td><td></td><td></td><td></td><td rowspan="3">销售费用</td></tr>
<tr><td>运输工具</td><td></td><td></td><td></td><td></td><td></td><td></td></tr>
<tr><td>小计</td><td></td><td></td><td></td><td></td><td></td><td></td></tr>
<tr><td>合计</td><td></td><td></td><td></td><td></td><td></td><td></td><td></td><td></td></tr>
</table>

小企业按月计提折旧时，应根据固定资产的受益对象，分别借记“制造费用”、“管理费用”、“销售费用”、“其他业务成本”等科目，贷记“累计折旧”科目。

【例 2-61】

英迪公司对固定资产采用“年限平均法”计提折旧，其中建筑物类固定资产月折旧率为 0.5%，机器设备类固定资产的月折旧率为 2%。

20×3 年 1 月初，英迪公司拥有的固定资产原值为 5 400 000 元，其中：生产车间的建筑物 1 400 000 元，机器设备 2 000 000 元；管理部门的建筑物

700 000 元，机器设备 200 000 元；销售部门的建筑物 500 000 元；出租在外的机器设备 600 000 元。

本月，生产车间增加一台机器设备，原值为 700 000 元，同时报废一台机床，原值为 300 000 元。

根据上述经济业务，该公司的账务处理如下：

本月应计提折旧的固定资产原值仍然是 5 400 000 元。

(1) 生产车间应计提折旧额计算

生产车间建筑物应计提的折旧额＝1 400 000×0.5%＝7 000 (元)

生产车间机器设备应计提的折旧额＝2 000 000×2%＝40 000(元)

生产车间应计提的总折旧额＝7 000＋40 000＝47 000(元)

本月计入制造费用的固定资产折旧额为 47 000 元。

(2) 管理部门应计提折旧额计算

管理部门建筑物应计提的折旧额＝700 000×0.5%＝3 500 (元)

管理部门机器设备应计提的折旧额＝200 000×2%＝4 000(元)

管理部门应计提的总折旧额＝3 500＋4 000＝7 500 (元)

本月计入管理费用的固定资产折旧额为 7 500 元。

(3) 销售部门应计提折旧额计算

销售部门应计提的折旧额＝500 000×0.5%＝2 500(元)

本月计入销售费用的固定资产折旧额为 2 500 元。

(4) 出租在外机器设备应计提折旧额计算

出租在外机器设备应计提的折旧额＝600 000×2%＝12 000(元)

本月计入其他业务成本的固定资产折旧额为 12 000 元。

借：制造费用——折旧费	47 000	
管理费用——折旧费	7 500	
销售费用——折旧费	2 500	
其他业务成本	12 000	
贷：累计折旧		69 000

五、固定资产后续支出

小企业在固定资产投入使用后，往往会对其进行维护、改建或者扩建等以提高其使用效率。按固定资产后续支出对固定资产影响期限的长短可将其分为资本化的后续支出和费用化的后续支出。

(一)资本化的后续支出

固定资产在使用过程中进行改建的，改建支出应计入固定资产的成本，但已提足折旧的固定资产和经营租入固定资产的改建支出应当计入长期待摊费用。

固定资产的改建支出，是指改变房屋或者建筑物结构、延长使用年限等发生的支出，应当计入固定资产的账面价值，即将其资本化，以待日后分摊。但其增计金额后的固定资产账面价值不应超过该固定资产的可收回金额。

对固定资产资本化的后续支出的账务处理主要有以下四步：

第一步，固定资产进行改、扩建时，如符合资本化条件，首先应将该固定资产的原值、累计折旧转销，将固定资产的账面价值转入“在建工程”科目。

第二步，可资本化的后续支出发生时，应根据本期发生的资本化的后续支出的金额借记“在建工程”，贷记“银行存款”、“工程物资”和“应付职工薪酬”等科目。

第三步，改、扩建过程中，在收回残料价值和变价收入时，借记“原材料”或“银行存款”等科目，贷记“在建工程”科目。

第四步，在固定资产发生的资本化后续支出完成并达到预定可使用状态时，应将归集在“在建工程”科目中的实际成本转入“固定资产”科目。

【例2-62】

英迪公司为扩大生产，决定对一处厂房进行扩建。该厂房原价4 000 000元，已计提折旧额为2 400 000元，账面价值1 600 000元。扩建过程中，共发生支出1 800 000元，全部以银行存款支付，且拆除部分得到变价收入500 000元。经过扩建，厂房的有效使用面积提高了，使用年限也延长了5年（不考虑该项工程有关税费）。

根据上述资料，该公司账务处理如下：

(1) 将固定资产账面价值转入在建工程，同时转销累计折旧

	借方	贷方
借：在建工程——厂房扩建工程	1 600 000	
累计折旧	2 400 000	
贷：固定资产——厂房		4 000 000

(2) 发生后续资本化支出时

	借方	贷方
借：在建工程——厂房扩建工程	1 800 000	
贷：银行存款		1 800 000

(3) 改建过程中得到变价收入时

借：银行存款　500 000

　贷：在建工程——厂房扩建工程　500 000

(4) 改建的厂房达到预定可使用状态时

借：固定资产——厂房　2 900 000

　贷：在建工程——厂房扩建工程　2 900 000

(二) 费用化的后续支出

《小企业会计准则》规定，固定资产在使用过程中发生的日常修理费，应当在发生时根据固定资产的受益对象计入当期损益。该部分后续支出只起到维护的作用，不能使流入企业的经济利益超过原先的估计，则在发生时直接计入当期损益。

六、固定资产的处置

小企业在生产经营过程中，对不需用的固定资产对外出售，由于使用而不断磨损直到最终报废，由于技术进步等原因发生提前报废，或因自然灾害等发生正常毁损等固定资产处置一般通过"固定资产清理"科目进行核算。

《小企业会计准则》规定，处置固定资产，处置收入扣除其账面价值、相关税费和清理费用后的净值，应当计入营业外收入或营业外支出。

固定资产账面价值是指固定资产原价（成本）扣减累计折旧后的金额。

小企业因出售、报废和毁损等原因减少固定资产的会计处理主要包括以下几步：

第一步，固定资产转入清理。以固定资产的账面价值借记"固定资产清理"，同时借记"累计折旧"，贷记"固定资产"科目。

第二步，结转发生的清理费用及相关税费。根据清理过程中发生的各项费用以及应交税费借记"固定资产清理"科目，贷记"银行存款""应交税费"等科目。

第三步，出售收入和残料、保险赔偿等的处理。小企业在固定资产清理中收到的固定资产价款、报废固定资产的残料价值或者变价收入等应当冲减"固定资产清理"科目。同时借记"银行存款"、"原材料"等科目。应由保险公司或者过失人赔偿的部分，应冲减"固定资产清理"科目，同时借记"其他应收款"科目。

第四步，固定资产清理净损益的结转。固定资产清理后的净收益应计入当期损益，借记“固定资产清理”科目，贷记“营业外收入”科目；固定资产清理后的净损失应借记“营业外支出”科目，贷记“固定资产清理”科目。

【例 2-63】

英迪公司出售机器设备一台，原值 150 000 元，已使用 5 年，累计折旧 50 000 元，支付清理费用 1 200 元，协议作价 120 000 元，营业税税率为 5%。

根据上述资料，该公司账务处理如下：

(1) 固定资产转入清理时

借：固定资产清理　　100 000

　　累计折旧　　50 000

　贷：固定资产　　150 000

(2) 支付清理费用时

借：固定资产清理　　1 200

　贷：银行存款　　1 200

(3) 收到价款时

借：银行存款　　120 000

　贷：固定资产清理　　120 000

(4) 计算应交纳的营业税

借：固定资产清理 (120 000×5%)　　6 000

　贷：应交税费——应交营业税　　6 000

(5) 结转固定资产清理后的净收益

借：固定资产清理　　12 800

　贷：营业外收入——非流动资产处置净收益　　12 800

【例 2-64】

英迪公司一台生产设备，原值 500 000 元，已提折旧 480 000 元，由于使用期满，经批准报废，报废时残料计价 4 200 元，用银行支付清理费用 10 000 元。

根据上述资料，该公司账务处理如下：

(1) 固定资产转入清理

借：固定资产清理　　20 000

　　累计折旧　　480 000

贷：固定资产——生产设备　　500 000

(2) 支付清理费用

借：固定资产清理　　10 000

贷：银行存款　　10 000

(3) 残料入库

借：原材料　　4 200

贷：固定资产清理　　4 200

(4) 结转固定资产清理净损益

借：营业外支出——非流动资产处置净损失　　25 800

贷：固定资产清理　　25 800

【例 2-65】

英迪公司一条生产线的原值为 3 200 000 元，累计折旧 1 800 000 元，因故发生毁损，经保险公司确认赔偿 1 300 000 元，过失人赔偿 20 000 元，该设备残料变价收入 10 000 元。

根据上述资料，该公司账务处理如下：

(1) 固定资产转入清理

借：固定资产清理　　1 400 000

累计折旧　　1 800 000

贷：固定资产　　2 400 000

(2) 确认保险公司赔偿金额

借：其他应收款——保险公司　　1 300 000

贷：固定资产清理　　1 300 000

(3) 确认过失人赔偿金额

借：其他应收款——过失人　　20 000

贷：固定资产清理　　20 000

(4) 取得残料变价款

借：银行存款　　10 000

贷：固定资产清理　　10 000

(5) 结转固定资产清理损益

借：营业外支出——非常损失　　70 000

贷：固定资产清理　　70 000

七、固定资产的清查

小企业应定期对固定资产进行盘点清查，每年至少实地盘点一次，这是固定资产核算真实性的有力保证，可充分挖掘企业现有固定资产的潜力。

在固定资产清查过程中，如果发现固定资产盘盈或盘亏，在应及时填制“固定资产盘盈盘亏报告表”。对固定资产的清查结果应查明原因，并在期末结账前处理完毕。

（一）固定资产盘盈的处理

固定资产盘盈时，应以该资产的市场价格或同类固定资产的市场价格，减去以该资产新旧程度估计的价值损耗之后的余额，借记“固定资产”，贷记“营业外收入”。

【例 2-66】

英迪公司在财产清查中发现有一台七成新的机床未入账，该型号的机床在活跃市场上的价格为 200 000 元。

根据上述资料，该公司账务处理如下：

借：固定资产（200 000×70%）　　140 000

　贷：营业外收入——固定资产盘盈　　140 000

（二）固定资产盘亏的核算

《小企业会计准则》规定，盘亏固定资产发生的损失应当计入营业外支出。

在固定资产清查时，发现固定资产盘亏的，应按固定资产的账面价值借记“营业外支出”，同时转销该固定资产的“累计折旧”，按该固定资产的账面原值贷记“固定资产”。

【例 2-67】

英迪公司在财产清查时，发现账面上存在的一台仪器丢失。该仪器原价 40 000 元，已计提折旧 38 000 元。

根据上述资料，该公司账务处理如下：

借：营业外支出——固定资产盘亏　　2 000

　　累计折旧　　38 000

　贷：固定资产　　40 000

第五节　无形资产的核算

一、无形资产概述

(一) 无形资产的概念

无形资产，是指小企业拥有或者控制的没有实物形态的可辨认非货币性资产。为深入理解无形资产的含义，应重点把握以下几方面内容：

1. 无形资产应当为小企业拥有或控制

“拥有”指小企业拥有所有权，是所有者投入的，或是小企业购入的；“控制”指小企业虽没有取得所有权，但在一定时期或一定条件下可以自主支配。即小企业拥有的这项无形资产所产生的利益只能归于该小企业，从而限制了其他主体对这一利益的取得。

2. 无形资产是没有实物形态的资产

不具有独立的物质实体，是无形资产区别与其他资产的显著标志。虽然无形资产没有实物形态，但却具有价值。其价值往往是法律或合同所赋予的某种法定或特许的权利（如商标权、专利权）以及获得超额利润的能力，这种价值是难以通过人们感觉器官所直接触摸或感受得到的，它隐形存在于小企业之中。

3. 无形资产是非货币性长期资产

无形资产虽然不具有物质实体，能在小企业若干年生产经营期内使用或发挥作用，具有未来的经济效益，但其未来为小企业带来的经济利益，即货币金额是不可确定的，因此，无形资产属于一项非货币性长期资产。

4. 无形资产是一种可辨认的资产形式

资产满足下列条件之一的，符合无形资产定义中的可辨认性标准：

（1）能够从小企业中分离或者划分出来，并能够单独或者与相关合同、资产或负债一起，用于出售、转移、授予许可、租赁或者交换；

（2）源自合同性权利或者其他法定权利，无论这些权利是否可以从小企业或其他权利和义务中转移或者分离。

(二) 无形资产的核算内容

无形资产主要包括专利权、商标权、土地使用权、著作权、特许权和非专利技术等。

1. 专利权

专利权，是指国家专利主管机关依法授予发明创造申请人对其发明创造在法定期限内所享有的专有权利，包括发明专利权、实用新型专利权和外观设计专利权。它给予持有者独家使用或控制某项发明的特殊权利。《中华人民共和国专利法》（以下简称《专利法》）明确规定，专利人拥有的专利权受到国家法律保护。

专利权的主体是依据《专利法》被授予专利权的个人或单位，专利权的客体是受《专利法》保护的专利范围。并不是所有的专利权都能给持有者带来经济利益，有的专利可能没有经济价值或具有很小的经济价值；有的专利会被另外更有经济价值的专利所淘汰等。因此，小企业无须将其所拥有的一切专利权都予以资本化，作为无形资产核算。只有那些能够给小企业带来较大经济利益，并且小企业为此花费了支出的专利，才能作为无形资产核算。

2. 商标权

商标权，是指小企业专门在某种指定的商品上使用特定的名称、图案、标记的权利。根据我国《商标法》的规定，经商标局核准注册的商标为注册商标，商标注册人享有商标专用权，受法律保护。商标权的内容包括独占使用权和禁止使用权。商标权的价值在于它能使享有人获得较高的盈利能力。我国《商标法》规定，商标权的有效期限为10年，期满前可继续申请延长注册期。

小企业自创商标并将其注册登记，所花费用一般不大，是否将其资本化并不重要。能够给拥有者带来获利能力的商标，往往是通过多年的广告宣传和其他传播商标名称的手段，以及客户的信赖等树立起来的。广告费一般不作为商标权的成本，而是在发生时直接计入当期损益。

按照《商标法》的规定，商标可以转让，但受让人应保证使用该注册商标的产品质量。如果小企业购买他人的商标，一次性支出费用较大的，可以将其资本化，作为无形资产管理。这时，应根据购入商标的买价、支付的手续费及有关费用记账。投资者投入的商标权应按评估确认的价值入账。

3. 土地使用权

土地使用权，是指国家准许小企业在一定期间对国有土地享有开发、利用、经营的权利。根据《中华人民共和国土地管理法》的规定，我国土地实行公有制，任何单位和个人不得侵占、买卖或者以其他形式非法转让。国有土地可依法确定给国有小企业、集体小企业等单位，其使用权可依法转让。取得土地使用权有时可能不花费任何代价，如小企业所拥有的未入账的土地使用权，这时，就不能将其作为无形资产核算。取得土地使用权时花费了支出，则应将其资本化，作为无形资产核算。这里涉及两种情况，一是小企业根据《中华人民共和国城镇国有土地使用权出让和转让暂行条例》，向政府土地管理部门申请土地使用权，小企业要支付土地出让金，在这种情况下，应予以资本化，作为无形资产核算；二是小企业原先通过行政划拨获得土地使用权，没有入账核算，在将土地使用权有偿转让、出租、抵押、作价入股和投资时，应按规定将补交的土地出让价款予以资本化，作为无形资产入账核算。

4. 著作权

著作权又称版权，制作者对其创作的文学、科学和艺术作品依法享有的某种特殊权利。著作权包括两方面的权利，即精神权利（人身权利）和经济权利(财产权利)。前者指作品署名、发表、确认作者身份、保护作品的完整性、修改已经发表的作品等各项权利，包括署名权、发表权、修改权和保护作品完整权；后者指以出版、表演、广播、展览、录制唱片、摄制影片等方式使用作品以及授权他人使用作品而获得经济利益的权利。

5. 特许权

特许权也称为专营权、经营特许权，指小企业在某一地区经营或销售某种特定商品的权利或是一家小企业接受另一家小企业使用其商标、商号、技术秘密等的权利。前者是由政府机构授权，准许小企业使用或在一定地区享有经营某种业务的特权，如水、电、邮电通信等专营权、烟草专卖权等等；后者是指小企业间依照签订的合同，有限期或无限期使用另一家企业的某些权利，如连锁店的分店等。会计上的特许权主要是指后一种情况。只有支付了费用取得的特许权才能作为无形资产入账。

6. 非专利技术

非专利技术也称专有技术，或技术秘密、技术诀窍，是指先进的、不为外界所知、未申请专利、在生产经营活动中已采用了的、不享有法律保护可以带来经济效益的各种技术和经验。非专利技术可以用蓝图、配方、技术记录、操作方法的说明等具体资料表现出来，也可以通过卖方派出技术人员进行指导，或接受买方人员进行技术实习等手段实现。非专利技术具有经济性、机密性和动态性等特点。主要内容包括：

(1) 工业（贸易）专有技术，即在生产上已经采用，仅限于少数人知道，不享有专利权或发明权的生产、装配、修理、工艺或加工方法的技术知识。

(2) 商业（贸易）专有技术，即具有保密性质的市场情报、原材料价格情报以及用户、竞争对象的情况和有关知识。

(3) 管理专有技术，即生产组织的经营方式、管理方式、培训职工方法等保密知识。

由于非专利技术未经公开亦未申请专利权，所以不受法律保护，但专有技术所有人依靠自我保密的方式来维护其独占权，事实上具有专利权的效用。非专利技术可以作为资产对外投资，也可以转让。

二、无形资产的确认和初始计量

（一）无形资产的确认

同时满足下列条件的无形项目，才能确认为无形资产：

（1）符合无形资产的定义。作为无形资产核算的项目首先应该符合无形资产的定义，即为小企业拥有或者控制的没有实物形态的可辨认非货币性资产。符合无形资产定义的重要表现之一，就是小企业能够控制该无形资产产生的经济利益。具体表现为小企业拥有该无形资产的法定所有权，或小企业与他人签订了协议，使得小企业的相关权利受到法律的保护。

（2）与该资产相关的预计未来经济利益很可能流入小企业。资产最基本的特征是产生的经济利益预期很可能流入小企业，如果某一项目产生的经济利益预期不能流入小企业，就不能确认为小企业的资产。如果某一项目包含的经济利益不是很可能流入小企业，那么，即使其满足无形资产确认的其他条件，也不能将其确认为无形资产；如果某一项目包含的经济利益很可能流入小企业，并且同时满足无形资产确认的其他条件，那么应将其确认为小企业的无形资产。例如，小企业外购一项商标权，从而拥有法定所有权，使得小企业的相关权利受到法律的保护。此时，表明小企业能够控制该项无形资产所产生的经济利益。

在会计实务中，要确定无形资产所创造的经济利益是否很可能流入小企业，需要实施职业判断。在实施这种判断时，小企业管理当局应当对无形资产在预计使用寿命内可能存在的各种经济因素作出合理的、稳健的估计，并且应有相应的证据支持。同时，还要关注一些外界因素的影响，如是否存在与其相关的其他新技术、新产品的冲击等。

（3）该资产的成本能够可靠计量。成本能够可靠地计量，是资产确认的一项基本条件。无形资产作为小企业资产的重要组成部分，要予以确认，也应能够可靠地计量为其发生的支出，否则小企业不应加以确认。例如，小企业自创商誉以及内部产生的品牌、报刊名等符合无形资产的定义，但在形成过程中的支出难以可靠地估计，所以不能确认为小企业的无形资产。

再比如，高新技术小企业比较常见的，一些高科技领域的高科技人才，假定其与小企业签订了服务合同，且合同规定其在一定期限内不能为其他企业提供服务。在这种情况下，虽然这些高科技人才的知识在规定的期限内预期能够为小企业创造经济利益，但是由于这些高科技人才的知识难以准确或合理地辨认，加之为形成这些知识所发生的支出难以计量，从而不能作为小企业的无形资产加以确认。

（二）无形资产的初始计量

无形资产应当按照成本进行初始计量。对于不同来源取得的无形资产，其成本构成也不尽相同。

1. 外购无形资产的成本

外购无形资产的成本，包括购买价款、相关税费以及直接归属于使该项资产达到预定用途所发生的其他支出。其中，直接归属于使该项资产达到预定用途所发生的其他支出，是指使无形资产达到预定用途所发生的专业服务费用、测试无形资产是否能够正常发挥作用的费用等。

2. 投资者投入的无形资产

投资者投入的无形资产，应当按照投资合同或协议约定的价值作为成本，但合同或协议约定价值不公允的除外。

3. 自行开发的无形资产

对自行开发的无形资产，小企业内部研究开发项目研究阶段的支出，应当于发生时计入当期损益；小企业内部研究开发项目开发阶段的支出，符合确认标准的，应当作为无形资产的成本，确认为无形资产。值得注意的是，对于以前期间已经费用化的支出不再进行调整。

（三）无形资产取得的核算

1. 购入的无形资产

小企业对于购入的无形资产，按实际支付的价款，借记“无形资产”科目，贷记“银行存款”等科目。

【例 2-68】

英迪公司购入一项包装专利权，发票价格为 400 000 元，款项已通过银行转账支付。

根据上述资料，该公司账务处理如下：

借：无形资产——包装专利权	400 000	
贷：银行存款		400 000

2. 投资者投入的无形资产

小企业对于投资者投入的无形资产，按投资合同或协议约定的价值，借记“无形资产”科目，贷记“实收资本”、“股本”等科目。

【例 2-69】

英迪公司接受投资者以其所拥有的非专利技术投资，双方商定的价值为

800 000 元，已办妥相关手续。

根据上述资料，英迪公司账务处理如下：

借：无形资产——非专利技术　800 000

　贷：实收资本　800 000

3. 自行开发取得的无形资产

对于自行开发并按法律程序申请取得的无形资产，按依法取得时发生的注册费、聘请律师费等费用，借记"无形资产"科目，贷记"银行存款"科目。

小企业在研究与开发过程中发生的材料费用、直接参与开发人员的工资及福利费、开发过程中发生的租金、借款费用等，符合无形资产确认标准的，借记"无形资产"科目，贷记"银行存款"科目；除此之外的计入当期损益，借记"管理费用"科目，贷记"银行存款"等科目。

【例 2-70】

英迪公司试制成功并依法申请取得了检测专利权，在申请专利权过程中发生专利登记费 30 000 元，律师费 6 000 元。

根据上述资料，该公司账务处理如下：

借：无形资产——检测专利权　36 000

　贷：银行存款　36 000

4. 土地使用权的处理

小企业取得的土地使用权通常应确认为无形资产，但改变土地使用权用途，用于赚取租金或资本增值的，应当将其转为投资性房地产（参见《企业会计准则》）。

自行开发建造厂房等建筑物，相关的土地使用权与建筑物应当分别进行处理。外购土地及建筑物支付的价款应当在建筑物与土地使用权之间进行分配；难以合理分配的，应当全部作为固定资产。

小企业（房地产开发）取得土地用于建造对外出售的房屋建筑物，相关的土地使用权账面价值应当计入所建造的房屋建筑物成本。

【例 2-71】

20×3 年 1 月 1 日，英迪公司购入一块土地的使用权，以银行存款转账支付 2 500 000 元，并在该土地上自行建造职工餐饮中心，发生材料支出 1 000 000 元，工资费用 500 000 元，其他相关费用 1 000 000 元。该工程已经完工并达到预定可使用状态。假定土地使用权的使用年限为50年，该餐饮中心的使用年限为25年，两者都没有净残值，都采用直线法进行摊销和计提折旧。为简化核算，不考虑其他相关税费。

根据上述资料，该公司账务处理如下：

(1) 支付转让价款

	借方	贷方
借：无形资产——土地使用权	2 500 000	
贷：银行存款		2 500 000

(2) 在土地上自行建造建筑物

	借方	贷方
借：在建工程	2 500 000	
贷：工程物资		1 000 000
应付职工薪酬		500 000
银行存款		1 000 000

(3) 餐饮中心达到预定可使用状态

	借方	贷方
借：固定资产	2 500 000	
贷：在建工程		2 500 000

(4) 每年分别摊销土地使用权和对厂房计提折旧

	借方	贷方
借：管理费用	50 000	
贷：累计摊销		50 000
借：制造费用	100 000	
贷：累计折旧		100 000

三、开发支出的核算

（一）开发支出的概念

开发支出是指小企业进行内部研究项目的开发，必须投入人力和物力所发生的各种支出。例如，研究与开发人员的工资和福利、所用设备的折旧、外购相关技术发生的支出等。小企业内部研究开发项目支出，按照小企业内部研究开发进行的不同阶段，可分为研究阶段支出与开发阶段支出。

1. 研究阶段支出

研究阶段是探索性的，为进一步开发活动进行资料以及相关方面的准备，已进行的研究活动将来是否会转入开发，开发后是否会形成无形资产等均具有较大的不确定性。比如，意在获取知识而进行的活动，研究成果或其他知识的应用研究、评价和最终选择，材料、设备、产品、工序、系统或服务替代品的研究，新的或经改进的材料、设备、产品、工序、系统或服务的可能替代品的配制、设计、评价和最终选择等，均属于研究活动。

研究阶段支出，是指为获取新的科学或技术知识并理解它们而进行的独创性的有计划的调查阶段而发生的支出。

2. 开发阶段支出

相对于研究阶段而言，开发阶段是已经完成研究阶段的工作，在很大程度上具备了形成一项新产品或新技术的基本条件。比如，生产前或使用前的原型和模型的设计、建造和测试，不具有商业性生产经济规模的试生产设施的设计、建造和运营等，均属于开发活动。

开发阶段支出，是指在进行商业性生产或使用前，将研究成果或其他知识应用于某项计划或设计，以生产出新的或具有实质性改进的材料、装置、产品等而发生的支出。

（二）开发支出的核算

随着企业间技术竞争的加剧，小企业研究与开发的项目是否很可能成功，是否将来很可能为小企业带来未来经济利益，在研究与开发过程中往往存在较大的不确定性，在研究阶段尤其如此。为此，小企业自行开发无形资产发生的支出，同时满足下列五个条件的，才能确认为无形资产：

(1) 完成该无形资产以使其能够实用或出售在技术上具有可行性。判断无形资产的开发在技术上是否具有可行性，应当以目前阶段的成果为基础，并提供相关证据和材料，证明企业进行开发所需的技术条件等已经具备，不存在技术上的障碍或其他不确定性。

(2) 具有完成该无形资产并使用或出售的意图。企业能够说明其开发无形资产的目的。

(3) 能够证明运用该无形资产生产的产品存在市场或无形资产自身存在市场，无形资产将在内部使用的，应当证明其有用性。确认无形资产是否能够为企业带来经济利益，应当对运用该无形资产产生产品的市场情况进行可靠预计，以证明所生产的产品存在市场并能够带来经济利益，或能够证明市场上存在对该无形资产的需求，包括能够证明运用该无形资产生产的产品存在市场或无形资产本身存在市场；无形资产将在内部使用的，应当证明其有用性。

(4) 有足够的技术、财物资源和其他资源支持，以完成该无形资产的开发，并有能力使用或出售该无形资产

小企业能够证明可以取得无形资产开发所需要的技术、财务或其他资源，以及获得这些资源相关的计划。小企业自有资金不足以提供支持的，应能够证明存在外部其他方面的资金支持，如银行等金融机构声明愿意为该无形资产的开发提供所需资金等。

(5) 归属于该无形资产开发阶段的支出能够可靠地计量。小企业对研究开发的支出应当单独核算，同时从事多项研究开发活动的，所发生的支出应当按照合理的标准在各项研究开发活动之间进行分配；无法合理分配的，应当计入当期损益。

【例 2-72】

英迪公司自行研究、开发一项技术，截至 20×3 年 12 月 31 日，研发支出合计 450 000 元，经测试该项研发活动至此完成了研究阶段，从 20×4 年 1 月 1 日起进入开发阶段。20×4 年发生研发支出合计 380 000 元，假定符合开发支出资本化的五个条件。20×4 年 12 月 31 日，该项研发活动结束，最终开发出一项非专利技术。

根据上述资料，该公司账务处理如下：

(1) 20×3 年发生的研发支出

	借方	贷方
借：研发支出——费用化支出	450 000	
贷：银行存款等		450 000

(2) 20×3 年 12 月 31 日，发生的研发支出全部属于研究阶段的支出。

	借方	贷方
借：管理费用	450 000	
贷：研发支出——费用化支出		450 000

(3) 20×4 年，发生开发支出并满足资本化确认条件

	借方	贷方
借：研发支出——资本化支出	380 000	
贷：银行存款等		380 000

(4) 20×4 年 12 月 31 日，该技术研发完成并形成无形资产

	借方	贷方
借：无形资产——非专利技术	380 000	
贷：研发支出——资本化支出		380 000

四、无形资产的后续计量

(一) 无形资产摊销的核算

1. 估计无形资产的使用寿命

《小企业会计准则》规定，无形资产应当在其使用寿命内采用年限平均法进行推销，根据其受益对象计入相关资产成本或者当期损益。

无形资产属于小企业的长期资产，能在较长的时间内给小企业带来经济利益，因此小企业应当于取得无形资产时分析判断其使用寿命。无形资产的使用寿命如为有限的，应当估计该使用寿命的年限；无法预见无形资产为小企业带

来经济利益期限的，应当视为使用寿命不确定的无形资产。

(1) 有关法律规定或合同约定了使用年限的，可以按规定或约定的使用年限分期摊销。

小企业持有的无形资产，通常来源于合同性权利或其他法定权利，且合同规定或法律规定有明确的使用年限。

① 来源于合同性权利或其他法定权利的无形资产，其使用寿命不应超过合同性权利或其他法定权利的期限。例如，小企业取得某项外观设计专利权，法律规定的保护期限为10年，小企业预计运用该项外观设计专利权所生产的产品在未来5年内会为本企业带来经济效益，则该项外观设计专利权的预计使用寿命为5年。

② 合同性权利或其他法定权利在到期时因续约等延续，且有证据表明小企业续约不需要付出大额成本的，续约期应当计入使用寿命。下列情况下，一般说明小企业无须付出大额成本即可延续合同性权利或其他法定权利：有证据表明合同性权利或其他法定权利将被重新延续，如果在延续之前需要第三方的同意，则还需有第三方将会同意的证据；有证据表明为获得重新延续所必需的所有条件将被满足，以及小企业为延续持有无形资产所付出的成本相对于预期从重新延续中流入小企业的未来经济利益相比不具有重要性。

(2) 小企业不能可靠估计无形资产使用寿命的，摊销期不得低于10年。

上述方法仍无法合理确定无形资产为小企业带来经济利益期限的，该项无形资产应作为使用寿命不确定的无形资产，根据规定摊销期不得低于10年。

2. 残值的确定

无形资产的残值意味着在其经济寿命结束之前，小企业预计将会处置该无形资产，并且从该处置中获得利益。无形资产的残值一般为零，但下列情况除外：

(1) 有第三方承诺在无形资产使用寿命结束时购买该无形资产；

(2) 可以根据活跃市场得到预计残值信息，并且该市场在无形资产使用寿命结束时可能存在。

估计无形资产的残值应当以资产处置时的可收回金额为基础，此时的可收回金额是指在预计出售日，出售一项使用寿命已满且处于类似使用状况下，同类无形资产预计的处置价格（扣除相关税费）。

3. 摊销期和摊销方法

无形资产的摊销期自其可供使用（即其达到预定用途）时开始至终止使用

或出售时止。在无形资产的使用寿命内系统地分摊其应摊销金额，应摊销金额为其成本扣除预计残值后的金额。无形资产的摊销存在多种方法，包括平均年限法、生产总量法等。小企业无形资产摊销方法，应当在其使用寿命内采用平均年限法进行摊销。

4. 无形资产摊销的账务处理

无形资产摊销就是将无形资产成本在其使用寿命内进行系统地分配，使用寿命有限的无形资产应将其成本在使用寿命内系统合理摊销。摊销时，应当按照无形资产的受益对象，借记"制造费用"、"管理费用"等科目，贷记"累计摊销"科目。

【例 2-73】

英迪公司 20×3 年 1 月 1 日外购一项产品装配技术，实际支付的价款为 880 000 元。英迪公司合理估计该无形资产的净残值为零，预计使用寿命为 8 年，按照平均年限法摊销。

根据上述资料，该公司账务处理如下：

(1) 20×3 年 1 月 1 日购入

借：无形资产——装配技术　　880 000

　贷：银行存款　　880 000

(2) 20×3 年摊销

借：制造费用　　110 000

　贷：累计摊销　　110 000

(3) 20×4 年及以后各年摊销同 20×3 年

(二) 无形资产处置的核算

1. 出售无形资产

小企业出售无形资产，按实际取得的转让收入，借记"银行存款"等科目，按该项无形资产已计提的累计摊销额，借记"累计摊销"科目，按其成本，贷记"无形资产"科目，按应支付的相关税费及其他费用，贷记"应交税费——应交营业税"、"银行存款"等科目，按其差额，借记"营业外支出——非流动资产处置净损失"或贷记"营业外收入——非流动资产处置净收益"科目。

【例 2-74】

英迪公司将拥有的一项专利权出售，取得收入 200 000 元，应交的营业税为10 000元。该专利权的账面原值160 000元，已提摊销35 000元。

根据上述资料，该公司账务处理如下：

借：银行存款　200 000

　　累计摊销　35 000

　贷：无形资产——专利权　160 000

　　　营业外收入——处置非流动资产利得　65 000

　　　应交税费——应交营业税　10 000

2. 无形资产的转让

小企业所拥有的无形资产，可以依法转让。小企业转让无形资产的方式有两种：一是转让其所有权，二是转让其使用权。两者的会计处理有所区别。

无形资产所有权的转让即为出售无形资产，按前述出售无形资产进行会计处理。

无形资产使用权的转让仅仅是将部分使用权让渡给其他单位或个人，出让方仍保留对该项无形资产的所有权，因而仍拥有使用、收益和处置的权利。受让方只能取得无形资产的使用权，在合同规定的范围内合理使用而无权转让。在转让无形资产使用权的情况下，由于转让小企业仍拥有无形资产的所有权，因此，不应注销无形资产的账面摊余价值。按实际取得的转让收入，借记"银行存款"等科目，贷记"其他业务收入"科目，按支付的有关费用，借记"其他业务成本"科目，贷记"银行存款"等科目。

【例2-75】

英迪公司将某项土地使用权转让给DT公司，合同规定，受让方使用该土地使用权每10 000平方米，需付给出让方4 000元。DT公司使用该土地80 000平方米，汇来使用费32 000元已存入银行，英迪公司为此支付咨询费1 000元。

根据上述资料，英迪公司账务处理如下：

(1) 支付转让专利权使用权的咨询服务费

借：其他业务成本——无形资产转让　1 000

　贷：银行存款　1 000

(2) 收到受让方专利权使用费

借：银行存款　32 000

　贷：其他业务收入——无形资产转让　32 000

3. 无形资产的报废

如果无形资产预期不能为小企业带来经济利益，应当将该无形资产的账面价值予以转销。转销时，应按已计提的累计摊销额，借记“累计摊销”科目；按其账面余额，贷记“无形资产”科目；按其差额，借记“营业外支出——非流动资产处置净损失”或贷记“营业外收入——非流动资产处置净收益”科目。

【例2-76】

英迪公司20×3年12月31日，某项专利权的账面原值为5 000 000元，该专利权的残值为零，累计摊销额为4 000 000元，假定该专利权生产的产品已没有市场，预期不能再为企业带来经济利益。因此，英迪公司决定将该专利权报废。假定不考虑其他相关因素。

根据上述资料，该公司账务处理如下：

借：累计摊销	4 000 000
营业外支出——非流动资产处置净损失	1 000 000
贷：无形资产——专利权	5 000 000

（三）无形资产的期末清查

无形资产的期末清查是指通过对无形资产的盘点或核对，确定其实存数，查明账存数与实存数是否相符的一种专门方法。加强无形资产的清查工作，对于加强小企业管理无形资产、充分发挥会计的监督作用具有重要意义。

小企业应建立健全无形资产清查制度，于每年度终进行一次全面清查盘点，并根据需要不定期地进行全面或局部清查。对盘盈、盘亏的无形资产应及时查明原因，分清责任，并按规定做出处理。无形资产清查的范围和内容包括各项专利权、商标权、土地使用权、著作权、特许权和非专利技术等。

通过多方面充分论证分析，认为无形资产预期不能为小企业带来经济利益时，应按规定的程序将无形资产的账面值予以转销。无形资产预期不能为小企业带来利益的情形主要包括：

（1）该项无形资产已被其他新技术等替代，且已不能为小企业带来经济利益。

（2）该项无形资产不再受法律的保护，且不能给小企业带来经济利益。

第六节　长期待摊费用

一、长期待摊费用概述

（一）长期待摊费用的定义

长期待摊费用是指小企业已经支出，但摊销期限在1年以上的各项费用。小企业的长期待摊费用包括：已提足折旧的固定资产的改建支出、经营租入固定资产的改建支出、固定资产的大修理支出和其他长期待摊费用等。

1. 已提足折旧的固定资产的改建支出

固定资产的改建一般情况下是可以延长该资产使用寿命的。而“已提足折旧的固定资产”根据规定是不能对其折旧年限进行调整的，只能通过长期待摊费用核算，并在固定资产预计尚可使用年限内分期摊销。

2. 经营租入固定资产的改建支出

经营租入的固定资产，作为承租方只有在协议规定的期限内拥有对该资产的使用权。因此，以经营租赁方式租入的固定资产发生的改建支出，不能计入固定资产成本，只能计入长期待摊费用，并在合同约定的剩余租赁期限内平均摊销。

3. 固定资产的大修理支出

固定资产的大修理支出，是指同时符合下列条件的支出：

（1）修理支出达到取得固定资产时的计税基础50%以上；

（2）修理后固定资产的使用寿命延长2年以上。

4. 其他长期待摊费用

其他长期待摊费用是指小企业发生的除已提足折旧的固定资产的改建支出、经营租入固定资产的改建支出、固定资产的大修理支出外，摊销期限在一年以上的各项待摊费用。

（二）长期待摊费用的特点

基于长期待摊费用的定义，长期待摊费用具有以下特点：

（1）长期待摊费用属于长期资产。因此，不能全部计入当年损益，应当在以后年度内分期摊销。

（2）长期待摊费用是小企业已经支出的各项费用，且本身没有价值，不可转让，也不能为企业带来经济利益。

二、长期待摊费用的核算

（一）会计科目的设置

小企业设置“长期待摊费用”科目核算已提足折旧的固定资产的改建支出、经营租入固定资产的改建支出、固定资产的大修理支出和其他长期待摊费用等。小企业发生的各项长期待摊费用记入“长期待摊费用”科目的借方，按期摊销的各项长期待摊费用记入“长期待摊费用”科目的贷方，期末借方余额，反映小企业尚未摊销完毕的各项长期待摊费用。“长期待摊费用”科目应按照已提足折旧的固定资产的改建支出、经营租入固定资产的改建支出、固定资产的大修理支出、其他长期待摊费用等支出项目设置明细科目进行明细核算。

（二）发生长期待摊费用的账务处理

小企业发生的长期待摊费用借记“长期待摊费用”科目，贷记“银行存款”、“原材料”等科目。

【例 2-77】

20×3 年 12 月 3 日，英迪公司委托装修公司对其以经营租赁方式租入的办公用房屋进行改建、装修，发生改建、装修费用 252 000 元。其中，领用生产用原材料 100 000 元（购进该批原材料时支付的增值税进项税额为 17 000 元），以银行存款支付设计费及水电费等 48 000 元，确认本企业改建、装修人员工资等职工薪酬 87 000 元。

根据上述资料，英迪公司账务处理如下：

（1）领用生产用原材料

借：长期待摊费用——经营租入固定资产改建支出　117 000

　贷：原材料　100 000

　　应交税费——应交增值税（进项税额转出）　17 000

（2）支付设计费及水电费

借：长期待摊费用——经营租入固定资产的改建支出　48 000

　贷：银行存款　48 000

（3）确认装修人员工资等职工薪酬

借：长期待摊费用——经营租入固定资产的改建支出　87 000

　贷：应付职工薪酬　87 000

（三）长期待摊费用摊销的核算

1. 摊销方法

长期待摊费用应当在其摊销期限内采用年限平均法进行摊销。小企业采用平均年限法摊销长期待摊费用的关键是摊销期限的确定。长期待摊费用摊销期限因不同的支出项目确定方法不同，具体规定如下：

（1）已提足折旧的固定资产的改建支出，按照固定资产预计尚可使用年限分期摊销。

（2）经营租入固定资产的改建支出，按照合同约定的剩余租赁期限分期摊销。

（3）固定资产的大修理支出，按照固定资产尚可使用年限分期摊销。

（4）其他长期待摊费用，自支出发生月份的下月起分期摊销，摊销期不得低于3年。

2. 长期待摊费用摊销的账务处理

长期待摊费用摊销应根据其受益对象将各期应摊销的费用计入该期相关资产的成本或者管理费用，同时冲减长期待摊费用。具体账务处理为：按月采用年限平均法摊销长期待摊费用时，按照长期待摊费用的受益对象，借记“制造费用”、“管理费用”等科目，贷记“长期待摊费用”科目。

【例2-78】

承例2-77，20×4年3月20日，该房屋改建、装修完工，达到预定可使用状态并交付使用，合同约定的剩余租赁期限5年（假定不考虑其他因素）。

根据上述资料，该公司账务处理如下：

每月摊销金额＝(117 000＋48 000＋87 000)÷5 ÷12＝4 200(元)

借：管理售费用　　4 200

　　贷：长期待摊费用——经营租入固定资产的改建支出　　4 200

以后各期摊销的账务处理同上。

CHAPTER

3 第三章 负　债

第一节　负债概述

一、负债的概念

负债是指过去的交易或事项形成的现时义务，履行该义务预期会导致经济利益流出企业。它具有以下主要特征：

（1）负债是由过去的交易或事项而形成的，而且是现在已经承担的责任。对于企业正在筹划的未来交易或事项，如企业已经签署但尚未生效的合同与合作事项等，并不构成企业目前的负债。

（2）负债对于小企业而言，是一项强制性的义务，它可能基于法律、合同或类似文件的要求。若是一项非强制性的、属于可有可无的责任，如计划对慈善机构的捐赠等，则不能形成企业的负债。

（3）负债通常需要在未来某一特定时日用资产（一般是货币资金）或劳务来偿付。在某些情况下，现有负债可能通过承诺新的负债（即债务的展期）或转化为所有者权益予以了结，但最终都要导致企业资产的流出。

二、负债的核算内容

负债按偿还期长短的不同，可以分为流动负债和非流动负债。

流动负债核算主要包括短期借款、应付及预收款项、应付职工薪酬、应交税费、应付利息等内容。

非流动负债核算主要包括长期借款、长期应付款等内容。

第二节 流动负债的核算

一、流动负债概述

小企业的流动负债，是指预计在1年或者超过1年的一个正常营业周期内清偿的债务。流动负债主要包括短期借款、应付及预收款项、应付职工薪酬、应交税费、应付利息等。

（一）流动负债的计价

小企业各项流动负债应当按照其实际发生额入账。小企业确实无法偿付的应付款项，应当计入营业外收入。

（二）流动负债的分类

小企业流动负债按照不同的标准，可以分为不同的类别，以满足不同的需要。例如，按照偿付金额是否确定，可以分为以下两类：

1. 应付金额确定的流动负债

这类流动负债一般在确认一项业务的同时，根据合同、契约或者法律的规定具体确切的金额、债权人和付款日，如短期借款、应付票据、应付账款。

2. 应付金额视经营情况而定的流动负债

这类流动负债需要企业在一定的经营期末才能确定负债金额，在该经营期末结束前，负债金额不能以货币计量，如应交税费。

对流动负债进行上述划分，是相对而言的。企业的一项流动负债属于何种类型的负债，除了按上述标准进行一般分类外，还应具体分析确定该负债的性质。

二、流动负债的核算

（一）短期借款的核算

1. 短期借款的核算内容

短期借款，是指小企业向银行或其他金融机构等借入的期限在一年以下（含一年）的各种借款，通常是为了满足正常生产经营的需要。无论借入款项的来源如何，企业均需要向债权人按期偿还借款的本金及利息。

2. 短期借款的账务处理

小企业应通过“短期借款”科目核算短期借款的取得和偿还情况。该科目贷方登记取得借款的本金数额，借方登记偿还借款的本金数额，余额在贷方，表示尚未偿还的短期借款。“短期借款”科目可按借款种类、贷款人和币种进行明细核算。

小企业取得短期借款时，借记“银行存款”等科目，贷记“短期借款”科目，偿还本金时作相反会计分录。在实际工作中，银行一般于每季度末收取短期借款利息，为此，小企业的短期借款利息一般采用月末预提的方式进行核算。短期借款利息属于筹资费用，应记入“财务费用”科目。企业应在资产负债表日按照计算确定的短期借款利息费用，借记“财务费用”科目，贷记“应付利息”科目；实际支付利息时，根据已预提的利息，借记“应付利息”科目，根据应记利息，借记“财务费用”科目，根据应付利息总额，贷记“银行存款”科目。

【例3-1】

英迪公司于20×3年1月1日向银行借入600 000元，期限9个月，年利率6%，该借款到期后按期如数归还，利息分月预提，按季支付。

根据上述资料，该公司账务处理如下：

(1) 1月1日借入款项时

借：银行存款　600 000

　贷：短期借款　600 000

(2) 1月末预提当月利息时

借：财务费用（600 000×6%÷12）　3 000

　贷：应付利息　3 000

2月末预提当月利息的处理相同。

(3) 3月末支付本季度应付利息时

借：财务费用　3 000

　　应付利息　6 000

　贷：银行存款　9 000

第二、三季度的账务处理同上。

(4) 10月1日偿还借款本金时

借：短期借款　600 000

　贷：银行存款　600 000

(二) 应付账款的核算

1. 应付账款的核算内容

应付账款是指小企业因购买材料、商品和接受劳务供应等应支付给供应商的款项。应付账款一般应在与所购买物资所有权相关的主要风险和报酬已经转移，或者所购买的劳务已经接受时确认。在实务工作中，为了使所购入物资的金额、品种、数量和质量等与合同规定的条款相符，避免因验收时发现所购物资存在数量或质量问题而对入账的物资或应付账款金额进行改动，在物资和发票账单同时到达的情况下，一般在所购物资验收入库后，再根据发票账单登记入账，确认应付账款。在所购物资已经验收入库，但是发票账单未能同时到达的情况下，企业应付物资供应单位的债务已经成立，在会计期末，为了反映企业的负债情况，需要将所购物资和相关的应付账款暂估入账，待下月初作相反分录予以冲回。

为了反映和监督应付账款的形成及其偿还情况，企业应设置“应付账款”科目，并按供应单位（或个人）名称设置明细科目。

2. 应付账款的账务处理

（1）发生应付账款。小企业购入材料、商品等或接受劳务所产生的应付账款，应按应付金额入账。购入材料、商品等验收入库，但货款尚未支付，根据有关凭证（发票账单、随货同行发票上记载的实际价款或暂估价值），借记“材料采购”、“在途物资”等科目，按可抵扣的增值税额，借记“应交税费——应交增值税（进项税额）”科目，按应付的价款，贷记“应付账款”科目。企业接受供应单位提供劳务而发生的应付未付账款，根据供应单位的发票账单，借记“生产成本”、“管理费用”等科目，贷记“应付账款”科目。

应付账款附有现金折扣的，应按照扣除现金折扣前的应付款总额入账。因在折扣期限内付款而获得的现金折扣，应在偿付应付账款时冲减财务费用。

【例3-2】

英迪公司20×3年3月1日采用托收承付结算方式从NE公司购入材料一批，货款800 000元，增值税136 000元，对方代垫运杂费1 000元。按照购货协议规定，英迪公司如在15天内付清货款，将获得1%的现金折扣。材料已运到并验收入库，款项尚未支付。

根据上述资料，英迪公司账务处理如下：

借：材料采购　　801 000

　　应交税费——应交增值税（进项税额）　　136 000

　贷：应付账款——NE公司　　937 000

（2）偿还应付账款。小企业偿还应付账款或开出商业汇票抵付应付账款时，借记“应付账款”科目，贷记“银行存款”、“应付票据”等科目。

【例 3-3】

承例 3-2，英迪公司于 3 月 10 日，按照扣除现金折扣后的金额，用银行存款付清了欠 NE 公司的货款。

根据上述资料，英迪公司账务处理如下：

借：应付账款——NE 公司　937 000

　贷：银行存款　928 990

　　　财务费用　8 010

(3) 转销应付账款。小企业转销确实无法支付的应付账款（比如因债权人撤销等原因而产生无法支付的应付账款），应按其账面余额计入营业外收入，借记“应付账款”科目，贷记“营业外收入”科目。

(三) 预收账款的核算

1. 预收账款核算的内容

预收账款是指小企业按照合同规定向购货单位预收的款项。与应付账款不同，预收账款所形成的负债不是以货币偿付，而是以货物偿付。有些购销合同规定，销货企业可向购货企业预先收取一部分货款，待向对方发货后再收取其余货款。企业在发货前收取的货款，表明企业承担了会在未来导致经济利益流出企业的应履行的义务，就成为企业的一项负债。

小企业应通过“预收账款”科目核算预收账款的取得、偿付等情况。该科目贷方登记发生的预收账款的数额和购货单位补付账款的数额，借方登记企业向购货方发货后冲销的预售账款数额和退回购货方多付账款的数额，余额一般在贷方，反映企业向购货单位预收款项但尚未发货的数额，如为借方余额，反映企业尚未转销的款项。企业应当按照购货单位（或个人）设置明细科目进行核算。

2. 预收账款的账务处理

小企业向购货单位预收款项时，借记“银行存款”科目，贷记“预收账款”科目；销售实现时，按实现的收入和应交的增值税销项税额合计，借记“预收账款”科目，按照实现的销售收入，贷记“主营业务收入”科目，按照增值税专用发票上注明的增值税额，贷记“应交税费——应交增值税（销项税额）”等科目；收到购货单位补付的款项，借记“银行存款”科目，贷记“预收账款”科目；向购货单位退回其多付的款项时，借记“预收账款”科目，贷记“银行存款”科目。

【例 3-4】

英迪公司为增值税一般纳税人。20×3 年 5 月 3 日，英迪公司与 GT 公司签订供货合同，向其出售一批设备，货款金额共计 1 000 000 元，应交增值税 170 000 元。根据购货合同规定，GT 公司在购货合同签订一周内，应当向英迪公司预付货款 600 000 元，剩余货款在交货后付清。20×3 年 5 月 9 日，英迪公司收到 GT 公司交来的预付款 600 000 元并存入银行，5 月 15 日英迪公司将货物发到 GT 公司并开出增值税发票，GT 公司验收合格后付清了剩余货款。

根据上述资料，英迪公司账务处理如下：

(1) 5 月 9 日收到 GT 公司交来预付款 600 000 元

借：银行存款　　600 000

　贷：预收账款——GT 公司　　600 000

(2) 5 月 15 日英迪公司发货，并收到 GT 公司剩余货款

借：预收账款——GT 公司　　1 170 000

　贷：主营业务收入　　1 000 000

　　　应交税费——应交增值税（销项税额）　　170 000

借：银行存款　　570 000

　贷：预收账款　　570 000

本例中，若英迪公司只能向 GT 公司供货 400 000 元，则英迪公司应退回预收账款 132 000 元。英迪公司账务处理如下：

借：预收账款——GT 公司　　600 000

　贷：主营业务收入　　400 000

　　　应交税费——应交增值税（销项税额）　　68 000

　　　银行存款　　132 000

此外，值得注意的是，小企业预收款情况不多的，也可以不设“预收账款”科目，将预收的款项直接记入“应收账款”科目的贷方。

(四) 应交税费的核算

小企业根据税法规定应交纳的各种税费包括：增值税、消费税、营业税、城市维护建设税、资源税、企业所得税、土地增值税、房产税、车船税、城镇土地使用税和教育费附加、矿产资源补偿费、排污费等。

1. 会计科目的设置

小企业应通过“应交税费”科目，总括反映各种税费的交纳情况，并按照应交税费项目进行明细核算。该科目贷方登记应交纳的各种税费等，借方登记

实际交纳的税费；期末余额一般在贷方，反映企业尚未交纳的税费，期末余额如在借方，反映企业多交或尚未抵扣的税费。小企业代扣代交的个人所得税等，也通过该科目核算。

2. 应交增值税

增值税是指对我国境内销售货物或提供加工、修理修配劳务的增值额征收的一种流转税。增值税的纳税人是在我国境内销售货物或者提供加工、修理修配劳务的单位和个人。按照纳税人的经营规模及会计核算的健全程度，增值税纳税人分为一般纳税人和小规模纳税人。一般纳税人应纳增值税额，根据当期销项税额减去当期进项税额计算确定；小规模纳税人应纳增值税额，按照销售额和规定的征收率计算确定。以下阐述一般纳税人企业的核算。

按照《中华人民共和国增值税暂行条例》（以下简称《增值税暂行条例》）规定，企业购入货物或接受应税劳务支付的增值税（即进项税额），可从销售货物或提供劳务按规定收取的增值税（即销项税额）中抵扣。准予从销项税额中抵扣的进项税额通常包括：

（1）从销售方取得的增值税专用发票上注明的增值税额；

（2）从海关取得的完税凭证上注明的增值税额。

为了核算小企业应交增值税的发生、抵扣、交纳、退税及转出等情况，应在“应交税费”科目下设置“应交增值税”明细科目，并在“应交增值税”明细科目内设置“进项税额”、“已交税金”、“销项税额”、“出口退税”、“进项税额转出”等专栏。

小规模纳税人只需设置“应交增值税”明细科目，不需要在“应交增值税”明细科目中设置上述专栏。

（1）采购物资和接受应税劳务。小企业从国内采购物资或接受应税劳务等，根据增值税专用发票上记载的应计入采购成本或应计入加工、修理修配等物资成本的金额，借记“材料采购”、“在途物资”、“原材料”、“库存商品”或“生产成本”、“制造费用”、“ 委托加工物资”、“管理费用”等科目，按照发票上注明的增值税额，借记“应交税费——应交增值税（进项税额）”科目，按照应付或实际支付的金额，贷记“应付账款”、“应付票据”、“银行存款”等科目。购入货物发生的退货，作相反的会计分录。

【例3-5】

英迪公司购入原材料一批，增值税专用发票上注明货款800 000元，增值税额136 000元，货物尚未到达，货款和进项税已用银行存款支付。该企业采用计划成本对原材料进行核算。

根据上述资料，该公司账务处理如下：

借：材料采购　　800 000

　　应交税费——应交增值税（进项税额）　　136 000

　贷：银行存款　　936 000

按照《增值税暂行条例》，企业购入免征增值税的货物，一般不能够抵扣增值税进项税额。但是对于购入的免税农产品，可以按照买价和规定的扣除率计算进项税额，借记“应交税费——应交增值税（进项税额）”科目，按买价扣除按规定计算的进项税额后的差额，借记“材料采购”、“原材料”、“库存商品”等科目，按照应付或实际支付的价款，贷记“银行存款”、“应付账款”等科目。

(2) 进项税额转出。小企业购进的货物发生非常损失，以及将购进货物改变用途（如用于非应税项目、集体福利或个人消费等），其进项税额应通过“应交税费——应交增值税（进项税额转出）”科目转入有关科目，借记“待处理财产损溢”、“在建工程”、“应付职工薪酬”等科目，贷记“应交税费——应交增值税（进项税额转出）”科目；属于转作待处理财产损溢的进项税额，应与遭受非常损失的购进货物、在产品或库存商品的成本一并处理。

购进货物改变用途通常是指购进的货物在没有经任何加工的情况下，对内改变用途的行为，如在建工程领用原材料、企业下属医务室等福利部门领用原材料等。

【例3-6】

英迪公司库存材料因意外火灾毁损一批，有关增值税专用发票确认的成本为200 000元，增值税额34 000元。

根据上述资料，该公司账务处理如下：

借：待处理财产损溢——待处理流动资产损溢　　234 000

　贷：原材料　　200 000

　　　应交税费——应交增值税（进项税额转出）　　34 000

【例3-7】

英迪公司建造厂房领用生产用原材料300 000元，原材料购入时支付的增值税为51 000元。

根据上述资料，该公司账务处理如下：

借：在建工程　　351 000

贷：原材料 300 000

应交税费——应交增值税（进项税额转出） 51 000

【例 3-8】

英迪公司所属的职工医院维修领用原材料 30 000 元，其购入时支付的增值税为 5 100 元。

根据上述资料，该公司账务处理如下：

借：应付职工薪酬——职工福利 35 100

贷：原材料 30 000

应交税费——应交增值税（进项税额转出） 5 100

(3) 销售货物或者提供应税劳务。小企业销售货物或者提供应税劳务，按照营业收入和应收的增值税税额，借记“应收账款”、“应收票据”、“银行存款”等科目，按专用发票上注明的增值税税额，贷记“应交税费——应交增值税（销项税额）”等科目，按照实现的营业收入，贷记“主营业务收入”、“其他业务收入”等科目。发生的销售退回，作相反的会计分录。

【例 3-9】

英迪公司为外单位代加工电脑桌 500 张，每张加工费 300 元，适用的增值税税率为 17%，加工完成，款项已收到并存入银行。

根据上述资料，英迪公司账务处理如下：

借：银行存款 175 500

贷：主营业务收入 150 000

应交税费——应交增值税（销项税额） 25 500

此外，小企业将自产、委托加工或购买的货物分配给股东，应当参照企业销售物资或者提供应税劳务进行会计处理。

(4) 视同销售行为。企业的有些交易和事项从会计角度看不属于销售行为，不能确认销售收入，但是按照税法规定，应视同对外销售处理，计算应交增值税。视同销售需要交纳增值税的事项包括企业将自产或委托加工的货物用于非应税项目、集体福利或个人消费，将自产、委托加工或购买的货物作为投资、分配给股东或投资者、无偿赠送给他人等。在这种情况下，企业应当借记“在建工程”、“长期股权投资”、“营业外支出”等科目，贷记“库存商品”、“应交税费——应交增值税（销项税额）”等科目。

【例 3-10】

英迪公司将自己生产的产品用于自行建造厂房。该批产品的成本为 5 000 000 元，计税价格为 6 000 000 元，增值税税率为 17%。

根据上述资料，该公司账务处理如下：

借：在建工程　　6 020 000

　贷：库存商品　　5 000 000

　　应交税费——应交增值税（销项税额）　　1 020 000

(5) 出口退税。小企业出口产品按规定退税的，按应收的出口退税额，借记"其他应收款"科目，贷记"应交税费——应交增值税（出口退税）"科目。

(6) 交纳增值税。小企业交纳的增值税，借记"应交税费——应交增值税（已交税金）"科目，贷记"银行存款"科目。"应交税费——应交增值税"科目的贷方余额，表示企业应交纳的增值税。

3. 应交消费税

消费税是指我国境内生产、委托加工和进口应税消费品的单位和个人，按其流转额交纳的一种税。消费税有从价定率和从量定额两种征收方法。采取从价定率方法征收的消费税，以不含增值税的销售额为税基，按照税法规定的税率计算。小企业的销售收入包含增值税的，应将其换算为不含增值税的销售额。采取从量定额计征的消费税，根据按税法规定的企业应税消费品的数量和单位应税消费品应交纳的消费税计算确定。小企业应在"应交税费"科目下设置"应交消费税"明细科目，核算应交消费税的发生、交纳情况。该科目贷方登记应交纳的消费税，借方登记已交纳的消费税；期末贷方余额为尚未交纳的消费税，借方余额为多交纳的消费税。

(1) 销售应税消费品。小企业销售应税消费品应交的消费税，应借记"营业税金及附加"科目，贷记"应交税费——应交消费税"科目。

【例 3-11】

英迪公司销售所生产的化妆品，价款 3 000 000 元（不含增值税），适用的消费税税率为 30%，

根据上述资料，该公司账务处理如下：

借：营业税金及附加　　900 000

　贷：应交税费——应交消费税　　900 000

(2) 自产自用应税消费品。企业将生产的应税消费品用于在建工程等非生产机构时，按规定应交纳的消费税，借记“在建工程”等科目，贷记“应交税费——应交消费税”科目。

【例 3-12】

英迪公司下设的职工食堂享受企业提供的补贴，本月领用自产产品一批，该产品的账面价值 50 000 元，市场价格 65 000 元（不含增值税），适用的消费税税率为 10%，增值税税率为 17%。

根据上述资料，该公司账务处理如下：

借：应付职工薪酬——职工福利	82 550	
贷：主营业务收入		65 000
应交税费——应交增值税（销项税额）		11 050
——应交消费税		6 500
借：主营业务成本	50 000	
贷：库存商品		50 000

(3) 委托加工应税消费品。小企业应交消费税的委托加工物资，一般应由受托方代收代交税款，受托方按照应交税款金额，借记“应收账款”、“银行存款”等科目，贷记“应交税费——应交消费税”科目。受托加工或翻新改制金银首饰按照规定由受托方交纳消费税。

委托加工物资收回后，直接用于销售的，应将受托方代收代交的消费税计入委托加工物资的成本，借记“委托加工物资”等科目，贷记“应付账款”、“银行存款”等科目；委托加工物资收回后用于连续生产的，按规定准予抵扣的，应按已由受托方代收代交的消费税，借记“应交税费——应交消费税”科目，贷记“应付账款”、“银行存款”等科目。

(4) 进口应税消费品。小企业进口应税物资在进口环节应交的消费税，计入该项物资的成本，借记“材料采购”、“固定资产”等科目，贷记“银行存款”科目。

4. 应交营业税

营业税是对在我国境内提供应税劳务、转让无形资产或销售不动产的单位和个人征收的流转税。其中，应税劳务是指属于交通运输业、建筑业、金融保险业、邮电通信业、文化体育业、娱乐业、服务业税目征收范围的劳务，不包括加工、修理修配等劳务；转让无形资产，是指转让无形资产的所有权或使用权的行为；销售不动产，是指有偿转让不动产的所有权，转让不动产的有限产权或永久使用权，以及单位将不动产无偿赠与他人等视同销售不动产的行为。

营业税以营业额作为计税依据。营业额是指纳税人提供应税劳务、转让无形资产和销售不动产而向对方收取的全部价款和价外费用。税率为3%～20%不等。

小企业应在“应交税费”科目下设置“应交营业税”明细科目，核算应交营业税的发生、交纳情况。该科目贷方登记应交纳的营业税，借方登记已交纳的营业税，期末贷方余额为尚未交纳的营业税。

小企业按照营业额及其适用的税率，计算应交的营业税，借记“营业税金及附加”科目，贷记“应交税费——应交营业税”科目；企业销售不动产时，计算应交的营业税，借记“固定资产清理”等科目，贷记“应交税费——应交营业税”科目；实际交纳营业税时，借记“应交税费——应交营业税”科目，贷记“银行存款”科目。

【例 3-13】

英迪公司出售一栋办公楼，出售收入 370 000 元已存入银行，该办公楼的账面原价为 450 000 元，已提折旧 100 000 元，出售过程中用银行存款支付清理费用 6 000 元。销售该项固定资产适用的营业税税率为 5%。

根据上述资料，该公司账务处理如下：

(1) 将固定资产转入清理

借：固定资产清理　350 000

　　累计折旧　100 000

　贷：固定资产　450 000

(2) 收到出售收入 370 000 元

借：银行存款　370 000

　贷：固定资产清理　370 000

(3) 支付清理费用

借：固定资产清理　6 000

　贷：银行存款　6 000

(4) 计算应交营业税

借：固定资产清理（400 000×5%）　20 000

　贷：银行存款　20 000

(5) 结转销售该固定资产的净损失

借：营业外支出　6 000

　贷：固定资产清理　6 000

5. 其他应交税费

其他应交税费是指除上述应交税费以外的应交税费，包括应交资源税、应交城市建设税、应交土地增值税、应交所得税、应交房产税、应交土地使用税、应交车船税、应交教育费附加、应交矿产资源补偿费、应交个人所得税等。企业应在“应交税费”科目下设置相应的明细科目进行核算，其贷方登记应交纳的有关税费，借方登记已交纳的有关税费，期末贷方余额表示尚未交纳的有关税费。

(1) 应交资源税。资源税是对我国境内开采矿产品或者生产盐的单位和个人征收的税。资源税按照应税产品的课税数量和规定的单位税额计算。开采或生产应税产品对外销售的，以销售数量为课税数量；开采或生产应税产品自用的，以自用数量为课税数量。

小企业对外销售应税产品应交纳的资源税记入“营业税金及附加”科目，借记“营业税金及附加”科目，贷记“应交税费——应交资源税”科目；自产自用应税产品应交纳的资源税记入“生产成本”、“制造费用”等科目，借记“生产成本”、“制造费用”等科目，贷记“应交税费——应交资源税”科目。

【例 3-14】

英迪公司将自产的资源税应税矿产品 1 000 吨用于企业的产品生产，每吨应交资源税 5 元。

根据上述资料，该公司账务处理如下：

借：生产成本　　5 000

　贷：应交税费——应交资源税　　5 000

(2) 应交城市维护建设税。城市维护建设税是以增值税、消费税、营业税为计税依据征收的一种税。其纳税人为交纳增值税、消费税、营业税的单位和个人，税率因纳税人所在地不同从 1%～7%不等。计算公式为：

应纳税额＝(应交增值税＋应交消费税＋应交营业税)×适用税率

小企业应交的城市维护建设税，借记“营业税金及附加”等科目，贷记“应交税费——应交城市维护建设税”科目。

【例 3-15】

英迪公司本期实际应交纳增值税 500 000 元、消费税 250 000 元、营业税 200 000 元。该企业适用的城市维护建设税税率为 7%。

根据上述资料，该公司账务处理如下：

(1) 计算应交的城市维护建设税

应交的城市维护建设税=(500 000+250 000+200 000)×7%=66 500(元)

借：营业税金及附加　66 500

　贷：应交税费——应交城市维护建设税　66 500

(2) 用银行存款交纳城市维护建设税时

借：应交税费——应交城市维护建设税　66 500

　贷：银行存款　66 500

(3) 应交教育费附加。教育费附加是为了发展教育事业而向企业征收的附加费用，企业按应交流转税的一定比例计算交纳。小企业应交的教育费附加，借记“营业税金及附加”科目，贷记“应交税费——应交教育费附加”科目。

(4) 应交土地增值税。土地增值税是指在我国境内有偿转让土地使用权及地上建筑物和其他附着物产权的单位和个人，就其土地增值额征收的一种税。土地增值额是指转让收入减去规定扣除项目金额后的余额。转让收入包括货币收入、实物收入和其他收入。扣除项目主要包括取得土地使用权所支付的金额、开发土地的费用、新建及配套设施的成本、旧房及建筑物的评估价格等。

小企业应交的土地增值税视情况记入不同科目：企业转让的土地使用权连同地上建筑物及其附着物一并在“固定资产”等科目核算的，转让时应交的土地增值税，借记“固定资产清理”科目，贷记“应交税费——应交土地增值税”科目，土地使用权在“无形资产”科目核算的，按实际收到的金额，借记“银行存款”科目，按应交的土地增值税，贷记“应交税费——应交土地增值税”科目，同时冲销土地使用权的账面价值，贷记“无形资产”科目，按其差额，借记“营业外支出”科目或贷记“营业外收入”科目。

【例 3-16】

英迪公司对外转让一栋厂房，根据税法规定计算的应交土地增值税为 30 000 元。

根据上述资料，该公司账务处理如下：

(1) 计算应交纳的土地增值税

借：固定资产清理　30 000

　贷：应交税费——应交土地增值税　30 000

(2) 企业用银行存款交纳土地增值税税款

借：应交税费——应交土地增值税　　30 000

　贷：银行存款　　30 000

(5) 应交房产税、土地使用税、车船税和矿产资源补偿费。房产税是国家对在城市、县城、建制县和工矿区征收的由产权所有人交纳的一种税。房产税依照房产原值一次减除10%至30%后的余额计算交纳，没有房产原值作为依据的，由房产所在地税务机关参考同类房产核定；房产出租的，以房产租金收入作为房产税的计税依据。

土地使用税是国家为了合理利用城镇土地，调节土地级差收入，提高土地使用效益，加强土地管理而开征的一种税，以纳税人实际占用的土地面积为计税依据，依照规定税额计算征收。

车船税由拥有并且使用车船的单位和个人交纳。车船税按照适用税额计算交纳。

矿产资源补偿费是对在我国领域和管辖海域开采矿产资源而征收的费用。矿产资源补偿费按照矿产品销售收入的一定比例计征，由采矿人交纳。

小企业应交的房产税、土地使用税、车船税、矿产资源补偿费，记入“管理费用”科目，借记“管理费用”科目，贷记“应交税费——应交房产税（或应交土地使用税、应交车船税、应交矿产资源补偿费）”科目。

(6) 应交个人所得税。小企业按照规定计算的代扣代交的职工个人所得税，借记“应付职工薪酬”科目，贷记“应交税费——应交个人所得税”科目；实际交纳个人所得税时，借记“应交税费——应交个人所得税”科目，贷记“银行存款”科目。

【例3-17】

英迪公司结算本月应付职工工资总额1 000 000元，代扣代缴个人所得税共计10 000元，实发工资990 000元。

根据上述资料，该公司账务处理如下：

借：应付职工薪酬——工资　　10 000

　贷：应交税费——应交个人所得税　　10 000

(五) 应付利息的核算

应付利息核算企业按照合同约定应支付的利息，包括分期付息到期还本的长期借款、企业债券等应支付的利息。小企业应当设置“应付利息”科目，按照债权人设置明细科目进行明细核算，该科目期末贷方余额反映企业按照合同约定应支付但尚未支付的利息。

小企业采用合同约定的名义利率计算确定利息费用时，应按合同约定的名义利率计算确定的应付利息的金额，贷记"应付利息"科目；实际支付利息时，借记"应付利息"科目，贷记"银行存款"科目。

【例 3-18】

英迪公司借入 5 年期到期还本每年付息的长期借款 10 000 000 元，合同约定年利率为 3.5%，假定不符合资本化条件。

根据上述资料，该公司账务处理如下：

(1) 每年计算确定利息费用时

借：财务费用（10 000 000×3.5%）　　350 000

　贷：应付利息　　350 000

(2) 每年实际支付利息时

借：应付利息　　350 000

　贷：银行存款　　350 000

(六) 其他应付款的核算

其他应付款是指企业除应付票据、应付账款、预收账款、应付职工薪酬、应付股利等经营活动以外的其他各项应付、暂收的款项，如应付租入包装物租金、存入保证金等。企业应通过"其他应付款"科目核算其他应付款的增减变动及其结存情况，并按照其他应付款的项目和对方单位（或个人）设置明细科目进行明细核算。该科目贷方登记发生的各项应付、暂收款项，借方登记偿还或转销的各种应付、暂收款项；该科目期末贷方余额，反映企业应付未付的其他应付款项。

企业发生其他各种应付、暂收款项时，借记"管理费用"等科目，贷记"其他应付款"科目；支付或退回其他各种应付、暂收款项时，借记"其他应付款"科目，贷记"银行存款"等科目。

【例 3-19】

英迪公司从 20×3 年 1 月 1 日起，以经营租赁方式租入管理用办公设备一批，每月租金 10 000 元，按季支付。4 月 30 日，英迪公司以银行存款支付应付租金。

根据上述资料，该公司账务处理如下：

(1) 1月31日计提应付经营租入固定资产租金

借：管理费用 10 000

贷：其他应付款 10 000

2月和3月底计提应付经营租入固定资产租金的会计处理同上。

(2) 4月30日支付租金

借：其他应付款 30 000

管理费用 10 000

贷：银行存款 40 000

(七) 应付职工薪酬的核算

1. 职工薪酬的概念

职工薪酬是指企业为获得职工提供的服务而给予各种形式的报酬以及其他相关支出，包括职工在职期间和离职后提供给职工的全部货币性薪酬和非货币性福利。企业提供给职工配偶、子女或其他被赡养人的福利等，也属于职工薪酬。其中，职工是指包括与企业订立正式劳动合同的所有人员，含全职、兼职和临时职工；也包括未与企业订立正式劳动合同但由企业正式任命的人员，如董事会成员、监事会成员和内部审计委员会成员等。在企业的计划、领导和控制下，虽与企业未订立正式劳动合同或企业未正式任命的人员，但为企业提供了类似服务，也视同企业职工。具体来说，职工薪酬包括以下内容：

(1) 职工工资、奖金、津贴和补贴。职工工资、奖金、津贴和补贴是指按照国家统计局的规定构成工资总额的计时工资、计件工资、支付给职工的超额劳动报酬和增收节支的劳动报酬、为了补偿职工特殊或额外的劳动消耗和因其他特殊原因支付给职工的津贴，以及为了保证职工工资水平不受物价影响支付给职工的物价补贴等。

(2) 职工福利费。职工福利费是指企业为职工提供的福利，包括未参加社会统筹的退休人员退休金和医疗费用。

(3) 社会保险费。社会保险费是指企业按照国家规定的基准和比例计算，向社会保险经办机构交纳的医疗保险金、养老保险金、失业保险金、工伤保险费和生育保险费。

(4) 住房公积金。住房公积金是指企业按照国家《住房公积金管理条例》规定的基准和比例计算，向住房公积金管理机构缴存的住房公积金。

(5) 工会经费和职工教育经费。工会经费和职工教育经费是指企业为了改善职工文化生活、提高职工业务素质而开展工会活动和职工教育及职业技能培训，根据国家规定的基准和比例，从成本费用中提取的金额。

(6) 非货币性福利。非货币性福利是指企业以自己的产品或其他有形资产发放给职工作为福利，向职工无偿提供自己拥有的资产使用、为职工无偿提供类似医疗保健等服务。

(7) 辞退福利。辞退福利是指企业由于分离办社会、实施主辅业分离、辅业改制、分流安置富余人员、实施重组或改组计划、职工不能胜任等原因，在职工劳动合同到期之前解除与职工的劳动关系，或者为鼓励职工自愿接受裁减而提出补偿建议的计划中给予职工的经济补偿。辞退福利包括：

①职工劳动合同到期前，不论职工本人是否愿意，企业决定解除与职工的劳动关系而给予的补偿；

②职工劳动合同到期前，为鼓励职工自愿接受裁减而给予的补偿，职工有权选择继续在职或接受补偿离职。

2. 职工薪酬的确认原则

小企业应当在职工为其提供服务的会计期间，根据职工提供服务的受益对象，将应确认的职工薪酬全部计入相关资产成本或当期费用，同时确认为应付职工薪酬负债。解除劳动关系补偿（简称“辞退福利”）除外。小企业应当根据职工提供服务的受益对象，分别下列情况处理：

(1) 应由生产产品、提供劳务负担的职工薪酬，计入存货成本或劳务成本。

(2) 应由在建工程、无形资产负担的职工薪酬，计入建造固定资产或无形资产成本。

(3) 除上述之外的其他职工薪酬，确认为当期费用。

3. 职工薪酬的计量标准

对应付职工薪酬的计量，国家（或企业年金计划）规定了计提基础和计提比例的，如应向社会保险经办机构（或企业年金基金账户管理人）交付的医疗保险费、养老保险费、失业保险费、工伤保险费、生育保险费等社会保险费，应向住房公积金管理中心交存的住房公积金，以及应向工会部门交纳的工会经费等，应当按照国家规定的标准计提。

国家（或企业年金计划）没有明确规定计提基础和计提比例的，应当根据历史经验数据和自身实际情况，计算确定应付职工薪酬金额。每个资产负债表日，应当根据实际发生金额与预计金额的差异，综合考虑物价变动、预计实施的职工薪酬计划等因素，对下一会计期间预计金额进行调整。

对于在职工提供服务的会计期末以后一年以上到期的应付职工薪酬，应当选择合理的折现率，以应付职工薪酬折现后的金额计入相关资产成本或当期损益；应付职工薪酬金额与其折现后金额相差不大的，也可按照未折现金额计入相关资产成本或当期损益。

4. 货币性职工薪酬的账务处理

小企业计提职工薪酬时，借记“生产成本”、“管理费用”、“销售费用”等科目，贷记“应付职工薪酬”科目；支付职工薪酬时，借记“应付职工薪酬”科目，贷记“银行存款”等科目。

【例 3-20】

英迪公司 20×3 年 1 月 31 日计提住房公积金，编制计提计算表如表 3-1 所示。

表 3-1　　职工住房公积金计提计算表　　单位：元

类别	人数	计提住房公积金工资总额	提取率	提取金额	企业承担金额
生产工人	55	28 000	10%	2 800	1 400
管理人员	9	5 900	10%	590	295
销售人员	2	1 200	10%	120	60
合计	66	35 100	10%	3 510	1 755

根据表 3-1 计算的结果，该公司账务处理如下：

借：生产成本　　1 400
　　管理费用　　295
　　销售费用　　60
　　应付职工薪酬　　1 755
　贷：应付职工薪酬——住房公积金　　3 510

此处的应付薪酬 1 755 元，属于职工个人负担的部分。20×3 年 1 月 31 日计算应付职工工资时，作会计分录：

借：生产成本　　28 000
　　管理费用　　5 900
　　销售费用　　1 200
　贷：应付职工薪酬　　35 100

20×3 年 2 月 10 日实际发放工资时，应扣除职工个人负担的住房公积金 1 755 元，假定无其他代扣款项，实发现金 33 345 元，编制会计分录：

借：应付职工薪酬　　35 100
　贷：库存现金　　33 345
　　　其他应付款——住房公积金　　1 755

英迪公司按规定于20×3年2月12日向住房公积金管理机构交纳时，编制会计分录：

借：应付职工薪酬——住房公积金　3 510

贷：银行存款　3 510

5. 非货币性职工薪酬的账务处理

小企业以其自产产品作为非货币性福利发放给职工的，应当根据受益对象，按照该产品的公允价值，计入相关资产成本或当期损益，同时确认应付职工薪酬。决定发放非货币性福利时，借记“生产成本”、“销售成本”、“管理费用”等科目，贷记“应付职工薪酬”科目；实际发放时，借记“应付职工薪酬”科目，贷记“主营业务收入”、“应交税费”等科目，按非货币性福利的成本价格，借记“主营业务成本”科目，贷记“库存商品”等科目。

【例3-21】

假定英迪公司是一家电器生产企业，有职工800名，其中一线生产工人700人，总部管理人员100名。20×3年1月，英迪公司决定以其生产的电冰箱作为福利发放给职工，该冰箱的单位成本为500元，单位计税价格为1 000元，适用的增值税税率为17%。

根据上述资料，该公司账务处理如下：

(1) 决定发放非货币性福利

借：生产成本　819 000

管理费用　117 000

贷：应付职工薪酬　936 000

计入生产成本的金额＝700×1 000×(1＋17%)＝819 000(元)

计入管理费用的金额＝100×1 000×(1＋17%)＝117 000(元)

(2) 实际发放非货币性福利

借：应付职工薪酬　936 000

贷：主营业务收入　800 000

应交税费——应交增值税（销项税额）　136 000

借：主营业务成本　400 000

贷：库存商品　400 000

6. 辞退福利的账务处理

(1) 辞退福利的确认和计量。辞退福利通常采取在解除劳动关系时一次性支付补偿的方式，也有通过提高退休后养老金或其他离职后福利的标准，或者将职工工资支付至辞退后未来某一期间的方式。辞退福利同时满足下列条件的，应当确认因解除与职工的劳动关系给予补偿而产生的预计负债，同时计入当期管理费用。

① 企业已经制定正式的解除劳动关系计划或提出自愿裁减建议，并即将实施。该计划或建议应当包括拟解除劳动关系或裁减的职工所在部门、职位及数量；按工作类别或职位确定的解除劳动关系或裁减补偿金额；拟解除劳动关系或裁减的时间。

② 企业不能单方面撤回解除劳动关系计划或裁减建议。正式的辞退计划或建议应当经过批准。辞退工作一般应当在一年内实施完毕，但因付款程序等原因使部分款项推迟至一年后支付的，视为符合应付职工薪酬的确认条件。满足辞退福利确认条件、实质性辞退工作在一年内完成，但付款时间超过一年的辞退福利，企业应当选择恰当的折现率，以折现后的金额计量应付职工薪酬。

小企业应当严格照辞退计划条款的规定，合理预计并确认辞退福利产生的应付职工薪酬。对于职工没有选择权的辞退计划，应当根据辞退计划条款规定的拟解除劳动关系的职工数量、每一职位的辞退补偿标准等，确认应付职工薪酬。企业对于自愿接受裁减建议的职工数量，根据预计的职工数量和每一职位的辞退补偿标准等，确认应付职工薪酬。

(2) 辞退福利的账务处理。小企业按照确认的应付职工薪酬，借记“管理费用”等科目，贷记“应付职工薪酬”科目。

【例3-22】

英迪公司主要从事家用电器的生产和销售。20×3 年 1 月，为在 20×4 年顺利实施转产，公司管理层制定了一项辞退计划，规定自 20×4 年 1 月 1 日起，以职工自愿方式辞退平面直角彩色电视机生产车间职工。辞退计划的详细内容，包括辞退职工所在部门、数量、各级别职工能够获得补偿标准以及计划实施时间等均已与职工协商一致。该辞退计划已于 20×3 年 12 月 5 日经公司董事会正式批准，并将在 20×4 年实施完毕。辞退计划的有关内容见表 3-2。

20×3 年 12 月 31 日，英迪公司根据有关资料，预计平面直角彩电生产车间职工接受辞退数量的最佳估计数及应支付的补偿金额见表 3-3。

表 3-2　英迪公司平面直角彩色电视机生产车间职工辞退计划一览表

职位	拟辞退数量	工龄（年）	补偿标准（元）
车间管理人员	15	1～10	150 000
		11～20	300 000
		21～30	450 000
高级技工	60	1～10	10 000
		11～20	200 000
		21～30	300 000
一般技工	150	1～10	70 000
		11～20	200 000
		21～30	300 000
合计	225		

表 3-3　英迪公司平面直角彩色电视机生产车间职工接辞退及补偿金额一览表

职位	拟辞退数量	工龄（年）	接受辞退计划职工人数	每人补偿标准（元）	补偿金额（元）
车间管理人员	15	1～10	6	150 000	900 000
		11～20	3	300 000	900 000
		21～30	1	450 000	450 000
高级技工	60	1～10	25	10 000	250 000
		11～20	15	200 000	3 000 000
		21～30	8	300 000	2 400 000
一般技工	150	1～10	50	70 000	3 500 000
		11～20	35	200 000	7 000 000
		21～30	20	300 000	6 000 000
合计	225		163		24 400 000

根据上述资料，该公司账务处理如下：

借：管理费用　　24 400 000

　　贷：应付职工薪酬　　24 400 000

第三节　非流动负债的核算

一、非流动负债概述

（一）非流动负债的特征

小企业的非流动负债是指流动负债以外的负债。一般具有以下特征：

（1）非流动负债偿还的期限较长，超过一年或者一个营业周期以上；

（2）非流动负债的金额较大；

（3）非流动负债可以采用分期还本付息的偿还方式，也可以分期付息，待一定日期后再偿还本金，或者在债务到期时一次偿还本息。

（二）非流动负债的计价

各项非流动负债应当按照其实际发生额入账。长期借款应当按照借款本金和借款合同利率在应付利息日计提利息费用，计入相关资产成本或财务费用。

（三）非流动负债的分类

根据筹资方式的不同，小企业的非流动负债可分为长期借款和长期应付款两类。

二、非流动负债的核算

（一）长期借款的核算

1. 长期借款概述

长期借款是指小企业向银行或其他金融机构借入的期限在一年以上的各种借款，一般用于固定资产的构建、改扩建工程、大修理工程、对外投资以及为了保持长期经营能力等方面。它是企业长期负债的重要组成部分。

由于长期借款的使用关系到企业的生产经营规模和效益，企业除了要遵守有关的贷款规定、编制借款计划并有不同形式的担保外，还应监督借款的使用，按期支付长期借款的利息，以及按规定的期限归还借款的本金等，促使企业遵守信贷纪律，提高信用等级，同时也要确保长期借款发挥效益。

2. 长期借款的账务处理

为了反映和监督企业长期借款的借入、应计利息和归还本息的情况，应设置“长期借款”科目。该科目的贷方登记长期借款本息的增加额，借方登记本息的减少额，贷方余额表示企业尚未偿还的长期借款。该科目可按照贷款单位和贷款种类设置明细账，分别“本金”、“利息调整”等进行明细核算。

（1）取得长期借款。小企业借入长期借款并将取得的款项存入银行时，应借记“银行存款”科目，贷记“长期借款——本金”科目；如存在差额，还应借记“长期借款——利息调整”科目。

【例 3-23】

英迪公司于20×3年1月1日从银行借入资金5 000 000元，借款期限为3年，年利率为7.5%（到期一次还本付息，不计复利）。所借款项已存入银行。

英迪公司用该借款于当日购买不需安装的设备一台，价款 4 900 000 元，另支付运杂费及保险费等费用 100 000 元，设备已于当日投入使用。

根据上述资料，该公司账务处理如下：

(1) 取得借款时

借：银行存款　　5 000 000

　贷：长期借款——本金　　5 000 000

(2) 支付设备款和运杂费、保险费

借：固定资产　　5 000 000

　贷：银行存款　　5 000 000

(2) 长期借款的利息。长期借款利息费用应当在资产负债表日按照实际利率法计算确定，实际利率与合同利率差异较小的，也可以采用合同利率计算确定利息费用。长期借款计算确定的利息费用，应当按以下原则计入有关费用、成本：属于筹建期间的，计入管理费用；属于生产经营期间的，计入财务费用。如果长期借款用于购建固定资产的，在固定资产尚未达到预定可使用状态前，所发生的应当资本化的利息支出数，计入在建工程成本；固定资产达到预定可使用状态后发生的利息支出，以及按规定不予资本化的利息支出，计入财务费用。长期借款按合同利率计算确定的应付未付利息，计入"应付利息"科目，借记"在建工程"、"制造费用"、"财务费用"、"研发支出"等科目，贷记"应付利息"科目。

【例 3-24】

承例 3-23，英迪公司于 20×3 年 1 月 31 日计提长期借款利息。

根据上述资料，该公司账务处理如下：

借：财务费用　　31 250

　贷：应付利息　　31 250

20×3 年 2 月至 20×5 年 11 月末预提利息分录同上。

(3) 归还长期借款。企业归还长期借款的本金时，应按归还的金额，借记"长期借款——本金"科目，贷记"银行存款"科目；按归还的利息，借记"应付利息"科目，贷记"银行存款"科目。

【例 3-25】

承例 3-24，20×5 年 12 月 31 日，英迪公司偿还该笔银行借款本息。

根据上述资料，该公司账务处理如下：

借：财务费用 31 250
　　长期借款——本金 5 000 000
　　应付利息 1 093 750
　　贷：银行存款 6 125 000

(二) 长期应付款的核算

长期应付款，是指企业除长期借款和应付债券以外的其他各种长期应付款，包括应付融资租入固定资产的租赁费、以分期付款方式购入固定资产发生的应付款项等。

（1）小企业采用融资租赁方式租入的固定资产，应在租赁期开始日，按照租赁合同约定的付款总额和在签订租赁合同过程中发生的相关税费等，借记“固定资产”或“在建工程”，贷记“长期应付款”科目。

（2）以分期付款方式购入固定资产，应当按照实际支付的购买价款和相关税费（不包括按照税法规定可抵扣的增值税进项税额），借记“固定资产”或“在建工程”科目，按照税法规定可抵扣的增值税进项税额，借记“应交税费——应交增值税（进项税额）”科目，贷记“长期应付款”科目。

【例3-26】

英迪公司于20×3年初采用融资租赁方式租入一台需要安装的设备，设备的价款为100 000元。按照租赁合同规定，年利率9%，应计利息当年支付，设备的价款应于每年年末分四次付清，每次支付25%。租赁期满，固定资产的所有权转归租入单位所有。融资租入的设备发生运输费、保险费、安装费合计6 800元，该设备在20×3年年末交付使用。

根据上述资料，该公司账务处理如下：

（1）融资租入设备时

借：在建工程 100 000
　　贷：长期应付款——应付融资租赁款 100 000

（2）支付运输费、保险费、安装调试费时

借：在建工程 6 800
　　贷：银行存款 6 800

（3）20×3年末计算并支付当年利息，同时支付设备价款25 000元

当年应计利息＝100 000×9%＝9 000(元)

借：在建工程　　9 000
　贷：长期应付款——应付融资租赁款　　9 000
借：长期应付款——应付融资租赁款　　34 000
　贷：银行存款　　34 000

(4) 20×3 年末固定资产交付使用时

借：固定资产——融资租入固定资产　　115 800
　贷：在建工程　　115 800

(5) 20×4 年末计算并支付当年利息，同时支付设备价款

20×4 年应支付利息＝75 000×9%＝6 750(元)

借：财务费用　　6 750
　贷：长期应付款——应付融资租赁款　　6 750
借：长期应付款——应付融资租赁款　　31 750
　贷：银行存款　　31 750

(6) 20×5 年末计算并支付当年利息，同时支付设备价款

20×5 年应支付利息＝50 000×9%＝4 500(元)

借：财务费用　　4 500
　贷：长期应付款——应付融资租赁款　　4 500
借：长期应付款——应付融资租赁款　　29 500
　贷：银行存款　　29 500

(7) 20×6 年末计算并支付当年利息，同时支付设备价款

20×6 年应支付利息＝25 000×9%＝2 250(元)

借：财务费用　　2 250
　贷：长期应付款——应付融资租赁款　　2 250
借：长期应付款——应付融资租赁款　　27 250
　贷：银行存款　　27 250

(8) 租赁期满，固定资产所有权转归租入企业

借：固定资产——生产经营用固定资产　　115 800
　贷：固定资产——融资租入固定资产　　115 800

CHAPTER

4 第四章 所有者权益

第一节 所有者权益概述

(一) 所有者权益的内容

所有者权益是指小企业资产扣除负债后由所有者享有的剩余权益，是指企业投资人对净资产的所有权，可以用下列公式表示：

所有者权益＝资产－负债

所有者权益包括投入资本和资本增值两部分。具体来说，所有者权益包括实收资本（或股本）、资本公积、盈余公积和未分配利润。其中，实收资本和资本公积是由所有者直接投入的，包括所有者投入的资本及资本溢价等；而盈余公积和未分配利润则是由企业在生产经营过程中所实现的利润留存于企业所形成的，因此，盈余公积和未分配利润又被称为留存收益。

1. 实收资本

实收资本，是指投资者按照合同协议约定或相关规定投入小企业、构成小企业注册资本的部分。它是小企业所有者权益的主体和起点，所有者权益的其他部分都是由此派生出来的。所有者向企业投入的资本，在一般情况下无须偿还，可以长期周转使用。

按投资主体的不同，实收资本可以分为国家投入资本、法人投入资本、个人投入资本和外商投入资本等。实收资本可以是货币资金形式，也可以是实物及无形资产形式。

小企业收到投资者以现金或非货币性资产投入的资本，应当按照其在本企业注册资本中所占的份额计入实收资本，超出的部分，计入资本公积。投资者根据有关规定对小企业进行增资或减资，小企业应当增加或减少实收资本。

2. 资本公积

资本公积是指投资者或其他人（或单位）投入，所有权归属于投资者，但不构成投入资本的那部分资本或者资产。资本公积是由投资者投入的资本金额中超过法定资本部分的资本，或者其他人（或单位）投入的不形成投入资本的资产的转化形式，它不是由企业实现的净利润转化而来的，从本质上讲它应属于投入资本的范畴。因此，它与留存收益有着本质上的区别。留存收益是企业实现净利润的转化形式。

小企业的资本公积，是小企业收到的投资者出资额超过其在注册资本或股本中所占份额的部分。小企业用资本公积转增资本时，应当冲减资本公积，但是小企业的资本公积不得用于弥补亏损。

3. 盈余公积

盈余公积是指小企业按照规定从净利润中提取的各种积累资金，是已指定用途的留存收益。盈余公积包括法定公积金和任意公积金两类。法定公积金是指根据国家法律规定，必须从税后利润中提取的公积金。通过强制企业提取法定公积金，可以约束企业过度分配，增强企业实力，减轻企业经营风险。公司制企业的法定公积金按照税后利润的10%提取。

任意公积金是指公司出于实际需要或是采取审慎的经营方针，由股东会议决定从税后利润中提取的公积金。任意公积金与法定公积金的区别主要在于计提的依据不同。

法定公积金的计提是按照国家有关规定计提的，计提的标准也要符合有关的规定；但任意公积金是否计提、计提多少完全取决于企业决策机构的决定。小企业提取盈余公积主要是出于以下几个方面的考虑：用于弥补亏损、转增资本等。

4. 未分配利润

未分配利润是指小企业留待以后年度进行分配的留存收益，是企业实现的净利润（或亏损）在经过一系列分配后的结余部分，在使用分配上具有较大的自主权。作为所有者权益的组成部分，相对于所有者权益的其他部分来说，未分配利润有两层含义：一是本年未予分配留待以后年度处理；二是未指定特定的用途，在使用分配上有较大的选择性。

小企业的未分配利润是小企业实现的净利润，经过弥补亏损、提取法定公积金和任意公积金、向投资者分配利润后，留存在本企业的、历年结存的利润。

（二）所有者权益的特点

由所有者权益的内容可知，所有者权益具有以下基本特点：

（1）所有者权益实质上是所有者在某个企业所享有的一种财产权利，包括所有者对投入财产的所有权、使用权和收益分配权，但是所有者权益只是一种剩余权益。这就是说，当企业因终止营业或其他原因进行清算时，变现后的资产首先必须用于偿还企业的负债，剩余的财产才可按出资比例（对合资企业或有限公司而言）或股份比例（对股份有限公司而言）在所有者之间进行分配。从这个意义上说，所有者权益代表企业清偿债务的物质保证。

（2）所有者权益是一种权利，这种权利来自于投资者投入的可供企业长期使用的资源。任何企业的设立，都需要有一定的由所有者投入的资本金。根据多数国家公司法的规定，投入的资本在企业终止经营前不得抽回，它是企业清偿债务的物质保证，是企业亏损的承担者。

（3）从构成要素来看，所有者权益包括所有者的投入资本、企业的资产增值及经营利润。所有者的投入资本既是企业实收资本的唯一来源，也是企业资本公积的最主要来源。企业的所有者也是企业资产增值的受益者。至于企业的经营利润，根据风险和报酬对应的原则，是所有者作为承担全部经营风险和投资风险的一种回报。

第二节　实收资本的核算

我国有关法律规定，投资者设立企业首先必须投入资本。《企业法人登记管理条例》规定，企业申请开业，必须具备国家规定的与其生产经营和服务规模相适应的资金。为了反映和监督投资者投入资本的增减变动情况，小企业必须按照相关规定进行实收资本的核算，真实地反映所有者投入企业资本的状况，维护所有者各方在企业的权益。除股份有限公司以外，其他各类企业通过“实收资本”科目核算。

一、资本金投入的核算

资本金由投资者一次投入或分次投入，因此，小企业应设置“实收资本”科目来核算实际收到的投资者投入的资金，当投资者的投资全部收到时，小企业“实收资本”科目的余额应与企业在工商部门注册登记的注册资本金相同。

（一）会计科目的设置

“实收资本”科目核算小企业收到投资者按照合同协议约定或相关规定

投入的、构成注册资本的部分。贷方登记实际收到的各出资人按合同、协议或章程规定的出资比例缴付的出资额和由资本公积、盈余公积转增的资本额；借方登记按规定程序减少的资本额；期末贷方余额反映小企业实收资本总额。

小企业（股份有限公司）应当将本科目的名称改为“股本”科目。

小企业收到投资者出资超过其在注册资本中所占份额的部分，作为资本溢价，在“资本公积”科目核算，不在本科目核算。

“实收资本”科目应按照投资者进行明细核算。

小企业（中外合作经营）根据合同规定在合作期间归还投资者的投资，应在本科目设置“已归还投资”明细科目进行核算。

（二）实收资本的账务处理

企业设立时需进行资本筹集。企业投资人的出资方式可以是货币，也可以是实物或专利权、非专利技术和土地使用权等无形资产。

（1）接受货币投资的，应将作为出资的货币足额存入小企业账户，小企业按实际收到货币数额借记“库存现金”或“银行存款”科目，贷记“实收资本”科目。实际收到的金额超过其在企业注册资本中所占份额的部分，计入资本公积。

【例4-1】

英迪公司的注册资本为1 000万元，现有留存收益100万元。20×3年新兴公司向英迪公司投入货币资金275万元，合同规定，新兴公司占公司股权的20%，款项已存入开户银行。在收到新兴公司投入的货币资金时，英迪公司账务处理如下：

新兴公司向英迪公司投入的货币资金275万元中，应记入“实收资本”科目的金额为250万元（1 000÷(1－20%)－1 000），应记入“资本公积”科目的金额为25万元（275－250）。

借：银行存款	2 750 000	
贷：实收资本		2 500 000
资本公积——资本溢价		250 000

（2）接受实物投资的，应按照投资各方确认的实物资产价值入账。公司在收到投资人投入的材料物资时，应按各方确认的价值，借记“原材料”、“应交税费——应交增值税（进项税额）”等科目，贷记“实收资本”科目；收到投入的固定资产时，借记“固定资产”科目，贷记“实收资本”科目。对于投资

各方确认的价值超过其在注册资本中所占份额部分，应计入资本公积。

【例 4-2】

英迪公司收到启明公司投入的全新的挖掘机一辆，双方确认的价值为500 000 元，该挖掘机已验收交付使用。英迪公司账务处理如下：

借：固定资产　　500 000

　贷：实收资本——启明公司　　500 000

（3）接受无形资产投资，应按投资各方确认的价值作为实收资本入账。需要注意的是，除国家对采用高新技术成果有特别规定者外，投资人以工业产权和非专利技术作价出资的金额一般不得超过注册资本的 20%。

【例 4-3】

英迪公司收到华天公司投资转入的一项专利权，双方确认该项专利权的价值为 450 000 元。

根据上述资料，英迪公司账务处理如下：

借：无形资产——专利权　　450 000

　贷：实收资本——华天公司　　450 000

二、实收资本（或股本）的增减变动

一般情况下，企业的实收资本应相对固定不变，我国《企业法人登记管理条例》规定，除国家另有规定外，企业的注册资金应当与实收资本相一致，当实收资本比原注册资金增加或减少的幅度超过 20%时，应持资金信用证明或者验资证明，向原登记主管机关申请变更登记。

（一）实收资本的增加

小企业增加资本主要有三个途径：接受投资者追加投资、资本公积转增资本和盈余公积转增资本。由于资本公积和盈余公积均属于所有者权益，用其转增资本时，如果是独资企业比较简单，直接结转即可；如果是股份公司或有限责任公司，涉及原有股东所拥有的权益份额的变动，因此，应该按照原投资者出资比例相应增加各投资者的出资额。

1. 投资者追加投资

【例 4-4】

甲、乙两个投资者共同投资设立英迪有限责任公司，原注册资本为 2 000 000

元，甲出资1 200 000元，占60%份额；乙出资800 000元，占40%份额。为扩大经营规模，经批准，英迪公司注册资本扩大为3 000 000元，甲和乙按照原出资比例分别追加投资600 000元和400 000元。英迪公司如期收到甲、乙追加的现金投资。

根据上述资料，英迪公司账务处理如下：

借：银行存款　　1 000 000

　贷：实收资本——甲　　600 000

　　　　　　——乙　　400 000

2. 资本公积转增资本

【例4-5】

承例4-4，若英迪有限责任公司不断发展，为扩大经营规模，经批准将资本公积500 000元按甲、乙原出资比例转增资本。

根据上述资料，英迪公司账务处理如下：

借：资本公积　　500 000

　贷：实收资本——甲　　300 000

　　　　　　——乙　　200 000

3. 盈余公积转增资本

【例4-6】

承例4-4，若英迪有限责任公司为适应经营规模扩大的需要，经批准将盈余公积200 000元按甲、乙原出资比例转增资本。

根据上述资料，该公司账务处理如下：

借：盈余公积　　200 000

　贷：实收资本——甲　　120 000

　　　　　　——乙　　80 000

"实收资本"科目按甲、乙投资者进行明细分类核算，反映各投资者所拥有的权益变动。

(二) 实收资本的减少

小企业减少实收资本应按法定程序报经批准，冲减实收资本。

【例 4-7】

英迪公司因经营管理不善，连续多年亏损，公司决定缩减企业规模，减少注册资本 500 000 元。经工商部门审核，同意核减资本金，企业以亏损额抵减实收资本。

根据上述资料，该公司账务处理如下：

借：实收资本　500 000

　贷：利润分配——未分配利润　500 000

第三节　资本公积的核算

资本公积与实收资本都属于投入资本范畴，但实收资本一般是指投资者投入的、为谋求价值增值的原始投资，属于法定资本，与企业的注册资本相一致。因此，实收资本无论在来源上，还是在金额上，都有比较严格的限制。资本公积在金额上并没有严格的限制，来源上也相对较多。

一、会计科目的设置

小企业设置“资本公积”科目，核算收到投资者出资超出其在注册资本中所占份额的部分。

小企业收到投资者的出资，借记“银行存款”、“其他应收款”、“固定资产”、“无形资产”等科目，按照其在注册资本中所占的份额，贷记“实收资本”科目，按照其差额，贷记“资本公积”科目。

小企业根据有关规定用资本公积转增资本，借记“资本公积”科目，贷记“实收资本”科目。根据有关规定减少注册资本，借记“实收资本”、“资本公积”等科目，贷记“库存现金”、“银行存款”等科目。

二、资本公积的核算

（一）资本溢价的核算

对于一般小企业而言，在创立时，出资者认缴的出资额全部记入“实收资本”科目，因而不会出现资本溢价。但是，当企业重组并有新的投资者加入时，为了维护原投资者的利益，新加入的投资者的出资额并不一定全部作为实收资本处理。其原因主要有：

(1) 投资者在企业资本公积和留存收益中享有的权益。在新投资者加入前，企业的所有者权益中除实收资本（即原始投资）外，还有在企业创立后的生产经营过程中实现的利润留在企业所形成的留存收益（包括每年提取的盈余公积和历年未分配利润），甚至还存在接受他人捐赠等原因所形成的资本公积。显然，留存收益和资本公积属于原投资者的权益，还没有转入实收资本，然而，一旦新投资者加入，其将与原投资者共享该部分权益。为了补偿原投资者的权益损失，新投资者要获得一定的投资比例，就需要付出比原投资者在获取同样的投资比例时所投入的资本更多的出资额。

【例 4-8】

英迪公司注册资本为 1 000 000 元，20×3 年 12 月 31 日公司留存收益为 100 000 元。现有星光公司欲出资加入该公司，并准备占有该公司注册资本的 20%。

在星光公司投资之前，英迪公司的注册资本为 1 000 000 元，但星光公司投入资本后，其占有英迪公司的权益是根据公司总的所有者权益计算的，并享有英迪公司以前创造的留存收益。因此，星光公司要拥有 20%的所有者权益份额，应该投入 275 000 元 [(1 000 000+100 000)÷(1－20%)－(1 000 000+100 000)]，其中 250 000 元 [(1 000 000+250 000)×20%] 作为投入的资本，其余 25 000 元（275 000－250 000）形成资本公积。

(2) 补偿企业未确认的自创商誉。企业从创立、筹建、生产运行，到开拓市场、构造企业的管理体系等，都会在无形之中增加企业的商誉，进而增加企业的财富，新投资者投入资本时，要求其投资超过按投资比例在实收资本中拥有的份额，从而产生资本公积。

(3) 在企业重组活动中，新投资者出于获得对企业的控制权、获得行业准入、得到政策扶持或者所得税优惠等原因，也会导致其投入资本高于在其实收资本中按其投资比例所享有的份额部分，从而产生资本公积。

【例 4-9】

承例 4-8，XG 公司为了占有英迪公司注册资本 20%的份额，投入 200 000 元现金和一台设备，该设备双方确认的价值为 75 000 元，英迪公司已将现金收存银行，并已收到机器。

根据上述资料，英迪公司账务处理如下：

借：银行存款　　200 000

固定资产　　75 000
贷：实收资本　　250 000
资本公积——资本溢价　　25 000

(二) 资本公积转增资本的核算

小企业在发展过程中，为了扩大自身规模，增加经济实力，可以用资本公积转增资本，但转增资本的金额以资本公积账面余额为限。并按原出资者出资比例或按公司通过的决议方案，将转增的资本进行明细确认。见例 4-5。

第四节　留存收益的核算

留存收益是指小企业从历年实现利润中提取的或形成的留存于企业内部的积累，是企业税后利润减去所分配的股利后留存企业的部分，它来源于企业的生产经营活动所实现的利润。留存收益的目的是保证企业实现的净利润有一部分留存在企业，不全部分配给投资者。这样，一方面可以满足企业维持或扩大再生产经营活动的资金需要，保持或提高企业的获利能力；另一方面可以保证企业有足够的资金用于偿还债务，保护债权人的权益。留存收益与实收资本和资本公积的区别在于，留存收益来源于企业的资本增值，而实收资本和资本公积来源于企业的资本投入。

一、留存收益的内容

留存收益主要由盈余公积和未分配利润两部分组成。

(一) 盈余公积

盈余公积是指小企业按照规定从净利润中提取的各种积累资金。公司制企业的盈余公积包括法定公积金和任意公积金。

1. 法定公积金

法定公积金是指企业按照规定的比例从净利润中提取的盈余公积。根据我国《公司法》的规定，有限责任公司和股份有限公司应按照净利润的 10% 提取法定公积金，计提的法定公积金累计达到注册资本的 50%时，可以不再提取。而非公司制企业可以按照超过净利润 10%的比例提取。计提法定公积金时，不包括企业年初未分配利润。

2. 任意公积金

任意公积金是指企业经股东大会或类似机构批准按照规定的比例从净利润

中提取的盈余公积。它与法定公积金的区别在于其提取比例由企业自行决定，而法定公积金的提取比例则由国家有关法规规定。

小企业提取盈余公积主要可以用于以下方面：

（1）弥补亏损。根据企业会计制度和有关法规的规定，企业发生亏损，可以用发生亏损后5年内实现的税前利润来弥补，当发生的亏损在5年内仍不足弥补的，应使用随后所实现的所得税后利润弥补。通常，当企业发生的亏损在所得税后利润仍不足弥补时，可以用所提取的盈余公积加以弥补，但是用盈余公积弥补亏损应当由董事会提议，股东大会批准，或者由类似的机构批准。

（2）转增资本（股本）。当企业提取的盈余公积累积比较多时，可以将盈余公积转增资本（或股本），但是必须经股东大会或类似机构批准。而且用盈余公积转增资本（股本）后，留存的盈余公积数额不得少于注册资本的25%。

（二）未分配利润

未分配利润是指企业实现的净利润经过弥补亏损、提取盈余公积和向投资者分配利润后留存于企业的、历年结存的利润。它有两层含义：一是留待以后年度处理的利润；二是未指定特定用途的利润。由于未分配利润属于未确定用途的留存收益，所以企业在使用未分配利润上有较大的自主权，受国家法律、法规的限制比较少。

二、留存收益的账务处理

（一）盈余公积的账务处理

1. 提取盈余公积

对于一般企业或股份有限公司而言，在按规定提取各项盈余公积时，应当按照提取的各项盈余公积金额，借记“利润分配——提取法定公积金、提取任意公积金”等科目，贷记“盈余公积——法定公积金、任意公积金”科目。

【例4-10】

英迪公司20×3年实现税后利润200 000元，公司本年度没有需要弥补的亏损等规定的扣减项目。公司按税后利润的10%提取法定公积金。

根据上述资料，该公司账务处理如下：

借：利润分配——提取法定公积金　　20 000

　贷：盈余公积——法定公积金　　20 000

2. 用盈余公积弥补亏损

小企业经股东大会或类似机构批准，用盈余公积弥补亏损时，应借记“盈余公积”科目，贷记“利润分配——盈余公积补亏”科目。

【例4-11】

英迪公司20×4年业绩不佳，发生亏损100 000元，经股东大会决议动用以往年度积累的盈余公积弥补亏损。

根据上述资料，该公司账务处理如下：

借：盈余公积　　100 000

　贷：利润分配——盈余公积补亏　　100 000

3. 用盈余公积转增资本（股本）

一般企业经批准用盈余公积转增资本时，应按照实际转增的盈余公积金额，借记“盈余公积”科目，贷记“实收资本”科目。

（二）未分配利润的账务处理

在会计期末，小企业将会计期间内实现的所有收入和成本、费用、支出项目都归集到“本年利润”科目下，计算出净利润（或净亏损）之后，转入“利润分配——未分配利润”科目。如果当年实现盈利，借记“本年利润”科目，贷记“利润分配——未分配利润”科目；如果企业当年发生亏损，作相反的会计分录。最后将“利润分配”科目下的其他明细科目的余额，转入“利润分配——未分配利润”科目。结转后，“利润分配——未分配利润”科目的余额如果在贷方，表示未分配利润的数额；如果在借方，则表示未弥补亏损的数额。

【例4-12】

英迪公司20×5年实现净利润500 000元，其中提取法定公积金50 000元，提取任意公积金50 000元，应付利润300 000元。

根据上述资料，该公司账务处理如下：

（1）结转全年净利润时

借：本年利润　　500 000

　贷：利润分配——未分配利润　　500 000

（2）进行利润分配时

借：利润分配——提取法定公积金　　50 000

　　　　　　——提取任意公积金　　50 000

　　　　　　——应付利润　　300 000

贷：盈余公积——法定公积金　50 000

——任意公积金　50 000

应付利润　300 000

(3) 结转已分配利润时

借：利润分配——未分配利润　400 000

贷：利润分配——提取法定公积金　50 000

——提取任意公积金　50 000

——应付利润　300 000

(三) 弥补亏损的核算

小企业在生产经营过程中既可能发生盈利，也可能出现亏损。在当年发生亏损的情况下，应当将本年发生的亏损自“本年利润”科目，转入“利润分配——未分配利润”科目，结转后“利润分配”科目的借方余额，即为未弥补亏损的数额。然后通过“利润分配”科目核算有关亏损的弥补情况。

小企业发生的亏损可以次年实现的税前利润弥补。在以次年实现的税前利润弥补以前年度亏损的情况下，当年实现的利润自“本年利润”科目，转入“利润分配——未分配利润”科目，将本年实现的利润结转到“利润分配——未分配利润”科目的贷方，其贷方发生额与“利润分配——未分配利润”的借方余额自然抵补。因此，以当年实现净利润弥补以前年度结转的未弥补亏损时，不需要进行专门的账务处理。按税法规定，企业当年发生的亏损，有5年的亏损弥补期。在以税前利润弥补亏损的情况下，其弥补的数额可以抵减当期企业应纳税所得额，而以税后利润弥补的数额，则不能作为纳税所得扣除处理。

【例4-13】

英迪公司2010年发生亏损100万元。在年度终了时，公司应当结转本年发生的亏损。

根据上述资料，该公司账务处理如下：

借：利润分配——未分配利润　1 000 000

贷：本年利润　1 000 000

假设2011—2015年，该公司每年均实现利润15万元。按照规定，公司在发生亏损以后的5年内可以税前利润弥补亏损。

2011—2015年年度终了时：

借：本年利润　150 000

贷：利润分配——未分配利润　150 000

2011—2015 年各年度终了，进行上述账务处理后，2015 年“利润分配——未分配利润”科目期末余额为借方余额 25 万元，即 2016 年未弥补亏损 25 万元。假设该公司 2016 年实现税前利润 50 万元，按规定，该公司只能用税后利润弥补以前年度亏损。在 2016 年年度终了时，该公司首先应当按照当年实现的税前利润计算交纳当年应负担的所得税，然后再将当期扣除交纳的所得税后的净利润，转入“利润分配”科目。假设该公司适用的所得税税率为 25%，2012 年应纳税所得额为 50 万元（假定无纳税调整项目）当年应交纳的所得税为 125 000 元（500 000×25%）。

根据上述资料，该公司账务处理如下：

（1）计算交纳所得税

借：所得税费用　　125 000

　贷：应交税费——应交所得税　　125 000

借：本年利润　　125 000

　贷：所得税费用　　125 000

（2）结转本年利润，弥补以前年度未弥补亏损

借：本年利润　　375 000

　贷：利润分配——未分配利润　　375 000

CHAPTER

5 第五章 收　入

第一节　收入概述

一、收入定义

收入是指小企业在日常活动中形成的、会导致所有者权益增加的、与所有者投入资本无关的经济利益的总流入，通常包括销售商品收入和提供劳务收入。正确理解收入概念是做好收入核算的重要前提。在理解收入概念时，要注意以下几点：

（一）“日常活动”的含义

“日常活动”，是指企业为完成其经营目标所从事的经常性活动以及与之相关的活动。例如，工业企业制造并销售产品、出售不需用原材料以及商品流通企业销售商品、安装公司提供安装服务等，均属于企业为完成其经营目标所从事的经常性活动，由此产生的经济利益的总流入构成收入。但企业处置固定资产、无形资产等活动，不是企业为完成其经营目标所从事的经常性活动，也不属于与经常性活动相关的活动，由此产生的经济利益的总流入不构成收入，应当确认为营业外收入。

（二）“经济利益”的含义

经济利益，是指现金或最终能转化为现金的非现金资产。

二、收入的分类

（一）收入按企业从事日常活动性质不同的分类

收入按企业从事日常活动的性质不同，分为销售商品收入、提供劳务收入和让渡资产使用权收入。

（二）收入按企业经营业务主次不同的分类

收入按企业经营业务的主次不同，分为主营业务收入和其他业务收入。

第二节　收入的核算

一、销售商品收入的核算

销售商品收入，是指小企业销售商品（或产成品、材料，下同）取得的收入。

（一）销售商品收入的确认

销售商品收入的确认，是指将某个项目作为销售商品收入在收入要素中记录，并在利润表上反映。通常情况下，小企业应当在发出商品且收到货款或取得收款权利时，确认销售商品收入。

（1）销售商品采用托收承付方式的，在办妥托收手续时确认收入。

（2）销售商品采取预收款方式的，在发出商品时确认收入。

（3）销售商品采用分期收款方式的，在合同约定的收款日期确认收入。

（4）销售商品需要安装和检验的，在购买方接受商品以及安装和检验完毕时确认收入。如果安装程序比较简单，可在发出商品时确认收入。

（5）销售商品采用支付手续费方式委托代销的，在收到代销清单时确认收入。

（6）销售商品以旧换新的，销售的商品作为商品销售处理，回收的商品作为购进商品处理。

（7）采取产品分成方式取得的收入，在分得产品之日按照产品的市场价格或评估价值确定销售商品收入金额。

（二）销售商品收入的计量

（1）小企业应当按照从购买方已收或应收的合同或协议价款确定销售商品收入的金额。据收入准则规定，小企业销售商品满足收入确认条件时，应当按照已收或应收合同或协议价款的公允价值确定销售商品收入金额。

（2）涉及现金折扣、商业折扣和销售折让的处理。在对销售商品收入进行计量时，应注意区别现金折扣、商业折扣和销售折让三个概念及处理。

①涉及现金折扣的处理。现金折扣，是指债权人为鼓励债务人在规定的期限内付款而向债务人提供的债务扣除。具体来说，就是小企业采用赊销的方式

销售货物或应税劳务后，为了早日收回货款而给予购货方的一种折扣的办法。现金折扣一般表示为“2/10，1/20，n/30”等，2/10，即在10天之内付款，给予2%的折扣；1/20，即超过10天且在20天内偿付货款，给予1%的折扣；n/30，即超过20天且在30天内付款则折扣为零。

根据规定，销售商品涉及现金折扣的，应当按照扣除现金折扣前的金额确定销售商品收入金额。现金折扣应当在实际发生时，计入当期损益。

②涉及商业折扣的处理。商业折扣，是指小企业为促进商品销售而在商品标价上给予的价格扣除。商业折扣作为促销的手段通常用百分数来表示，如5%，10%，15%等。一般情况下，商业折扣都直接从商品价格中扣减，扣减商业折扣后的价格才是商品的实际销售价格。购货小企业应付的货款和销售小企业应收的货款，都根据直接扣减商业折扣以后的价格来计算，不影响销售商品收入的计量。

根据规定，销售商品涉及商业折扣的，应当按照扣除商业折扣后的金额确认销售商品收入。例如，某小企业规定凡购买A产品10件以上，便可享受10%的价格优惠，这就是商业折扣。假定正常价格为每件10 000元，客户购买了10件A产品，那么，他只要支付正常价格的90%，即90 000元。对于该小企业来说，只能确认90 000元的销售商品收入。

③涉及销售折让的处理。销售折让，是指小企业因售出商品的质量不合格等原因而在售价上给予的减让。具体来说，就是小企业的商品售出后，由于商品的品种、质量等不符合规定的要求或因其他原因应退货而未退货的商品，对购买方在价格上给予的额外折让。

给予销售折让会使小企业销售收入相应减少，所以应对销售收入进行调整。根据规定，小企业已经确认销售商品收入的售出商品发生销售折让的，应当在发生时冲减当期销售商品收入。

销售折让属于资产负债表日后事项的，适用《企业会计准则第29号——资产负债表日后事项》。

(3) 涉及销售退回的处理。销售退回，是指小企业售出的商品由于质量、品种不符合要求等原因发生的退货。

根据规定，小企业应经确认销售商品收入的售出商品发生的销售退回（不论属于本年度还是属于以前年度的销售），都应当在发生时冲减当期销售商品收入。

(三) 销售商品收入的核算

1. 会计科目的设置

(1)“主营业务收入”科目。本科目核算小企业确认的销售商品（或提供劳务）等主营业务的收入，可按主营业务的种类进行明细核算。小企业销售商品（或提供劳务）实现的收入，应当按实际收到或应收的金额，借记“银行存款”、“应收账款”等科目，按照专用发票上注明的增值税额，贷记“应交税费——应交增值税（销项税额）”科目，按照确认的营业收入，贷记本科目。发生销货退回（不论是属于本年度还是属于以前年度销售的），借记本科目，按实际支付或应退还的金额，贷记“银行存款”、“应收账款”等科目。期（月）末，可将本科目的余额转入“本年利润”科目，结转后本科目应无余额。

(2)“主营业务成本”科目。本科目核算小企业确认销售商品（或提供劳务）等主营业务收入时应结转的成本，可按主营业务的种类进行明细核算。期（月）末，小企业应根据本期（月）销售各种商品等实际成本，计算应结转的主营业务成本，借记本科目，贷记“库存商品”、“生产成本”、“工程施工”科目。本期（月）发生的销售退回，可以直接从本月的销售数量中减去，得出本月销售的净数量，然后计算应结转的销售成本，也可以单独计算本月销售退回成本，借记“库存商品”等科目，贷记本科目。期（月）末，可将本科目的余额转入“本年利润”科目，结转后本科目无余额。

2. 一般销售商品业务的账务处理

【例5-1】

英迪公司20×3年3月份销售一批产品给BC企业，按照合同的规定，产品的销售价格为400 000元，增值税率为17%，产品品种和质量按照合同约定的标准提供，产品已经发出，并收到了BC企业开出、承兑3个月到期的商业承兑汇票。该批产品实际成本227 000元。

在这项交易中，英迪公司按照合同约定的产品品种和质量发出产品，BC企业已将购入的商品验收入库，并开出、承兑商业汇票，承诺在3个月后付款。按照销售确认条件，该项销售已经成立，英迪公司已将售出产品上的所有风险和报酬转移给BC企业，并不再对该批产品实施管理权和控制权。销售商品收入是可以计量的，即按照合同约定的销售价格确定。同时，该批产品的实际成本已经确定。

根据上述资料，英迪公司账务处理如下：

借：应收票据　　468 000
　贷：主营业务收入　　400 000
　　　应交税费——应交增值税（销项税额）　　68 000

借：主营业务成本　　227 000
　贷：库存商品　　227 000

3. 销售商品不符合收入确认条件的账务处理

如果商品已经发出，但不符合销售商品收入的确认条件，不应确认收入。将已发出的商品通过“发出商品”科目进行核算。

【例5-2】

英迪公司于20×3年5月2日以托付承付方式向CF企业销售一批产品，成本为40 000元，增值税专用发票上注明：售价60 000元，增值税10 200元。英迪公司在销售时已知CF企业资金周转暂时困难，但英迪公司考虑到为了促销以免积压产品，同时CF企业的资金困难只是暂时的，未来仍有可能收回，因此，仍将商品销售给了CF企业。

由于此项收入目前收回的可能性不大，英迪公司在销售该商品时不能确认收入。应将已发生商品成本转入“发出商品”科目。假设英迪公司就销售该批商品的纳税义务已发生。

根据上述资料，英迪公司账务处理如下：

借：发出商品　40 000

　贷：库存商品　40 000

同时，将增值税专用发票上注明的增值税额转入应收账款

借：应收账款——CF企业（销项税额）　10 200

　贷：应交税费——应交税费（销项税额）　10 200

假如20×3年12月4日英迪公司得知CF企业经营状况逐渐好转，CF企业承诺近期付款，英迪公司可以确认收入。

借：应收账款——CF企业　60 000

　贷：主营业务收入　60 000

同时结转成本

借：主营业务成本　40 000

　贷：发出商品　40 000

12月4日收到款项时

借：银行存款　70 200

　贷：应收账款——CF企业　60 000

　　　　　　——CF企业（销项税额）　10 200

4. 委托代销

小企业推销新产品，往往将新产品委托代理商代销，待商品销售后再结算货款。小企业委托代销时，事先签订委托代销合同，合同上注明货款的结算方

式和时间以及商品的质量和保管的责任等。

(1) 视同买断方式。视同买断方式，即由委托方和受托方签订协议，委托方按协议价收取代销商品的货款，实际售价可由受托方自定，实际售价与协议价之间的差额归受托方所有的销售方式。

由于这种销售本质上是一种代销，委托方将商品交付给受托方时，商品所有权上的风险和报酬未转移给受托方。因此，委托方在交付商品时不能确认收入，受托方也不作为购进商品处理。受托方将商品销售后，将按实际售价确认为销售收入，并向委托方开具代销清单。委托方收到代销清单时，再确认收入。

【例 5-3】

英迪公司与 K 公司签订代销合同，委托其代销产品 1 000 件，协议价每件 200 元，该产品成本 120 元/件，增值税税率 17%。英迪公司收到 K 公司开来的代销清单时开具增值税专用发票，发票注明：售价 200 000 元，增值税34 000 元。K 公司实际销售时开具的增值税发票上注明售价 240 000 元、增值税 40 800 元。

根据上述资料，英迪公司账务处理如下：

(1) 将商品交付 K 公司时

借：委托代销商品　120 000

　贷：库存商品　120 000

(2) 收到代销清单时

借：应收账款　234 000

　贷：主营业务收入　200 000

　　应交税费——应交增值税（销项税额）　34 000

借：主营业务成本　120 000

　贷：委托代销商品　120 000

(3) 收到 K 公司汇来的货款时

借：银行存款　234 000

　贷：应收账款　234 000

(2) 收取代销手续费方式。收取代销手续费方式，即受托方根据所代销的商品数量向委托方收取手续费的销售方式。受托方收取的手续费属于劳务收入。这种代销方式与第（1）种方式相比，主要特点是，受托方通常应当按照委托方规定的价格销售，不得自行改变售价。在这种销售方式下，委托方应在收到受托方交付的商品代销清单时确认销售收入；受托方则按应收取的手续费确认收入。

【例5-4】

承例5-3，假设K公司按每件200元的价格出售，K公司按售价的10%支付代销手续费。K公司实际销售时，即向买方开出一张增值税专用发票，发票上注明售价200 000元、增值税34 000元。英迪公司在收到K公司交来的代销清单时，向K公司开具了一张相同金额的增值税发票。

根据上述资料，该公司账务处理如下：

(1) 将产品交付给K公司时

借：委托代销商品　　120 000

　贷：库存商品　　120 000

(2) 收到代销清单时

借：应收账款——K公司　　234 000

　贷：主营业务收入　　200 000

　　　应交税费——应交增值税（销项税额）　　34 000

借：主营业务成本　　120 000

　贷：委托代销商品　　120 000

借：销售费用　　20 000

　贷：应收账款——K公司　　20 000

(3) 回款净额

借：银行存款　　214 000

　贷：应收账款——K公司　　214 000

5. 售商品涉及现金折扣、商业折扣和销售折让的账务处理

(1) 销售商品涉及现金折扣的账务处理。在有现金折扣的情况下，销售方给予客户的现金折扣，属于一种理财费用，按照规定应在发生时计入当期财务费用。

【例5-5】

英迪公司于20×3年7月1日向T公司销售一批商品1 000件，增值税发票上注明售价50 000元，增值税额8 500元。公司为了及早收回货款而在合同中规定现金折扣条件为：2/10，1/20，n/30，假定计算折扣时不考虑增值税及其他因素。

根据上述资料，英迪公司账务处理如下：

(1) 销售实现时

借：应收账款——T公司　　58 500

　贷：主营业务收入　　50 000

　　　应交税费——应交增值税（销项税额）　　8 500

(2) 第一种情况：假设T公司7月5日付清货款

借：银行存款　　57 500

　　财务费用　　1 000

　贷：应收账款　　58 500

(3) 第二种情况：假设T公司7月12日付清货款

借：银行存款　　58 000

　　财务费用　　500

　贷：应收账款——T公司　　58 500

(4) 第三种情况：假设T公司7月25日付清货款

借：银行存款　　58 500

　贷：应收账款——T公司　　58 500

(2) **销售商品涉及商业折扣的账务处理。**在有商业折扣的情况下，小企业销售商品收入的入账金额应按扣除商业折扣以后的净额。

【例5-6】

英迪公司于20×3年7月8日向D公司销售一批商品1 000件，每件商品的标价200元，（不含增值税）每件产品的销售成本140元，适用的增值税税率为17%。英迪公司为购货方提供10%的商业折扣。商品已经发出，并收到了D公支付的货款。

根据上述资料，英迪公司账务处理如下：

应确认的销售商品收入金额＝200×1 000－200×1 000×10%

＝180 000（元）

借：银行存款　　210 600

　贷：主营业务收入　　180 000

　　　应交税费——应交增值税（销项税额）　　30 600

(3) **销售商品涉及销售折让的账务处理。**小企业在销售收入确认之后发生的销售折让，应在实际发生时直接从当期实现的销售收入中抵减。发生销售折让时，如按规定允许扣减当期销项税额的，应同时用红字冲减“应交税费——应交增值税”科目的“销项税额”专栏。

【例 5-7】

英迪公司向C公司销售一批商品，增值税发票上的售价 50 000 元，增值税 8 500 元。销售后，C公司发现商品质量不合格，并要求按照原合同的约定在价格上给予 5%的折让。英迪公司同意并办妥了相关手续。假定英迪公司已确认该批商品的销售收入。

根据上述资料，英迪公司账务处理如下：

(1) 销售实现时

借：应收账款——C公司　58 500

　贷：主营业务收入　50 000

　　应交税费——应交增值税（销项税额）　8 500

(2) 发生销售折让时

借：主营业务收入　2 500

　应交税费——应交增值税（销项税额）　425

　贷：应收账款　2 925

(3) 实际收到款项时

借：银行存款　55 575

　贷：应收账款　55 575

6. 销售退回

销售退回，是指小企业售出的商品由于质量、品种不符合要求等原因而发生的退货。

小企业已经确认销售商品收入的售出商品发生销售退回的，应当在发生时冲减当期销售商品收入。销售退回属于资产负债表日后事项的，适用《企业会计准则第 29 号——资产负债表日后事项》。

(1) 未确认收入的已发出商品的退回，应按已记入“发出商品”科目的商品成本金额，借记“库存商品”科目，贷记“发出商品”科目。采用计划成本或售价核算的，应按计划成本或售价记入“库存商品”科目，同时计算结转产品成本差异或商品进销差价。

(2) 已确认收入的销售商品退回，应在发生时直接冲减退回当月的商品销售收入、销售成本等。如果该销售退回允许扣减增值税税额的，还应同时调整

“应交税费——应交增值税（销项税额）”科目的相应金额。发生销售退回时，按应冲减的销售收入，借记“主营业务收入”科目，按允许扣减当期销项税额的增值税额，借记“应交税费——应交增值税（销项税额）”科目，按已付或应付的金额，贷记“应收账款”、“银行存款”、“应付账款”等科目。按退回商品的成本，借记“库存商品”科目，贷记“主营业务成本”科目。如该项销售退回已发生现金折扣的，应在退回当月一并处理，调整相关财务费用的金额。

（3）已确认收入的销售商品退回属于资产负债表日后事项的，应当按照资产负债表日后事项的相关规定进行会计处理。

【例5-8】

英迪公司20×3年2月15日销售一批商品，增值税专用发票注明售价30 000元，增值税5 100元，成本22 000元。扣除已预收货款20 000元，余款15 100元尚未收到（不设“预收账款”科目）。20×3年3月20日该批商品因质量出现严重问题被退回，并办妥有关手续后退回所收货款。

根据上述资料，该公司账务处理如下：

（1）预收货款时

借：银行存款　　20 000

　贷：应收账款　　20 000

（2）销售实现时

借：应收账款　　35 100

　贷：主营业务收入　　30 000

　　　应交税费——应交增值税（销项税额）　　5 100

借：主营业务成本　　22 000

　贷：库存商品　　22 000

（3）销售退回时

借：主营业务收入　　30 000

　　应交税费——应交增值税（销项税额）　　5 100

　贷：应收账款　　15 100

　　　银行存款　　20 000

借：库存商品　　22 000

　贷：主营业务成本　　22 000

【例5-9】

承例5-8，假设销售退回发生的时间为当月28日，该公司未确认收入（按实际成本核算）。因该公司尚未确认本期的收入，所以，不需要对收入进行会计处理。根据本题的业务内容只将已预收的货款退回。

根据上述资料，该公司账务处理如下：

借：应收账款　　20 000

　贷：银行存款　　20 000

借：库存商品　　22 000

　贷：发出商品　　22 000

7. 销售材料等存货的账务处理

在日常经营活动中，小企业除了销售产品或商品等主营业务收入外，还可能发生对外销售材料、随同产品出售单独计价的包装物等其他非主营业务。有关其他业务收入确认、计量原则比照主营业务收入的规定办理。

小企业销售材料等存货实现的收入以及相关成本的结转，通过"其他业务收入"、"其他业务成本"科目核算。

"其他业务收入"科目核算小企业确认的除主营业务活动以外的其他经营活动实现的收入，包括出租固定资产、出租无形资产、出租包装物和商品、销售材料、用材料进行非货币性资产交换（非货币性资产交换具有商业实质且公允价值能够可靠计量）或债务重组等实现的收入。小企业确认的其他业务收入，借记"银行存款"、"其他应收款"等科目，贷记"其他业务收入"科目等。

"其他业务成本"科目核算小企业确认的除主营业务活动以外的其他经营活动所发生的支出，包括销售材料的成本、出租固定资产的折旧额、出租无形资产的摊销额、出租包装物的成本或摊销额等。小企业发生的其他业务成本，借记本科目，贷记"原材料"、"周转材料"、"累计折旧"、"累计摊销"、"应付职工薪酬"、"银行存款"等科目。

【例 5-10】

英迪公司销售不需要的原材料一批，增值税专用发票上注明价款 4 000 元，增值税额 680 元，款项收到。该批原材料的实际成本 3 000 元。

根据上述资料，该公司账务处理如下：

(1) 销售原材料时

借：银行存款　　4680

　贷：其他业务收入　　4 000

　　　应交税费——应交增值税（销项税额）　　680

(2) 结转已销材料的实际成本

借：其他业务成本　　3 000

　贷：原材料　　3 000

二、提供劳务收入的核算

小企业提供劳务的收入，是指小企业从事建筑安装、修理修配、交通运输、仓储租赁、邮电通信、咨询经纪、文化体育、科学研究、技术服务、教育培训、餐饮住宿、中介代理、卫生保健、社区服务、旅游、娱乐、加工以及其他劳务服务活动取得的收入。

(一) 劳务收入的确认和计量

同一会计期间内开始并完成的劳务，应当在提供劳务交易完成且收到款项或取得收款权利时，确认提供劳务收入。提供劳务收入的金额通常为从接受劳务方已收或应收的合同或协议价款。

劳务的开始和完成分属不同会计年度的，应当按照完工进度确认提供劳务收入。年度资产负债表日，按照提供劳务收入总额乘以完工进度扣除以前年度累计已确认提供劳务收入后的金额，确认本年度的提供劳务收入；同时，按照估计的提供劳务成本总额乘以完工进度扣除以前会计年度累计已确认营业成本后的金额，结转本年度营业成本。

小企业与其他企业签订的合同或协议包括销售商品和提供劳务时，销售商品部分和提供劳务部分能够区分且能够单独计量的，应当将销售商品的部分作为销售商品处理，将提供劳务的部分作为提供劳务处理。销售商品部分和提供劳务部分不能够区分，或虽能区分但不能够单独计量的，应当作为销售商品处理。

(二) 劳务收入的核算

小企业对外提供劳务，如果属于主营业务，所实现的收入记入“主营业务收入”科目，结转相关成本记入“主营业务成本”科目；如果属于主营业务以外的非主营业务，所实现的收入记入“其他业务收入”科目，结转相关成本记入“其他业务成本”科目。小企业对外提供劳务发生的支出一般通过“劳务成本”科目归集，小企业发生各项劳务成本时，借记“劳务成本”科目，贷记“银行存款”、“应付职工薪酬”、“原材料”等科目。待确认为费用时，再将“劳务成本”科目归集的费用转入“主营业务成本”或“其他业务成本”科目，借记“主营业务成本”、“其他业务成本”等科目，贷记“劳务成本”科目。

【例 5-11】

英迪公司 20×3 年 11 月 1 日接受一项产品加工任务，合同约定加工期限为 3 个月，总收入 300 000 元，至年底已预收款项 220 000 元，实际发生成本 140 000 元。其中，工资 50 000 元、职工福利费 7 000 元，耗用原材料 80 000 元，以现金支付其他费用 3 000 元。估计还会发生 60 000 元的成本。按实际发生的成本占总成本的比例确定劳务的完工程度。

根据上述资料，该公司账务处理如下：

实际发生的成本占估计总成本的比例＝140 000÷(140 000＋60 000)
＝70％

20×3 年应确认收入＝300 000×70％－0＝210 000（元）

20×3 年结转成本＝200 000×70％－0＝140 000（元）

(1) 实际发生成本时

	借方	贷方
借：劳务成本	140 000	
贷：原材料		80 000
应付职工薪酬		57 000
库存现金		3 000

(2) 预收账款时

	借方	贷方
借：银行存款	220 000	
贷：预收账款		220 000

(3) 确认收入时

	借方	贷方
借：预收账款	210 000	
贷：主营业务收入		210 000

(4) 结转成本时

	借方	贷方
借：主营业务成本	140 000	
贷：劳务成本		140 000

CHAPTER

6 第六章 费　用

第一节　费用的核算

一、费用定义和内容

（一）费用的定义

费用，是指小企业在日常活动中发生的、会导致所有者权益减少的、与向所有者分配利润无关的经济利益的总流出。

（二）费用的内容

小企业的费用包括：主营业务成本、其他业务成本、营业税金及附加、销售费用、管理费用、财务费用等。

二、费用的核算

（一）主营业务成本的核算

1．“主营业务成本”科目核算内容

“主营业务成本”科目核算小企业确认销售各种商品（或提供劳务）等主营业务收入时应结转的成本。“主营业务成本”科目应按照主营业务的种类进行明细核算。

2．主营业务成本的主要账务处理

（1）月末，小企业可根据本月销售各种商品或提供各种劳务实际成本，计算应结转的主营业务成本，借记“主营业务成本”科目，贷记“库存商品”、“生产成本”、“工程施工”等科目。

（2）本月发生的销售退回，可以直接从本月的销售数量中减去，得出本月销售的净数量，然后计算应结转的主营业务成本，也可以单独计算本月销售退回成本，借记“库存商品”等科目，贷记“主营业务成本”科目。

（3）月末，应将“主营业务成本”科目余额结转入“本年利润”科目，借记“本年利润”科目，贷记“主营业务成本”科目，结转后“主营业务成本”无余额。

【例6-1】

20×3年1月10日英迪公司向AD公司销售一批产品，开出的增值税专用发票上注明售价为100 000元，增值税税额为17 000元；英迪公司已收到AD公司支付的货款并将提货单送交AD公司；该批产品成本为80 000元。

根据上述资料，英迪公司账务处理如下：

（1）销售实现时

借：银行存款　　117 000

　贷：主营业务收入　　100 000

　　　应交税费——应交增值税（销项税额）　　17 000

借：主营业务成本　　80 000

　贷：库存商品　　80 000

（2）月末结转损益

借：本年利润　　80 000

　贷：主营业务成本　　80 000

（二）其他业务成本的核算

1.“其他业务成本”科目核算内容

“其他业务成本”科目核算小企业确认的除主营业务活动以外的其他日常生产经营活动所发生的支出，包括销售材料的成本、出租固定资产的折旧费、出租无形资产的摊销额等。

“其他业务成本”科目应按照其他业务成本的种类进行明细核算。

2. 其他业务成本的主要账务处理

（1）小企业发生的其他业务成本，借记“其他业务成本”科目，贷记“原材料”、“周转材料”、“累计折旧”、“累计摊销”、“银行存款”等科目。

（2）月末，应将“其他业务成本”科目余额转入“本年利润”科目，结转后“其他业务成本”科目无余额。

【例 6-2】

20×3 年 5 月 2 日，英迪公司销售一批材料，开具的增值税专用发票上注明的售价为 10 000 元，增值税额为 1 700 元，款项已由银行收妥。该批原材料的实际成本为 6 000 元。

根据上述资料，该公司账务处理如下：

(1) 销售实现时

借：银行存款　　11 700

　贷：其他业务收入　　10 000

　　　应交税费——应交增值税（销项税额）　　1 700

借：其他业务成本　　6 000

　贷：库存商品　　6 000

(2) 月末结转损益

借：本年利润　　6 000

　贷：其他业务成本　　6 000

(三) 营业税金及附加

1. “营业税金及附加”科目核算内容

“营业税金及附加”科目核算小企业开展日常生产经营活动应负担的消费税、营业税、城市维护建设税、资源税、土地增值税、城镇土地使用税、房产税、车船税、印花税和教育费附加、矿产资源补偿费、排污费等相关税费。

与最终确认营业外收入或营业外支出相关的税费，在“固定资产清理”等科目核算，不在“营业税金及附加”科目核算。

“营业税金及附加”科目应按照税费种类进行明细核算。

2. 营业税金及附加主要账务处理

(1) 小企业按规定计算确定的与主要经营业务活动相关的税费，借记“营业税金及附加”科目，贷记“应交税费”科目。

(2) 月末，可将本科目余额转入“本年利润”科目，结转后“营业税金及附加”科目无余额。

【例 6-3】

英迪公司 20×3 年 2 月 1 日取得应纳消费税的销售商品收入 1 000 000 元，该产品适用的消费税税率为 25%。

根据上述资料，该公司账务处理如下：

(1) 计算应交消费税税额

应交消费税=1 000 000×25%=250 000(元)

借：营业税金及附加　250 000

　贷：应交税费——应交消费税　250 000

(2) 交纳消费税

借：应交税费——应交消费税　250 000

　贷：银行存款　250 000

(3) 期末结转损益

借：本年利润　250 000

　贷：营业税金及附加　250 000

(四) 销售费用

1. “销售费用”科目核算内容

“销售费用”科目核算小企业在销售商品或提供劳务过程中发生的各种费用。包括：销售人员的职工薪酬、商品维修费、运输费、装卸费、包装费、保险费、广告费和业务宣传费、展览费等费用。

小企业（批发业、零售业）在购买商品过程中发生的费用（包括：运输费、装卸费、包装费、保险费、运输途中的合理损耗和入库前的挑选整理费用等），也在“销售费用“科目核算。“销售费用”科目应按照费用项目进行明细核算。

2. 销售费用的主要账务处理

(1) 小企业在销售商品过程中发生的销售人员的职工薪酬、商品维修费、运输费、装卸费、包装费、保险费、广告费和业务宣传费、展览费等费用，借记“销售费用”科目，贷记“库存现金”、“银行存款”等科目。

(2) 小企业（批发业、零售业）在购买商品过程中发生的运输费、装卸费、包装费、保险费、运输途中的合理损耗和入库前的挑选整理费用等，借记“销售费用“科目，贷记“库存现金”、“银行存款”、“应付账款”等科目。

(3) 月末，可将本科目余额转入“本年利润”科目，结转后“销售费用”科目无余额。

【例6-4】

英迪公司20×3年1月发生的销售费用及账务处理如下：

(1) 以银行存款支付销售商品的包装费3 000元。

借：销售费用——包装费　3 000

贷：银行存款　　3 000

（2）以支票支付广告费用 10 000 元。

借：销售费用——广告费　　10 000

贷：银行存款　　10 000

（3）月末结转本期发生的销售费用。

借：本年利润　　13 000

贷：销售费用——包装费　　3 000

——广告费　　10 000

（五）管理费用

1. “管理费用”科目核算内容

“管理费用”科目核算小企业为组织和管理生产经营发生的其他费用。包括：小企业在筹建期间内发生的开办费、行政管理部门发生的费用（包括固定资产折旧、修理费、办公费、水电费、差旅费、管理人员的职工薪酬等）、业务招待费、研究费用、技术转让费、相关长期待摊费用的摊销、财产保险费、聘请中介机构费、咨询费（含顾问费）、诉讼费等费用。

小企业（批发业、零售业）管理费用不多的，可不设置“管理费用”科目，“管理费用”科目的核算内容可并入“销售费用”科目核算。

“管理费用”科目应按照费用项目进行明细核算。

2. 管理费用的主要账务处理

（1）小企业在筹建期间内发生的开办费（包括：相关人员的职工薪酬、办公费、培训费、差旅费、印刷费、注册登记费以及不计入固定资产成本的借款费用等费用），在实际发生时，借记“管理费用”科目，贷记“银行存款”等科目。

（2）行政管理部门人员的职工薪酬，借记“管理费用”科目，贷记“应付职工薪酬”科目。

（3）行政管理部门计提的固定资产折旧和发生的修理费，借记“管理费用”科目，贷记“累计折旧”、“银行存款”等科目。

（4）行政管理部门发生的办公费、水电费、差旅费，借记“管理费用”科目，贷记“银行存款”等科目。

（5）小企业发生的业务招待费、相关长期待摊费用摊销、技术转让费、财产保险费、聘请中介机构费、咨询费（含顾问费）、诉讼费等，借记“管理费用”科目，贷记“银行存款”、“长期待摊费用”等科目。

（6）小企业自行研究无形资产发生的研究费用，借记“管理费用”科目，贷记“研发支出”科目。

（7）月末，可将“管理费用”科目的余额转入“本年利润”科目，结转后“管理费用”科目无余额。

【例6-5】

英迪公司20×3年1月发生管理费用情况及账务处理如下：

（1）行政管理部门共发生费用200 000元。其中，工作人员薪酬180 000元、计提折旧20 000元。

借：管理费用——职工薪酬 180 000
　　　　　　——累计折旧 20 000
　贷：应付职工薪酬 180 000
　　　累计折旧 20 000

（2）用支票支付本年度聘请中介机构费用100 000元。

借：管理费用——聘请中介机构费 100 000
　贷：银行存款 100 000

（3）以银行存款支付业务招待费20 000元。

借：管理费用——业务招待费 20 000
　贷：银行存款 20 000

（4）月末结转本期发生的销售费用。

借：本年利润 320 000
　贷：管理费用——职工薪酬 180 000
　　　　　　　——累计折旧 20 000
　　　　　　　——聘请中介机构用 100 000
　　　　　　　——业务招待费 20 000

（六）财务费用

1.“财务费用”科目核算内容

“财务费用”科目核算小企业为筹集生产经营所需资金发生的筹资费用。包括：利息费用（减利息收入）、汇兑损失、银行相关的手续费，小企业给予的现金折扣（减享受的现金折扣）等费用。

小企业为购建固定资产、无形资产和经过1年期以上的制造才能达到预定可销售状态的存货发生的借款费用，在“在建工程”、“研发支出”、“制造费用”等科目核算，不在“财务费用”科目核算。

小企业发生的汇兑收益，在“营业外收入”科目核算，不在“财务费用”

科目核算。

"财务费用"科目应按照费用项目进行明细核算。

2. 财务费用的主要账务处理

(1) 小企业发生的利息费用、汇兑损失、银行相关的手续费，给予的现金折扣等，借记"财务费用"科目，贷记"应付利息"、"银行存款"等科目。

(2) 持未到期的商业汇票向银行贴现，应当按照实际收到的金额（即减去贴现息后的净额），借记"银行存款"科目，按照贴现息，借记"财务费用"科目，按照商业汇票的票面金额，贷记"应收票据"科目（银行无追索权情况下）或"短期借款"科目（银行有追索权情况下）。

(3) 发生的应冲减财务费用的利息收入、享受的现金折扣等，借记"银行存款"等科目，贷记"财务费用"科目。

(4) 月末，可将本科目余额转入"本年利润"科目，结转后"财务费用"科目无余额。

【例 6-6】

英迪公司 20×3 年 3 月发生财务费用情况及账务处理如下：

(1) 收到开户行通知，已从企业存款账户扣收银行结算业务手续费 500 元。

借：财务费用——手续费　500
　贷：银行存款　500

(2) 计提本月应负担短期借款利息 24 000 元。

借：财务费用——利息支出　24 000
　贷：应付利息　24 000

(3) 接银行通知企业发生银行存款利息收入 500 元。

借：银行存款　500
　贷：财务费用——利息收入　500

(4) 月末结转财务费用。

借：本年利润　24 000
　　财务费用——利息收入　500
　贷：财务费用——手续费　500
　　　　　　　——利息支出　24 000

第二节 生产成本的核算

一、生产成本概述

（一）生产成本的概念

生产成本是生产企业为生产产品或提供劳务而发生的各项生产费用，包括各项直接支出和制造费用。直接支出包括直接材料和直接人工；制造费用是指企业内的分厂、车间为组织和管理生产所发生的各项费用、机物料消耗和固定资产修理费、工资等职工薪酬、固定资产折旧费、办公费、水电费、季节性和修理期间的停工损失、小企业经过 1 年期以上制造才能达到预定可销售状态的产品在制造完成之前发生的借款利息等。

小企业应当根据生产特点，选择适合于本企业的成本核算对象、成本项目和成本计算方法。

小企业发生的各项生产费用，应当按照成本核算对象和成本项目分别归集。

（1）属于材料费、人工费等直接费用，直接计入基本生产成本和辅助生产成本。

（2）属于辅助生产车间为生产产品提供的动力等直接费用，应当作为辅助生产成本进行归集，然后按照合理的方法分配计入基本生产成本。

（3）其他间接费用应当作为制造费用进行归集，月度终了，再按一定的分配标准，分配计入有关产品的成本。

（二）会计科目的设置

1.“生产成本”科目

“生产成本”科目核算小企业进行工业性生产发生的各项生产成本。包括：生产各种产品（产成品、自制半成品等）、自制材料、自制工具、自制设备等。

小企业对外提供劳务发生的成本，可将“生产成本”科目改为“劳务成本”科目核算。“生产成本”科目可按“基本生产成本”和“辅助生产成本”进行明细核算。

2.“制造费用”科目

“制造费用”科目核算小企业生产车间（部门）为生产产品和提供劳务而发生的各项间接费用。

小企业经过 1 年期以上的制造才能达到预定可销售状态的产品发生的借款费用，也在“制造费用”科目核算。

小企业行政管理部门为组织和管理生产经营活动而发生的管理费用，在“管理费用”科目核算，不在“制造费用”科目核算。

“制造费用”科目可按不同的生产车间、部门和费用项目进行明细核算。

（三）生产成本核算的一般程序

1. 要素费用的核算

将生产经营过程中发生的各种耗费，按其耗用情况直接或分配计入各有关成本类账户。对基本生产车间发生的直接材料和直接工资等费用，记入“生产成本——基本生产成本”科目，对于基本生产车间发生的间接费用通过“制造费用”科目核算。对辅助生产车间发生的费用，通过“生产成本——辅助生产成本”科目核算。

2. 辅助生产成本的核算和分配

各辅助生产车间在计算出各自的劳务成本后，按提供劳务量的情况分配计入各有关成本账户。如果辅助生产车间也单独核算本身发生的制造费用，月末还应先将这些制造费用分配计入辅助生产成本。

3. 基本生产车间制造费用的分配

月末，应将基本生产车间本月所发生的全部制造费用，采用适当的分配标准，分配计入各产品成本计算对象。

4. 将生产费用在完工产品和期末在产品成本之间进行分配，计算产成品成本

月末，按照一定的方法，将按产品归集的累计费用在已完工产品和在产品之间进行分配，计算出完工产品和期末在产品的实际成本，然后，将完工产品负担的生产费用从“生产成本”账户转入“库存商品”账户。

生产成本核算的一般程序如图 6-1 所示。

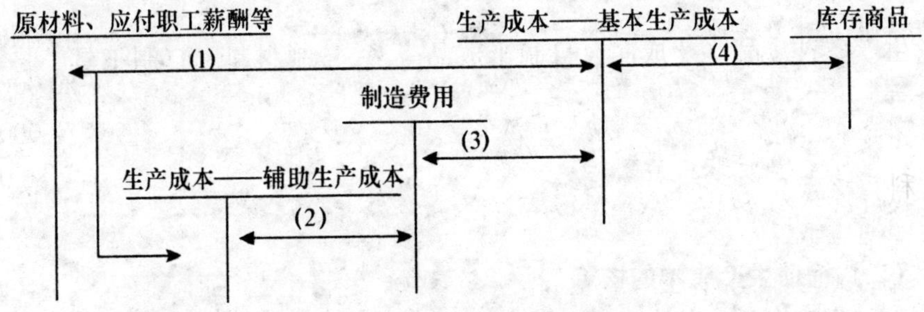

图 6-1　成本核算的一般程序图

二、生产成本的核算

（一）直接生产成本的核算

小企业发生的各项直接生产成本，应按成本核算对象和成本项目分别归集，属于直接材料、直接人工等直接费用，直接记入“基本生产成本”和“辅助生产成本”，属于企业辅助生产车间为生产产品提供的动力等间接费用，应当在“辅助生产成本”明细科目核算后，再转入“基本生产成本”明细科目；其他间接费用先在“制造费用”科目汇集，月度终了，再按一定的分配标准，分配计入有关的产品成本。

发生的各项直接生产成本，借记“基本生产成本”或“辅助生产成本”，贷记“库存现金”、“银行存款”、“应付职工薪酬”、“原材料”等科目。

【例 6-7】

英迪公司 20×3 年 2 月发生下列直接生产费用：

（1）本月领用生产材料共计 1 600 000 元，其中基本生产车间生产甲产品领用 800 000 元，生产乙产品领用 600 000 元；辅助生产成本 200 000 元。

（2）本月应付生产工人工资 80 000 元，其中基本生产车间生产甲产品工人工资 40 000 元，生产乙产品工人工资 20 000 元，辅助生产车间生产工人工资 20 000 元。

根据上述资料，该公司账务处理如下：

（1）领用原材料

借：生产成本——基本生产成本（甲产品） 800 000
　　　　　　——基本生产成本（乙产品） 600 000
　　　　　　——辅助生产成本 200 000
　贷：原材料 1 600 000

（2）工资分配

借：生产成本——基本生产成本（甲产品） 40 000
　　　　　　——基本生产成本（乙产品） 20 000
　　　　　　——辅助生产成本 20 000
　贷：应付职工薪酬 80 000

（二）辅助生产成本的核算

辅助生产车间为基本生产车间、管理部门和其他部门提供的劳务和产品，可在月度终了按照一定的分配标准分配给各受益对象，借记“生产成本——基本生产成本”、“销售费用”、“管理费用”、“其他业务成本”、“在建工程”等科目，贷记“生产成本——辅助生产成本”科目。

辅助生产成本的分配，应通过“辅助生产成本分配表”进行。辅助生产成本分配的方法主要有直接分配法、交互分配法和按计划成本分配法等。这里主要介绍分配辅助生产成本的直接分配法和交互分配法。

1. 辅助生产成本的直接分配法

直接分配法不考虑辅助生产内部相互提供的劳务量，直接将各辅助生产车间发生的成本分配给辅助生产以外的各个受益单位或产品。分配计算公式如下：

$$\text{辅助生产的单位成本}=\text{辅助生产成本总额}\div\frac{\text{辅助生产的产品或劳务总量}}{\text{（不包括对辅助生产各车间提供的产品或劳务量）}}$$

$$\text{各受益车间、产品或部门应分配的成本}=\text{辅助生产的单位成本}\times\text{该车间、产品或部门的耗用量}$$

假定某企业只有两个辅助生产车间，即供水车间和供电车间，直接分配法如图 6-2 所示。

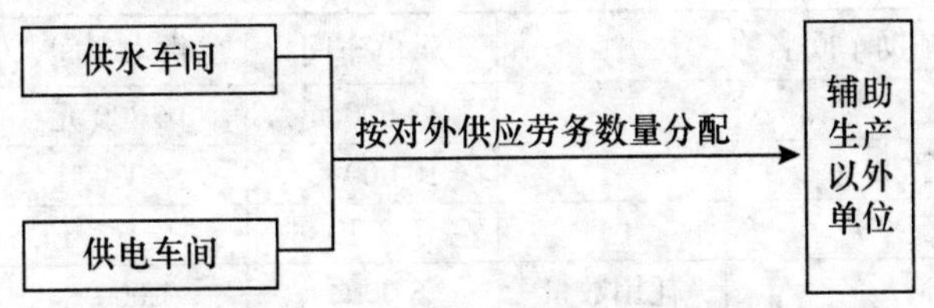

图 6-2　辅助生产费用分配的直接分配法

【例 6-8】

英迪公司辅助生产成本的资料如表 6-1 所示。

表 6-1　辅助生产成本资料

辅助车间名称		供电车间	供水车间
待分配费用		13 600 元	10 300 元
供应劳务数量		11 000 度	2 060 吨
耗用劳务数量	供电车间		60 吨
	供水车间	1 000 度	
	基本生产一车间	6 000 度	1 000 吨
	基本生产二车间	3 000 度	800 吨
	行政管理部门	1 000 度	200 吨

根据上述资料，该公司会计账务处理如下：

（1）单位成本（分配率）：

供电车间＝13 600÷10 000＝1.36（元/度）

供水车间＝10 300÷2 000＝5.15（元/吨）

基本生产一车间应分配的电费＝6 000×1.36＝8 160（元）

基本生产一车间应分配的水费＝1 000×5.15＝5 150（元）

基本生产一车间应分配的辅助生产成本＝8 160＋5 150＝13 310（元）

基本生产二车间应分配的电费＝3 000×1.36＝4 080（元）

基本生产二车间应分配的水费＝800×5.15＝4 120（元）

基本生产二车间应分配的辅助生产成本＝4 080＋4 120＝8 200（元）

行政管理部门应分配的电费＝1 000×1.36＝1 360（元）

行政管理部门应分配的水费＝200×5.15＝1 030（元）

行政管理部门应分配的辅助生产成本＝1 360＋1 030＝2 390（元）

英迪公司辅助生产成本分配表如表 6-2 所示。

表 6-2　　辅助生产成本分配表（直接分配法）

20×2 年 8 月

辅助车间名称			供电车间	供水车间	合计
待分配费用			13 600 元	10 300 元	23 900
对外供应劳务数量			10 000 度	2 000 吨	
单位成本（分配率）			1.36	5.15	
基本生产	一车间	耗用数量	6 000	1 000	
		分配金额	8 160	5 150	13 310
	二车间	耗用数量	3 000	800	
		分配金额	4 080	4 120	8 200
	金额小计		12 240	9 270	21 510
企业管理部门	耗用数量		1 000	200	
	分配金额		1 360	1 030	2 390
金额合计			13 600	10 300	23 900

（2）根据表 6-2，该公司编制会计分录如下：

借：制造费用——第一车间　　13 310

　　　　　　——第二车间　　8 200

　　管理费用　　2 390

　贷：生产成本——辅助生产成本（供电车间）　　13 600

　　　　　　　——辅助生产成本（供水车间）　　10 300

2. 辅助生产成本的交互分配法

采用交互分配法分配辅助生产成本，应先根据各辅助生产内部相互供应的数量和交互分配前的成本分配率（单位成本），进行一次交互分配；然后再将各辅助生产车间交互分配后的实际成本（即交互分配前的成本加上交互分配转入的成本，减去交互分配转出的成本），按对外提供劳务的数量，在辅助生产以外的各受个益单位或产品之间进行分配。

假定某公司有两个辅助生产车间，即机修车间和锅炉车间，交互分配法如图 6-3 所示：

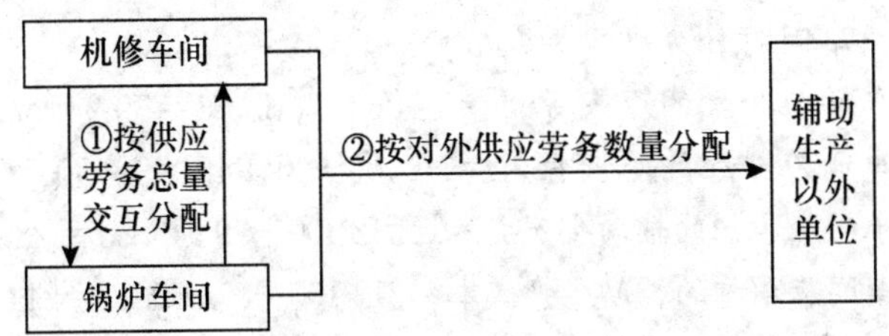

图 6-3　辅助生产费用分配的交互分配法

【例 6-9】

华耀公司辅助生产车间的制造费用不通过“制造费用”科目核算。该公司锅炉和机修两个辅助车间之间相互提供产品和劳务，采用交互分配法进行分配。锅炉车间的成本按供汽量比例分配，机修车间的修理费用按修理工时比例进行分配。该公司 20×2 年 7 月有关辅助生产成本的资料如表 6-3 所示。

表 6-3　　华耀公司辅助生产成本资料

辅助生产车间名称		机修车间	锅炉车间
待分配成本（元）		480 000	45 000
供应劳务、产品数量		160 000 小时	10 000 立方米
耗用劳务、产品数量	锅炉车间	10 000 小时	
	机修车间		1 000 立方米
	一车间	80 000 小时	5 100 立方米
	二车间	70 000 小时	3 900 立方米

该公司账务处理如下：

（1）交互分配：

①机修车间分配率＝480 000÷160 000＝3

锅炉车间应分配的修理费用＝10 000×3＝30 000(元)

②锅炉车间分配率＝45 000÷10 000＝4.5

机修车间应分配的蒸汽费用=1 000×4.5=4 500(元)

③计算对外分配的费用：

机修车间=480 000+4 500−30 000=454 500(元)

锅炉车间=45 000+30 000−4 500=70 500(元)

(2) 对外分配：

①机修车间对外分配率=454 500÷150 000=3.03

一车间应分配的修理费用=80 000×3.03=242 400(元)

二车间应分配的修理费用=70 000×3.03=212 100(元)

②锅炉车间对外分配率=70 500÷9 000=7.833 3

一车间应分配的蒸汽费用=5 100×7.833 3=39 949.83(元)

二车间应分配的蒸汽费用=70 500−39 949.83=30 550.17(元)

一车间应承担的辅助生产成本=242 400+39 949.83= 282 349.83(元)

二车间应承担的辅助生产成本=212 100+30 550.17=242 650.17(元)

(3) 辅助生产成本分配表如表 6-4 所示。

表 6-4　　辅助生产成本分配表（交互分配法）

20×2 年 7 月

分配方向			交互分配			对外分配		
辅助生产车间名称			机修	锅炉	合计	机修	锅炉	合计
待分配成本（元）			480 000	45 000	525 000	454 500	70 500	525 000
供应劳务数量			160 000	10 000		150 000	9 000	
单位成本（分配率）			3	4.5		3.03	7.833 3	
辅助车间	机修	耗用数量		1 000				
		分配金额		4 500	4 500			
	锅炉	耗用数量	10 000					
		分配金额	30 000		30 000			
	金额小计		30 000	4 500	34 500			
基本车间	一车间	耗用数量				80 000	5 100	
		分配金额				242 400	39 949.83	282 349.83
	二车间	耗用数量				70 000	3 900	
		分配金额				212 100	30 550.17	242 650.17
分配金额小计（元）						454 500	70 500	525 000

(4) 根据表 6-4，该公司账务处理如下：

借：生产成本——辅助生产成本（机修车间）　　4 500

　　　　　　——辅助生产成本（锅炉车间）　　30 000

　贷：生产成本——辅助生产成本（机修车间）　　30 000

——辅助生产成本（锅炉车间） 4 500

借：制造费用——一车间 282 349.83

——二车间 242 650.17

贷：生产成本——辅助生产成本（机修车间） 454 500

——辅助生产成本（锅炉车间） 70 500

(三) 制造费用的核算

制造费用核算小企业为生产产品和提供劳务而发生的各项间接费用，即产品生产成本中除直接材料和直接工资以外的其余一切生产成本，主要是企业各个生产单位（车间、分厂）为组织和管理生产所发生的一切费用。包括：机物料消耗和固定资产修理费、工资等职工薪酬、固定资产折旧费、办公费、水电费、季节性和修理期间的停工损失、小企业经过1年期以上制造才能达到预定可销售状态的产品在制造完成之前发生的借款利息等。

1. 制造费用的归集

(1) 车间发生的机物料消耗和固定资产修理费。

借：制造费用

贷：原材料

银行存款等

(2) 发生的生产车间管理人员的工资等职工薪酬。

借：制造费用

贷：应付职工薪酬

(3) 生产车间计提的固定资产折旧费。

借：制造费用

贷：累计折旧

(4) 生产车间支付的办公费、水电费等。

借：制造费用

贷：银行存款

(5) 发生季节性和修理期间的停工损失。

借：制造费用

贷：原材料

应付职工薪酬

银行存款等

(6) 小企业经过1年期以上制造才能达到预定可销售状态的产品在制造完成之前发生的借款利息，在应付利息日根据借款合同利率计算确定的利息费用。

借：制造费用

　　贷：应付利息

制造完成之后发生的利息费用

借：财务费用

　　贷：应付利息

【例 6-10】

英迪公司公司 20×3 年 7 月发生下列直接生产费用：

(1) 基本生产车间一般性领用原材料 80 000 元，辅助生产车间一般性领用原材料 40 000 元。

(2) 本月基本生产车间管理人员工资 30 000 元，辅助生产车间管理人员工资 10 000 元。

(3) 本月基本生产车间计提折旧 100 000 元，辅助生产车间计提折旧 40 000元。

(4) 摊销由本月基本生产车间负担的设备租赁费 10 000 元，辅助生产车间负担设备租赁费 5 000 元，设备租赁期为 10 年。

(5) 支付本月办公费、修理费、水电费 10 000 元。

根据上述资料，该公司账务处理如下：

(1) 领用原材料

借：制造费用——基本生产成本　80 000

　　　　　　——辅助生产成本　40 000

　　贷：原材料　120 000

(2) 分配职工薪酬：

借：制造费用——基本生产车间　30 000

　　　　　　——辅助生产车间　10 000

　　贷：应付职工薪酬　40 000

(3) 计提折旧

借：制造费用——基本生产车间　100 000

　　　　　　——辅助生产车间　40 000

　　贷：累计折旧　140 000

(4) 摊销设备租赁费

借：制造费用——基本生产车间　10 000

　　　　　　——辅助生产车间　5 000

　　贷：长期待摊费用　15 000

（5）支付办公费等

借：制造费用 10 000

贷：银行存款 10 000

2. 制造费用分配方法

制造费用应按企业成本核算办法的规定，分配计入有关的成本核算对象。

借：生产成本——基本生产成本

——辅助生产成本

贷：制造费用

在仅生产一种产品的车间中，制造费用可以直接计入产品成本。在生产多种产品的车间中，要采用既合理又简便的分配方法，将制造费用计入各种产品成本。在实务中，实际分配制造费用的方法包括：按生产工人工资分配、按生产工人工时分配、按机器工时分配、按耗用原材料的数量或成本分配等。

制造费用分配率＝制造费用总额÷各产品消耗(定额、机器、工资等)总数

各种产品应分配的制造费用＝各产品消耗(定额、机器、工资等)×分配率

【例 6-11】

英迪公司 20×3 年 2 月基本生产车间共发生制造费用 600 000 元，按照该车间生产甲、乙产品的工人工资比例进行分配（甲产品工人工资 60 000 元，乙产品工人工资 40 000 元）；辅助生产车间发生制造费用 100 000 元（只生产一种产品）。

根据上述资料，该公司账务处理如下：

基本生产车间制造费用分配率＝600 000÷(60 000＋40 000)＝6

甲产品应分摊制造费用＝6×60 000＝360 000(元)

乙产品应分摊制造费用＝6×40 000＝240 000(元)

借：生产成本——基本生产成本（甲产品） 360 000

——基本生产成本（乙产品） 240 000

——辅助生产成本 100 000

贷：制造费用 700 000

具体采用哪种分配标准分配制造费用，由小企业自行决定。制造费用的分配方法一经确定，不得随意变更；如需变更，应当在财务报表附注中予以说明。制造费用应按不同的车间、部门设置明细账，并按费用项目设置专栏，进

行明细核算。

季节性生产小企业制造费用全年实际发生额与分配额的差额，除其中属于为下一年开工生产做准备的可留待下一年分配外，其余部分实际发生额大于分配额的差额，借记“生产成本——基本生产成本”科目，贷记“制造费用”科目；实际发生额小于分配额的差额，做相反的会计分录。除季节性生产外，制造费用期末应无余额。

（四）完工产品成本的核算

月末，在“生产成本——基本生产成本”各明细分类账账户中，如果当月投产的产品全部完工，那么该基本生产成本明细分类账账户中归集的生产费用就是完工产品的成本；如果当月投产的产品全部未完工，那么该基本生产成本明细分类账账户中归集的生产费用就是在产品的成本；如果当投产的产品一部分完工，另一部分尚未完工，那么该账户中归集的生产费用就要在完工产品和在产品之间进行分配，分别计算出完工产品成本与月末在产品成本。对于完工产品，企业应在产品验收入库后，根据取得的产品交库单和产品成本计算表进行归集，编制“产品成本汇总表”、“自制材料、工具、模具成本汇总表”等。根据按基本生产车间的完工产品编制的“产成品成本汇总表”所列的金额，借记“库存商品”账户，贷记“生产成本——基本生产成本”账户；根据按辅助生产车间完工的自制材料、工具、模具等编制的“自制材料、工具、模具成本汇总表”所列的金额，借记“原材料”或“低值易耗品”账户，贷记“生产成本——辅助生产成本”账户。

企业归集的生产费用在在产品与完工产品之间的分配是成本计算中的一项重要而复杂的工作，企业应根据月末结存在产品的数量和完工程度，以及企业定额管理水平的高低等具体条件选择分配方法。生产费用在在产品与完工产品之间的分配方法主要有不计算在产品成本法、按所耗原材料费用计算在产品成本法、按固定成本计算在产品成本法、按定额成本计算在产品成本法、定额比例法、约当产量法以及在产品成本按完工产品成本计算法等。

（五）月末结转完工产品成本

已经生产完成并已验收入库的产成品，应于月度终了，按实际成本借记“库存商品”科目，贷记“生产成本——基本生产成本”科目。

“生产成本”科目应当分别按照基本生产车间和成本核算对象（如产品的品种、类别、订单、批别、生产阶段等）设置明细账（或成本计算单），并按规定的成本项目设置专栏。

“生产成本”科目期末借方余额，反映小企业尚未加工完成的各项在产品的成本。

【例6-12】

英迪公司生产甲、乙两种产品。20×2年1月，根据“产品成本计算单”，完工入库甲产品的实际成本为100 000元，完工入库的乙产品实际成本为50 000元。

根据上述资料，该公司账务处理如下：

借：库存商品——甲产品　　100 000
　　　　　　——乙产品　　50 000
　贷：生产成本——基本生产成本（甲产品）　　100 000
　　　　　　　——基本生产成本（乙产品）　　50 000

第三节　所得税费用

一、所得税费用概述

小企业应当按照税法规定计算的当期应交纳给税务机关的所得税金额，确认所得税费用。

小企业应当在利润总额的基础上，按照税法规定进行适当纳税调整，计算出当期应纳税所得额，按照应纳税所得额与适用所得税税率计算确定当期应交所得税金额。

所得税费用＝应交所得税＝应纳税所得额×所得税税率

应纳税所得额＝税前会计利润＋纳税调整增加额－纳税调整减少额

（一）纳税调整增加额

（1）按会计准则规定核算时不作为收益计入财务报表，但在计算应纳税所得额时作为收益需要交纳所得税的。

（2）按会计准则规定核算时确认为费用或损失计入财务报表，但在计算应纳税所得额时则不允许扣减的。

（二）纳税调整减少额

（1）按会计准则规定核算时作为收益计入财务报表，但在计算应纳税所得额时不确认为收益的。

（2）按会计准则规定核算时不确认为费用或损失，但在计算应纳税所得额时则允许扣减的。

二、所得税费用的核算

“所得税费用”科目核算小企业根据税法规定确认的应从当期利润总额中扣除的所得税费用。

小企业按照税法规定计算确定的当期应交所得税，借记“所得税费用”科目，贷记“应交税费——应交所得税”科目。

年度终了，应将本科目的余额转入“本年利润”科目，结转后本科目无余额。

【例6-13】

英迪公司20×2年利润总额为970 000元，适用的所得税税率为25%，发生超标业务招待费为50 000元，国债利息收入为20 000元，无其他纳税调整事项。

根据上述资料，该公司账务处理如下：

20×2年应纳税所得额＝970 000＋50 000－20 000＝1 000 000（元）

20×2年应交所得税＝1 000 000×25%＝250 000（元）

（1）确认所得税费用：

借：所得税费用　250 000

　贷：应交税费——应交所得税　250 000

（2）交纳所得税

借：应交税费——应交所得税　250 000

　贷：银行存款　250 000

（3）期末结转所得税费用

借：本年利润　250 000

　贷：所得税费用　250 000

CHAPTER

7 第七章 利润及利润分配

第一节　利润及利润分配概述

一、利润的形成

利润是收入减去费用的余额，是反映小企业经营业绩的核心指标，也是利润分配的基础。因此，利润的核算具有重要意义。

（一）利润的构成

利润是指小企业在一定会计期间的经营成果，包括营业利润、利润总额和净利润。

1. 营业利润

营业利润是指营业收入减去营业成本、营业税金及附加、销售费用、管理费用、财务费用，加上投资收益（或减去投资损失）后的金额。

营业利润是小企业利润最主要的来源，反映了小企业在销售商品、提供劳务等日常活动中所产生的利润额。

2. 利润总额

利润总额是指营业利润加上营业外收入，减去营业外支出后的金额。

利润总额反映了小企业所得税前的利润额，是小企业一定时期内经营活动的总成果。

3. 净利润

净利润是指利润总额减去所得税费用后的净额。净利润一般也称为税后利润，反映了小企业在利润总额中按规定交纳了所得税后的最终成果。

（二）利润的计算

1．营业利润的计算

营业利润＝主营营业收入－主营业务成本－主营业务税金及附加
＋其他业务收入＋投资收益（－投资损失）－其他业务成本
－销售费用－管理费用－财务费用

公式中构成营业利润各项目的内容如下：

（1）主营业务收入。主营业务收入是指小企业从事某种主要生产、经营活动所取得的营业收入，是小企业经常性的、主要业务所产生的基本收入。主营业务收入与其他业务收入构成了小企业的营业收入，是小企业销售商品和提供劳务实现的收入总额。

（2）主营业务成本。主营业务成本是指小企业从事某种主要生产、经营活动所发生的营业成本，是小企业经常性的、主要业务所产生的基本支出。

（3）主营业务税金及附加。主营业务税金及附加是指小企业日常经营活动应负担的税金及附加，包括营业税、消费税、城市维护建设税、资源税、土地增值税和教育费附加等。

（4）其他业务收入。其他业务收入是指小企业在日常活动中除主营业务以外的他业务所取得的收入。包括材料销售、技术转让、代购代销、固定资产出租以及提供设计、运输等非工业性劳务收入。

（5）其他业务成本。其他业务成本是指小企业在日常活动中除主营业务以外的他业务所发生的支出。包括销售材料成本、出租固定资产折旧额、出租无形资产摊销额、出租包装物成本或摊销额等。

（6）投资收益（或损失）。投资收益（或损失），是指小企业以各种方式对外投资所取得的收益（或发生的损失）。

（7）销售费用。销售费用是指小企业在销售产品、自制半成品和提供劳务等过程中发生的费用，包括由小企业负担的包装费、运输费、广告费、装卸费、保险费、委托代销手续费、展览费、租赁费（不含融资租赁费）和销售服务费，以及销售部门人员的职工薪酬、差旅费、办公费、折旧费、修理费、物料消耗及其他经费等。

（8）管理费用。管理费用是指小企业行政管理部门为组织和管理生产经营活动而发生的各项费用。

（9）财务费用。财务费用是指小企业在生产经营过程中为筹集资金而发生的各项费用。包括企业生产经营期间发生的利息支出（减利息收入）、汇兑净损失、金融机构手续费，以及筹资发生的其他财务费用。

(10) 投资收益。投资收益，是指小企业在一定的会计期间对外投资所获得的回报。由小企业股权投资取得的现金股利（或利润）、债券投资取得的利息收入和处置股权投资和债券投资取得的处置价款扣除成本或账面余额、相关税费后的净额三部分构成。

2. 利润总额的计算

利润总额＝营业利润＋营业外收支净额

公式中，营业外收支净额是指小企业营业外收入与营业外支出的差额。

(1) 营业外收入。营业外收入是指小企业非日常生产经营活动形成的、应当计入当期损益、会导致所有者权益增加、与所有者投入资本无关的经济利益的净流入。

小企业的营业外收入包括：非流动资产处置净收益、政府补助、捐赠收益、盘盈收益、汇兑收益、出租包装物和商品的租金收入、逾期未退包装物押金收益、确实无法偿付的应付款项、已作坏账损失处理后又收回的应收款项、违约金收益等。

(2) 营业外支出。营业外支出是指小企业非日常生产经营活动发生的、应当计入当期损益、会导致所有者权益减少、与向所有者分配利润无关的经济利益的净流出。

小企业的营业外支出包括：存货的盘亏、毁损、报废损失，非流动资产处置净损失，坏账损失，无法收回的长期债券投资损失，无法收回的长期股权投资损失，自然灾害等不可抗力因素造成的损失，税收滞纳金，罚金，罚款，被没收财物的损失，捐赠支出，赞助支出等。

3. 净利润的计算

净利润的计算是在计算利润总额的基础上计算所得税费用。所得税费用是指小企业确认的应从当期利润总额中扣除的所得税费用。按照税法规定，进行适当纳税调整，计算出当期应纳税所得额，按照应纳税所得额与适用所得税税率计算确定当期应交所得税金额。利润总额减去所得税用即为净利润。

二、利润分配的内容和程序

(一) 利润分配的内容

利润分配，是指小企业将实现的净利润，根据国家有关规定和企业章程、投资者的决议等的分配形式和分配顺序，在投资者与企业之间进行的分配。小企业实现的利润是其重要的权益，有权自主分配。但小企业利润分配的过程与结果关系到所有者的合法权益能否得到保护以及企业能否长期、稳定的发展。

因此，小企业必须加强利润分配的管理和核算。一方面，要遵守国家有关法律、法规关于企业利润分配的基本原则、一般次序和重大比例等内容作出的明确规定；另一方面，应该根据企业自身的财务结构、盈利能力和未来的投资、融资发展规划等制定符合本企业实际情况的利润分配策略。

《小企业会计准则》规定，小企业以当年净利润弥补以前年度亏损等剩余的税后利润，可用于向投资者进行分配。小企业（公司制）在分配当年税后利润时，应当按照公司法的规定提取法定公积金和任意公积金。

1. 弥补以前年度的亏损

根据我国税收法律制度等的规定，小企业的年度亏损，可以由下一年度的税前利润弥补，下一年度税前利润尚不足于弥补的，可以由以后年度的利润继续弥补，但用税前利润弥补以前年度亏损的连续期限不超过 5 年。5 年内弥补不足的，用本年税后利润弥补。本年净利润加上年初未分配利润为企业可供分配的利润，只有可供分配的利润大于零时，小企业才能进行后续分配。

2. 法定公积金和任意公积金

(1) 法定公积金。根据《公司法》的规定，法定盈余公积金的提取比例为当年税后利润（弥补亏损后）的 10%。当法定盈余公积金已达到注册资本的 50%时可不再提取。法定盈余公积金可用于弥补亏损、扩大企业生产经营或转增资本，但企业用盈余公积金转增资本后，法定盈余公积金的余额不得低于转增前企业注册资本的 25%。

(2) 任意公积金。根据《公司法》的规定，小企业从税后利润中提取法定公积金后，经股东会或者股东大会决议，还可以从税后利润中提取任意公积金。任意公积金的提取与否及提取比例由股东会根据公司发展的需要和盈余情况决定，法律不作强制规定。因此，任意盈余公积是小企业自愿提取的，由董事会决定要留在小企业里的利润。任意盈余公积的提取比例，由小企业自行决定。

3. 向投资者分配利润

向投资者分配利润是在上述必要利润分配后，小企业根据股东大会或类似机构审议批准的利润分配方案确定分配给投资者的利润。根据《公司法》的规定，公司弥补亏损和提取公积金后所余税后利润，可以向股东（投资者）分配股利（利润），其中有限责任公司股东按照实缴的出资比例分取红利，全体股东约定不按照出资比例分取红利的除外；股份有限公司按照股东持有的股份比例分配，但股份有限公司章程规定不按持股比例分配的除外。

（二）利润分配的程序

利润分配的程序是指小企业根据适用法律、法规或规定，对企业一定期间实现的净利润进行分配必须经过的先后步骤。根据《小企业会计准则》等有关规定，小企业以当年净利润弥补以前年度亏损等剩余的税后利润，可用于向投资者分配。利润分配按顺序如下：

（1）弥补企业以前年度亏损。

（2）提取法定盈余公积金。

（3）提取任意盈余公积金。

（4）向投资者分配利润。

企业以前年度未分配的利润，可以并入本年度向投资者分配。可供投资者分配的利润，在经过上述分配后，即为未分配利润（或未弥补亏损）。未分配利润可留待以后年度进行分配。小企业如发生亏损，可以按规定由以后年度利润进行弥补。小企业未分配的利润（或未弥补的亏损）应当在资产负债表的所有者权益项目中单独反映。

第二节　利润形成及利润分配的核算

一、利润形成的核算

小企业利润构成中的收入、费用等各项目的核算在收入、费用等章节中做了介绍，这里重点介绍营业外收入、营业外支出的核算。

（一）营业外收入的核算

1. 会计科目的设置

为了反映和监督小企业营业外收入的发生和结转情况，应设置“营业外收入”科目并按照营业外收入项目进行明细核算。小企业确认的营业外收入记入“营业外收入”科目的贷方，期末结转本年利润记入“营业外收入”科目的借方，结转后“营业外收入”科目应无余额。

2. 营业外收入的主要账务处理

（1）非流动资产处置净收益的账务处理。小企业确认非流动资产处置净收益，比照“固定资产清理”、“无形资产”等科目的相关规定进行账务处理。

【例 7-1】

英迪公司将其拥有的一项商标权出售，取得收入 450 000 元，营业税税率 5%。该无形资产的账面价值为 300 000 元，累计摊销 50 000 元。

根据上述资料，该公司账务处理如下：

借：银行存款　450 000
　　累计摊销　50 000
　贷：无形资产——专利权　300 000
　　　营业外收入——非流动资产处置净收益　177 500
　　　应交税费——应交营业税　22 500

(2) 政府补助收入的账务处理。政府补助，是指小企业从政府无偿取得货币性资产或非货币性资产，但不包括政府作为企业所有者投入的资本。政府补助具有无偿性、通常附有一定的条件以及不包括政府的资本性投入三个特征。其中，政府补助的无偿性是指政府向企业提供补助属于非互惠交易，政府并不因此而享有企业的所有权，企业未来也不需要以提供服务、转让资产等方式偿还。政府补助附有一定的条件主要包括：①政府为了鼓励或扶持某个行业、区域或领域的发展而给与企业的一种财政支持；②具有很强的政策性条件；③已获批准取得政府补助的企业应当按照政府相关文件等规定的用途使用。

政府补助通常为货币性资产形式，最常见的就是通过银行转账的方式。具体有财政拨款、财政贴息、税收返还。政府补助的主要形式如表 7-1 所示。

表 7-1　政府补助的主要形式

政府补助方式		适用情况	主要特征
财政拨款		政府为了支持企业而无偿拨付的款项	具有严格的政策条件，只有符合申报条件的企业才能申请拨款；同时附有明确的使用条件，政府在批准拨款时就规定了资金的具体用途
财政贴息	贴息资金直接支付给受益企业	为支持特定领域或区域发展，根据国家宏观经济形势和政策目标，对承贷企业的银行贷款利息给予的补贴	财政贴息的补贴对象通常是符合申报条件的某类项目
	贴息资金直接拨付贷款银行，由贷款银行以低于市场利率的政策性优惠利率向企业提供贷款		
税收返还	先征后返	所得税	以税收优惠形式给予的一种政府补助
	先征后退	流转税	
	即征即退	流转税	

政府补助同时满足下列条件的，计入营业外收入：

①小企业能够满足政府补助所附条件；

②小企业能够收到政府补助。

上述条件未满足前收到的政府补助，应当确认为递延收益。

【例 7-2】

英迪公司 20×3 年 9 月按照有关规定为公司自主创新的高科技研发项目申报政府财政贴息，申报材料中表明该项目已于 20×3 年 3 月启动，预计共需投入资金 6 000 000 元，项目期为 3 年，已投入资金 2 000 000 元。项目尚需新增投资 4 000 000 元，其中计划贷款 2 000 000 元，已与银行签订贷款协议，协议规定贷款年利率 5%，贷款期 2 年。

经审核，20×3 年 11 月政府批准拨付该公司贴息资金 1 000 000 元，分别在 20×4 年 10 月和 20×5 年 10 月支付 450 000 元和 550 000 元。

根据上述资料，该公司的账务处理如下：

(1) 20×4 年 10 月实际收到贴息资金 450 000 元

借：银行存款　　450 000

　贷：递延收益　　450 000

(2) 20×4 年 10 月起，在项目期内分配递延收益

借：递延收益　　37 500

　贷：营业外收入　　37 500

(3) 20×5 年 10 月实际收到贴息资金 550 000 元

借：银行存款　　550 000

　贷：营业外收入　　550 000

(3) 税收返还的账务处理。小企业按照规定实行企业所得税、增值税（不含出口退税）、消费税、营业税等先征后返的，应当在实际收到返还的企业所得税、增值税、消费税、营业税等时，借记“银行存款”科目，贷记“营业外收入”科目。

【例 7-3】

英迪公司生产的产品，适用增值税先征后返政策，即先按规定征收增值税，然后按实际交纳增值税税额返还 60%。20×4 年 11 月，该企业实际交纳增值税额 1 000 000 元。20×4 年 12 月，该企业实际收到返还的增值税额

600 000 元。

根据上述资料，该公司的账务处理如下：

借：银行存款　　600 000

　贷：营业外收入　　600 000

(4) 接受捐赠的账务处理。确认的捐赠收益，借记“银行存款”、“固定资产”等科目，贷记“营业外收入”科目。

【例 7-4】

英迪公司 20×3 年 6 月收到合作开发新产品的合作单位 BB 公司捐赠的测量仪器一台，发票价格 100 000 元。

根据上述资料，英迪公司账务处理如下：

借：固定资产　　100 000

　贷：营业外收入　　100 000

(5) 资产盘盈收益的账务处理。确认的盘盈收益，借记“待处理财产损溢——待处理流动资产损溢（或待处理非流动资产损溢）”科目，贷记“营业外收入”科目。

【例 7-5】

英迪公司 20×3 年 5 月，经批准结转盘盈的库存商品 2 100 元。

根据上述资料，该公司账务处理如下：

借：待处理财产损溢——待处理流动资产损溢　　2 100

　贷：营业外收入　　2 100

(6) 汇兑收益的账务处理。小企业确认的汇兑收益，借记有关科目，贷记“营业外收入”科目。

【例 7-6】

英迪公司对外币业务采用发生日的即期汇率进行核算，按月计算汇兑损益。20×3 年 7 月“应收账款——美元户”的相关记录如表 7-2 所示。

表 7-2　　应收账款——美元户

日期		摘要	借方			贷方			余额		
			美元	汇率	人民币	美元	汇率	人民币	美元	汇率	人民币
7	1	月初余额							60 000	6.4	384 000
	8	出口	100 000	6.3	630 000				160 000		1 008 000
	22	收回货款				40 000	6.35	254 000	120 000		754 000
31		汇兑损益			8 000				120 000	6.35	762 000

根据上述资料，该公司账务处理如下：

借：应收账款——美元户　　8 000

　贷：营业外收入　　8 000

(7) 确实无法偿付的应付款项及违约金收益的账务处理。小企业确认的出租包装物和商品的租金收入、逾期未退包装物押金收益、确实无法偿付的应付款项、违约金收益等，借记“其他应收款”、“应付账款”、“其他应付款”等科目，贷记“营业外收入”科目。

【例 7-7】

英迪公司 20×3 年 12 月，经批准结转确实无法偿付的应付 BB 公司货款 22 500 元。

根据上述资料，英迪公司账务处理如下：

借：应付账款——BB 公司　　22 500

　贷：营业外收入　　22 500

(8) 已确认的坏账损失又收回的账务处理。小企业确认的已作坏账损失处理后又收回的应收款项，借记“银行存款”等科目，贷记“营业外收入”科目。

【例 7-8】

英迪公司 20×3 年 4 月，收到收到 CC 公司所欠货款 64 000 元，该款项已于上年 12 月作坏账损失处理。

根据上述资料，英迪公司账务处理如下：

借：银行存款　　64 000

　贷：营业外收入　　64 000

（二）营业外支出的核算

1. 会计科目的设置

为了反映和监督小企业营业外收入的发生和结转情况，应设置“营业外支出”科目并按照营业外支出项目进行明细核算。小企业确认的各项营业外支出记入“营业外支出”科目的借方，期末结转本年利润记入“营业外支出”科目的贷方，结转后“营业外支出”科目应无余额。

2. 营业外支出的主要账务处理

（1）存货盘亏、毁损、报废损失的账务处理。小企业确认存货的盘亏、毁损、报废损失，借记“营业外支出”科目，贷记“待处理财产损溢——待处理流动资产损溢”等科目。

【例 7-9】

英迪公司 20×3 年 12 月，经批准结转因计量尾差造成的原材料盘亏 300 元。

根据上述资料，该公司账务处理如下：

借：营业外支出　300

　贷：待处理财产损溢——待处理流动资产损溢　300

（2）非流动资产处置净损失的账务处理。小企业非流动资产处置发生的净损失，借记“营业外支出”科目，贷记“固定资产清理”等科目。

【例 7-10】

英迪公司 20×3 年 12 月，结转出售不需用的运输货车的损失 33 200 元。

根据上述资料，该公司账务处理如下：

借：营业外支出　33 200

　贷：固定资产清理　33 200

（3）自然灾害等不可抗力因素造成资产损失的账务处理。小企业确认的因自然灾害等不可抗力因素造成的损失，借记“营业外支出”科目，贷记“待处理财产损溢——待处理流动资产损溢”等科目。

【例 7-11】

英迪公司 20×3 年 12 月，结转水灾造成原材料损失 45 600 元。

根据上述资料，该公司账务处理如下：

借：营业外支出　　45 600

　贷：待处理财产损溢——待处理流动资产损溢　　45 600

(4) 坏账损失。小企业确认实际发生的坏账损失，应当按照可收回的金额，借记“银行存款”等科目，按照应收账款、预付账款、其他应收款的账面余额，贷记“应收账款”、“预付账款”、“其他应收款”等科目，按照其差额，借记“营业外支出”科目。

【例 7-12】

英迪公司 20×3 年 12 月末，应收账款余额 300 000 元，经确认购货单位 DD 公司所欠货款 85 000 元因资金周转困难无法收回，其余款项收到存入银行。

根据上述资料，英迪公司账务处理如下：

借：银行存款　　215 000

　　营业外支出　　85 000

　贷：应收账款　　300 000

(5) 长期债券投资损失的账务处理。小企业确认实际发生的长期债券投资损失，应当按照可收回的金额，借记“银行存款”等科目，按照长期债券投资的账面余额，贷记“长期债券投资”等科目，按照其差额，借记“营业外支出”科目。

【例 7-13】

英迪公司 20×3 年 10 月，持有 DF 公司的 5 年期债券的账面余额 202 000 元（面值 200 000 元，应计利息 2 000 元），因 DF 公司依法宣告破产，该债券只收回 100 000 元并存入银行。

根据上述资料，英迪公司账务处理如下：

借：银行存款　　100 000

　　营业外支出　　102 000

　贷：长期债券投资——面值　　200 000

　　　　　　　　——应计利息　　2 000

(6) 长期股权投资损失的账务处理。小企业确认实际发生的长期股权投资损失，按照可收回的金额，借记“银行存款”等科目，按照长期股权投资的账面余额，贷记“长期股权投资”科目，按照其差额，借记“营业外支出”科目。

【例 7-14】

20×4 年 12 月 15 日，英迪公司对 BH 公司的长期股权投资账面价值为 150 000 元，因 BH 公司依法宣告破产，该投资只收回 100 000 元存入银行。

根据上述资料，英迪公司账务处理如下：

借：银行存款　　100 000

　　营业外支出　　50 000

　贷：长期股权投资——BH 公司　　150 000

(7) 支付的税收滞纳金、罚金、罚款的账务处理。小企业支付的税收滞纳金、罚金、罚款，借记“营业外支出”科目，贷记“银行存款”等科目。

【例 7-15】

20×4 年 2 月 20 日，英迪公司因违反购买合同的约定而支付给对方违约罚金 13 500 元，款项已通过银行支付。

根据上述资料，英迪公司账务处理如下：

借：营业外支出　　13 500

　贷：银行存款　　13 500

(8) 被没收财物损失、捐赠支出、赞助支出的账务处理。小企业确认被没收财物的损失、捐赠支出、赞助支出，借记“营业外支出”科目，贷记“银行存款”等科目。

【例 7-16】

20×4 年 7 月 20 日，英迪公司为洪水灾区的 HX 小学重建捐赠 530 000 元。

根据上述业务，英迪公司账务处理如下：

借：营业外支出——捐赠支出　　530 000

　贷：银行存款　　530 000

(三) 利润形成的核算

1. 会计科目的设置

小企业应设置“本年利润”科目，核算小企业实现的净利润或发生的净亏损。会计期末，小企业应将“主营业务收入”、“其他业务收入”、“营业外收入”等科目的余额分别转入“本年利润”科目的贷方；将“主营业务成本”、“其他业务成本”、“营业税金及附加”、“销售费用”、“管理费用”、“财务费用”、“营业外支出”、“所得税费用”等科目的余额分别转入“本年利润”科目的借方；小企业还应将“投资收益”科目的净收益转入“本年利润”科目的贷方，将“投资收益”科目的净损失转入“本年利润”科目的借方。结转后“本年利润”科目如为贷方余额，表示当年实现的净利润；如为借方余额，表示当年发生的净亏损。年度终了，将“本年利润”科目的本年累计余额转入“利润分配——未分配利润”科目。如“本年利润”为贷方余额，借记“本年利润”科目，贷记“利润分配——未分配利润”科目；如为借方余额，做相反的会计分录。结转后，“本年利润”科目应无余额。

2. 利润形成的账务处理

小企业利润形成的核算，有账结法和表结法两种方式。

(1) 账结法。账结法是指在每月月末将所有损益类科目的余额转入“本年利润”科目，借记所有收入类科目，贷记“本年利润”科目；借记“本年利润”科目，贷记所有成本费用类科目。结转后，损益类科目月末无余额；“本年利润”科目的贷方余额表示年度内累计实现的净利润，借方余额表示年度内累计发生的净亏损。

(2) 表结法。表结法是指各月月末不结转本年利润，只有在年末时才将各损益类科目余额转入“本年利润”。表结法各损益类科目的月末余额表示自年初累计实现的收入或发生的费用，“本年利润”科目1—11月不作任何记录。12月末结转本年利润，借记所有收入类科目，贷记“本年利润”科目；借记“本年利润”科目，贷记所有成本、费用类科目。年末，损益类科目没有余额；“本年利润”科目若为贷方余额，表示全年累计实现的净利润，若为借方余额，表示全年累计发生的净亏损。

一般来说，如果所得税费用采用分月结转方式，本年利润的结转既可以采用账结法也可以采用表结法；如果所得税费用采用年末一次结转方式，由于平时不结转所得税费用，费用构成不完整，只宜采用表结法。

【例7-17】

英迪公司采用表结法结转本年利润，20×4年12月，各损益类账户余额如下：

账户名称	账户余额
主营业务收入	2 000 000（贷）

主营业务成本　1 000 000（借）
营业税金及附加　60 000（借）
管理费用　45 000（借）
销售费用　21 000（借）
财务费用　14 000（借）
其他业务收入　50 000（贷）
其他业务成本　40 000（借）
投资收益　35 000（贷）
营业外收入　25 000（贷）
营业外支出　2 000（借）
所得税费用　232 000（借）

根据上述资料，该公司账务处理如下：

(1) 将各收益类账户余额转入“本年利润”科目

借：主营业务收入　2 000 000
　　其他业务收入　50 000
　　投资收益　35 000
　　营业外收入　25 000
　贷：本年利润　2 110 000

(2) 将各成本、费用类账户余额转入“本年利润”科目

借：本年利润　1 414 000
　贷：主营业务成本　1 000 000
　　　其他业务成本　40 000
　　　营业税金及附加　60 000
　　　管理费用　45 000
　　　销售费用　21 000
　　　财务费用　14 000
　　　营业外支出　2 000
　　　所得税费用　232 000

通过上述结转，“本年利润”科目的贷方余额为 696 000 元，即小企业本年实现的净利润。

二、利润分配的核算

小企业应当设置“利润分配”科目，核算小企业利润的分配（或亏损的弥

补）和历年分配（或弥补亏损）后的积存余额。

为完整反映小企业的利润分配情况，“利润分配”科目应设置“提取法定盈余公积”、“提取任意盈余公积”、“应付现金股利或利润”、“盈余公积补亏”、“未分配利润”等明细科目。

公司制小企业按规定从净利润中提取盈余公积时，应借记“利润分配——提取法定盈余公积”、“利润分配——提取任意盈余公积”科目，贷记“盈余公积——法定盈余公积”、“盈余公积——任意盈余公积”科目。

外商投资小企业按照规定提取的储备基金、企业发展基金、职工奖励及福利基金，借记“利润分配——提取储备基金”、“利润分配——提取企业发展基金”、“利润分配——提取职工奖励及福利基金”科目，贷记“盈余公积——储备基金”、“盈余公积——企业发展基金”、“应付职工薪酬”科目。

小企业在年度终了实施利润分配并作相应的账务处理后，将“本年利润”科目的本年累计余额转入“利润分配——未分配利润”科目、将“利润分配”科目下的各有关明细科目的余额转入“利润分配——未分配利润”科目。这样结转后，除“利润分配——未分配利润”明细科目外，“利润分配”科目的其他明细科目在年末应当无余额。“未分配利润”明细科目如为贷方余额，反映小企业历年积存的尚未分配的利润；如为借方余额，则反映小企业累积未弥补的亏损。

【例7-18】

英迪公司20×3年年初未分配利润为800 000元，本年实现净利润2 496 000元，公司按本年实现利润的10%提取法定盈余公积，并向投资者分配利润1 500 000元。

根据上述资料，该公司账务处理如下：

（1）结转本年利润

借：本年利润　　2 496 000

　　贷：利润分配——未分配利润　　2 496 000

（2）提取法定盈余公积

借：利润分配——提取法定盈余公积　　249 600

　　贷：盈余公积　　249 600

（3）分配股利

借：利润分配——应付利润　　1 500 000

　　贷：应付利润　　1 500 000

（4）结转利润分配科目所属的明细科目

借：利润分配——未分配利润　　1 749 600

　　贷：利润分配——提取法定盈余公积　　249 600

　　　　　　　　——应付利润　　1 500 000

CHAPTER

8 第八章 外币业务

第一节　外币业务概述

小企业的外币业务由外币交易和外币财务报表折算构成。

一、外币交易

外币交易通常是指企业以记账本位币以外的其他货币进行的款项收付、往来结算和计价等交易事项。小企业的外币交易包括：买入或者卖出以外币计价的商品或者劳务、借入或者借出外币资金和其他以外币计价或者结算的交易。

外币交易的关键是以外币计价的交易，是记账本位币以外的其他货币计价的交易。外币交易是相对于某一特定小企业而言的，如以人民币作为记账本位币的我国小企业与以美元作为记账本位币的美国企业之间的商品购销业务，如果是以人民币作为计价和结算的货币单位，则这一交易对于我国小企业就不属于外币交易的范围。反之，该项交易如果是以美元作为计价和结算的货币单位，则这一交易对于我国小企业则属于外币交易的范围。

二、外币折算汇率

（一）外币与外汇

外币是指小企业记账本位币以外的货币。记账本位币，是指小企业经营所处的主要经济环境中的货币。外汇是指以外币表示的可以用作国际清偿的支付手段和资产。外汇包括外币，外币是外汇的一部分。根据我国外汇管理条例的有关规定，外汇具体包括以下内容：

(1) 外国货币，包括纸币、铸币；

(2) 外币支付凭证，包括票据、银行存款凭证、邮政储蓄凭证等；

(3) 外币有价证券，包括政府债券、公司债券、股票等；

(4) 其他外汇资产。

至于黄金，由于可以作为国际支付手段，执行世界货币的职能，在世界上的许多国家，也将黄金列入外汇的范畴。

(二) 汇率

汇率即外汇汇率（又称汇价），是指一个国家的货币兑换为另一个国家货币所使用的比率。对一个国家来说，汇率的变化是经常的，它受许多因素的影响，既有政治因素，也有经济因素。汇率有以下两种标价方法：

1. 直接标价法

直接标价法是指以一定数量的外国货币来表示可兑换多少本国货币的金额作为计价标准的汇率。目前世界上大多数国家（包括我国在内）均采用直接标价法。例如，以我国人民币为本国货币，美元为外币，则：1美元＝6.4元人民币。

直接标价法下，外国货币的数额固定不变，本国货币的数额随外国货币和本国货币的币值对比情况发生变化。在这种方法下，汇率和本国币值成反比例变化。

2. 间接标价法

间接标价法是指以一定数量的本国货币表示可兑换多少外国货币的金额作为计价标准的汇率。例如，同样以我国人民币为本国货币，美元为外币，则：1美元＝0.156 3人民币。

间接标价法下，本国货币的数额固定不变，外国货币的数额随外国货币和本国货币的币值对比情况发生变化。在这种方法下，汇率和本国币值成正比例变化。

(三) 汇率的种类

汇率按不同的分类标准具有不同的分类，主要包括以下几种。

1. 按照汇率体现的具体时间，分为现行汇率和历史汇率

(1) 现行汇率。现行汇率是指企业发生涉及外币经济业务的即期汇率。

(2) 历史汇率。历史汇率是指企业以前涉及外币经济业务发生时的汇率。

现行汇率和历史汇率是相对的，前一交易日的即期汇率相对于当日来说是历史汇率，当日的现行汇率相对于次日来说又是历史汇率。

2. 按汇率记入账中的时间，分为记账汇率和账面汇率

（1）记账汇率。记账汇率是指企业发生外币经济业务进行会计账务处理所采用的汇率。

（2）账面汇率。账面汇率是指企业以往发生的外币业务登记入账时所采用的汇率，即过去的记账汇率，亦称历史汇率。

3. 按外汇买卖成交期的不同，分为即期汇率和当期平均汇率

（1）即期汇率。即期汇率是交易双方达成外汇买卖协议后，在两个工作日以内办理交割的汇率。通常是指中国人民银行公布的当日人民币外汇牌价的中间价。

（2）当期平均汇率。当期平均汇率是指交易当期期初汇率和期末汇率加权平均的汇率，反映外币汇率当期的平均水平。

三、外币财务报表折算

外币财务报表折算是指将以外币表示的财务报表换算为以记账本位币表示的财务报表。《小企业会计准则》规定，业务收支以人民币以外的货币为主的小企业，可以选定其中一种货币作为记账本位币，但编报的财务报表应当折算为人民币财务报表。

小企业外币财务报表折算主要涉及采用何种汇率对外币财务报表项目的数据进行折算的问题。采用不同的汇率折算形成了不同的外币财务报表折算方法，如可以将全部报表项目按一个统一的汇率折算，也可以根据报表项目的不同性质采用不同的汇率折算。从简化要求出发，小企业采用全部报表项目按一个统一汇率折算的方法。

第二节 外币交易的核算

一、外币交易的记账方法

（一）外币账户的设置

小企业外币交易的核算，应当设置相应的外币账户。外币账户具体包括外币库存现金账户、外币银行存款账户以及以外币结算的债权和债务账户。其中，以外币结算的债权账户包括“应收账款”、“应收票据”和“预付账款”等；以外币结算的债务账户包括“短期借款”、“长期借款”、“应付账款”、“应付票据”、“应付职工薪酬”、“预收账款”等。不允许开立现汇账户

的小企业，可以设置外币库存现金和外币银行存款以外的其他外币结算账户。

（二）外币统账制与外币分账制

外币交易的记账方法有外币统账制和外币分账制两种。外币统账制是指小企业在发生外币业务时必须及时折算为记账本位币入账，并以此编制财务报表；外币分账制是指小企业对外币业务在日常核算时按照外币原价记账，分别不同的币种核算其所实现的损益和编制各种货币币种的财务报表，再在资产负债表日一次性地将外币财务报表折算为记账本位币表示的财务报表，并与记账本位币业务编制的财务报表进行汇总，编制企业整体业务的财务报表。从我国目前的情况来看，绝大多数企业采用外币统账制核算其外币业务，只有银行等少数金融企业由于外币收支频繁而采用外币分账制核算其外币业务。

二、外币交易核算的基本内容

小企业发生外币交易时，在外币统账制下，将有关外币金额折算为记账本位币金额记账以选择的折算汇率为基础，会计核算的基本内容为：在外币业务发生时外币金额折算为人民币及其相关的账务处理；外币业务引起的外币债权债务因即期汇率变动所产生的外币折算差额的账务处理等。

（一）外币交易初始确认

小企业外币交易发生时，应根据一定的折算汇率，将外币金额折算为记账本位币金额，按照折算后的记账本位币金额登记有关账户；在登记有关记账本位币账户的同时，按照外币金额登记相应的外币账户。根据规定，小企业外币交易在初始确认时，采用交易发生日的即期汇率将外币金额折算为记账本位币金额；也可以采用交易当期平均汇率折算。

（二）期末外币折算差额的处理

小企业在资产负债表日，应当按照下列规定对外币货币性项目和外币非货币性项目进行会计处理。

1. 外币货币性项目

外币货币性项目，采用资产负债表日的即期汇率折算。因资产负债表日即期汇率与初始确认时或者前一资产负债表日即期汇率不同而产生的汇兑差额，计入当期损益。

货币性项目是指小企业持有的货币资金和将以固定或可确定的金额收取的资产或者偿付的负债。货币性项目分为货币性资产和货币性负债。货币性资产包括：库存现金、银行存款、应收账款、其他应收款等；货币性负债包括：短期借款、应付账款、其他应付款、长期借款、长期应付款等。

2. 外币非货币性项目

以历史成本计量的外币非货币性项目，仍采用交易发生日的即期汇率折算，不改变其记账本位币金额。

非货币性项目是指货币性项目以外的项目。包括：存货、长期股权投资、固定资产、无形资产等。

三、外币交易的日常核算

（一）外币兑换交易的核算

外币兑换交易是指小企业从银行等金融机构购入外币或向银行等金融机构卖出外币的交易。

小企业购入外币则是银行卖出外币。小企业从银行购入外币一般是按照外币卖出价购买的，因此，在会计核算中对付出的记账本位币的数额是按照外币卖出价折算的。小企业卖出外币是银行购入外汇，小企业向银行卖出外币一般是按照银行外币买入价计算的，因此，在会计核算中对收入的记账本位币的数额是按照银行外币买入价折算的。

1. 买入外币

小企业买入外币时，一方面将实际付出的记账本位币的数额（即按照外汇卖出价计算的记账本位币的数额）登记入账；另一方面按照当日的即期汇率或当期平均汇率将买入的外币折算为记账本位币，并将其登记入账；同时按照买入的外币金额登记相应的外币账户。实际付出的记账本位币的数额与收入的外币按照当日即期汇率折算为记账本位币数额之间的差额，则作为当期汇兑损益处理。

【例8-1】

捷成公司20×3年8月10日因外汇支付需要，从银行购入10 000美元，当日银行美元卖出价为1美元＝6.40元人民币。该公司采用交易发生时的即期汇率折算（下同）。当日即期汇率为1美元＝6.35元人民币。此时，该公司在对美元存款账户登记增加记录的同时，按照当日的即期汇率折算为人民币对相应的银行存款人民币账户登记增加记录。账务处理如下：

借：银行存款——美元户（10 000×6.35）　　63 500

　　财务费用　　500

　贷：银行存款——人民币户（10 000×6.40）　　64 000

2. 卖出外币

小企业卖出外币时，一方面将实际收入的记账本位币的数额（即按照外币买入价计算的记账本位币的数额）登记入账；另一方面按照当日的即期汇率或当期平均汇率将卖出的外币折算为记账本位币，并将其登记入账；同时按照卖出的外币金额登记相应的外币账户。实际收入的记账本位币的数额，与付出的外币按照当日即期汇率折算为记账本位币数额之间的差额，则作为当期汇兑损益处理。

【例8-2】

捷成公司20×3年12月1日将50 000美元到银行兑换为人民币，当日的银行美元买入价为1美元＝6.30元人民币，该日的即期汇率为1美元＝6.35元人民币。此时，该企业应对银行存款美元账户登记减少额的同时，按照当日的即期汇率将售出的美元折算为人民币，对相应的银行存款人民币账户登记减少额，应作账务处理如下：

借：银行存款——人民币户（50 000×6.30）　　315 000
　　财务费用　　2 500
　贷：银行存款——美元户（50 000×6.35）　　317 500

（二）外币购销业务的核算

（1）小企业从国外或境外购进原材料、商品或引进设备，在以外币进行结算时，应当按照当日即期汇率或当期平均汇率将支付的外汇或应支付的外汇折算为人民币记账，以确定购入原材料等货物的入账价值和发生债务的入账价值，同时还应按照外币的金额登记有关外币账户，如外币银行存款账户和外币应付账款账户等。

【例8-3】

捷成公司20×3年9月1日从境外购入一批工业原料，价款为250 000美元，购入该商品当日即期汇率为1美元＝6.40元人民币，款项尚未支付。该批材料的进口关税50 000元及增值税280 500元以银行存款支付。

根据上述资料，该公司账务处理如下：

借：原材料　　1 650 000
　　应交税费——应交增值税（进项税额）　　280 500
　贷：应付账款——美元户（250 000×6.40）　　1 600 000
　　　银行存款　　330 500

【例 8-4】

捷成公司 20×4 年 1 月 21 日从国外进口配件 500 件，每件价格为 40 美元，当日即期汇率为 1 美元＝6.40 元人民币，进口关税为 32 000 元人民币，支付进口增值税 28 220 元人民币，货款尚未支付，进口关税及增值税由银行存款支付。

根据上述资料，该公司账务处理如下：

取得成本为 160 000 元人民币（500×40×6.40＋32 000）。

借：原材料	160 000
应交税费——应交增值税（进项税额）	36 040
贷：应付账款——美元户（500×40×6.40）	128 000
银行存款	68 040

（2）小企业对外销售商品时，应当按照当日即期汇率或当期平均汇率将外币销售收入折算为人民币入账；同时对于销售应取得的外币款项或发生的应收债权，在按照折算为人民币的金额确认入账的同时，还应按照外币的金额登记有关外币账户，如外币银行存款账户和外币应付账款账户等。

【例 8-5】

捷成公司本期销售商品一批，销售合同规定的销售价格为 300 000 美元，当日的即期汇率为 1 美元＝6.40 元人民币，货款尚未收到。

根据上述资料，该公司账务处理如下：

借：应收账款——美元户（300 000×6.40）	1 920 000
贷：主营业务收入	1 920 000

（三）外币借款业务的核算

小企业借入外币时应按照借入外币时的即期汇率或当期平均汇率折算为记账本位币入账，同时按照借入外币的金额登记相关的外币账户。

【例 8-6】

捷成公司 20×3 年 10 月 8 日从中国银行借入港币 1 500 000 元用于购买设备，期限为 6 个月，借入的外币暂存中国银行。借入时的即期汇率为 1 港元＝0.85 元人民币。

根据上述资料，该公司账务处理如下：

借入港币折算为人民币 1 275 000 元，除登记记账本位币账户外，还应按照借入的港币金额登记有关外币（港币）账户。

借：银行存款——港币户　1 275 000

　贷：短期借款——港币户　1 275 000

【例 8-7】

承上例，该公司在 6 个月后，按期向中国银行归还借入的港币 1 500 000 元，借款利息 57 375 港元，共归还本息 1 557 375 港元。归还借款时的即期汇率为 1 港元＝0.84 元人民币。

根据上述资料，该公司账务处理如下：

该公司归还中国银行港币折算为人民币 1 308 195 元，在登记记账本位币账户外，还应按照归还的港币金额登记有关外币（港币）账户。

借：短期借款——港币户　1 275 000

　　财务费用　33 195

　贷：银行存款——港币户　1 308 195

有关外币账户外币折算人民币时的差额，期末转入汇兑损益。

（四）接受外币资本投资的核算

小企业接受外币投资时，一方面应将实际收入的外币款项作为资产登记入账；另一方面应将接受的外币作为实收资本登记入账。上述两个方面都涉及采用何种汇率对其进行折算的问题。根据规定，小企业收到投资者以外币投入的资本，应当采用交易发生日即期汇率折算，不得采用合同约定汇率和交易当期平均汇率折算。

【例 8-8】

捷成公司收到作为资本投资者之一的外商投入的资本 400 000 美元，收到款项时的即期汇率为 1 美元＝6.35 元人民币。

根据上述资料，该公司账务处理如下：

借：银行存款——美元户（400 000×6.35）　2 540 000

　贷：实收资本（400 000×6.35）　2 540 000

四、期末汇兑损益的计算和调整

汇兑损益是在持有外币货币性资产和负债期间，由于外币汇率变动而引起的外币货币性资产或负债的价值发生变动而产生的损益。外币货币性资产

（如外币银行存款、应收账款）在持有期间外币汇率上升时，使企业产生汇兑收益；在外币汇率下降时，使企业产生汇兑损失。这是因为在外币金额既定的情况下，外币汇率上升，外币货币性资产可兑换较期初更多的记账本位币；而外币汇率下降则意味着兑换较少的记账本位币。外币货币性负债在持有期间外币汇率上升时，会产生汇兑损失；在外币汇率下降时，会产生汇兑收益。

按照规定，小企业在资产负债表日，应当按照下列规定对外币货币性项目和外币非货币性项目进行会计处理：

（1）外币货币性项目，采用资产负债表日的即期汇率折算。因资产负债表日即期汇率与初始确认时或者前一资产负债表日即期汇率不同而产生的汇兑差额，计入当期损益，如银行存款、应收账款、应付账款等。

（2）以历史成本计量的外币非货币性项目，仍采用交易发生日的即期汇率折算，不改变其记账本位币金额，如存货、固定资产等。

【例8-9】

捷成公司外币业务采用交易发生时的即期汇率进行折算，并按月计算汇兑损益。该公司20×3年11月30日即期汇率为1美元＝6.42元人民币，该日有关外币账户期末余额如表8-1所示。

表8-1

项目	外币账户金额（美元）	即期汇率	计账本位币金额（人民币元）
银行存款	200 000	6.42	1 248 000
应收账款	100 000	6.42	642 000
应付账款	50 000	6.42	321 000

该公司12月份发生如下外币业务（为便于理解，本例中有关税费略）：

（1）12月8日销售产品一批，售价200 000美元，当日的即期汇率为1美元＝6.40元人民币，款项尚未收到。

（2）12月10日从银行借入短期外币借款180 000美元，款项存入银行，当日即期汇率为1美元＝6.35元人民币。

（3）12月12日从国外进口材料一批，价款共计220 000美元，款项由外币存款支付，当日即期汇率为1美元＝6.38元人民币。

（4）12月18日赊购五金配件一批，价款共计160 000美元，款项尚未支付，当日即期汇率为1美元＝6.35元人民币。

(5) 12月20日收到上月赊销货款100 000美元，当日即期汇率为1美元＝6.37元人民币。

(6) 12月31日偿还借入的短期外币借款180 000美元，并支付借款利息1 000美元，当日即期汇率为1美元＝6.35元人民币。

根据上述资料，该公司账务处理如下：

第一，日常账务处理。

(1) 12月8日，该企业对外赊销的销售收入应按当日的即期汇率折算为人民币入账，并确认相应的债权；同时按照美元数登记外币应收账款账户。

借：应收账款——美元户（200 000×6.40）　　1 280 000

　贷：主营业务收入　　1 280 000

(2) 12月10日，该企业借入的外币按照当日的即期汇率折算入账，并按美元数登记外币银行存款账户。

借：银行存款——美元户（180 000×6.35）　　1 143 000

　贷：短期借款——美元户（180 000×6.35）　　1 143 000

(3) 12月12日，该企业支付的美元货款按照当日即期汇率折算的数额登记银行存款及其相应的外币存款账户，同时将采购的商品登记入账。

借：原材料　　1 403 600

　贷：银行存款——美元户（220 000×6.38）　　1 403 600

(4) 12月18日，该企业应付的美元货款按照当日即期汇率折算的数额登记应付账款及其相应的外币应付账款账户，同时将采购的商品登记入账。

借：原材料　　1 016 000

　贷：应付账款——美元户（160 000×6.35）　　1 016 000

(5) 12月20日，该企业按照当日即期汇率将收到的外币款项登记入账，并按照美元数登记银行存款及应收账款外币账户。

借：银行存款——美元户（100 000×6.37）　　835 000

　贷：应收账款——美元户（100 000×6.37）　　835 000

(6) 12月31日，该企业按照当日汇率将偿还的美元数折算为人民币，登记短期借款和银行存款账户，同时按照美元数登记短期借款和银行存款外币账户。

借：短期借款——美元户（180 000×6.35）　　1 143 000

　　财务费用（1 000×6.35）　　6 350

　贷：银行存款——美元户（181 000×6.35）　　1 149 350

第二，期末汇兑损益的计算。

（1）应收账款账户汇兑损益＝200 000×6.35 －[(100 000×6.4 2 ＋200 000×6.40)－100 000×6.37]
＝－15 000（元）

（2）应付账款汇兑损益＝210 000×6.35－(50 000×6.42＋160 000×6.35)
＝－3 500（元）

（3）银行存款账户汇兑损益＝79 000×6.35－[(200 000×6.42＋180 000 ×6.35＋100 000×6.37)－(220 000×6.38 ＋181 000×6.35)]
＝－9 400（元）

（4）短期借款账户汇兑损益＝180 000×6.35 －180 000×6.35 ＝0（元）

该企业 12 月份汇兑损益＝－15 000＋(－9 400)－(－3 500)－0
＝－20 900（元）

第三，期末汇兑损益的账务处理。

借：应付账款　3 500

　　财务费用　20 900

　贷：应收账款　15 000

　　　银行存款　9 400

12 月 31 日编制财务报表时有关科目外币账户和记账本位币账户余额如表 8-2 所示。

表 8-2

项目	外币账户金额（美元）	汇率	记账本位币账户金额（人民币元）
银行存款	79 000	6.35	501 650
应收账款	200 000	6.35	1 270 000
短期借款	0	6.35	0
应付账款	210 000	6.35	1 333 500

第三节　外币财务报表折算

小企业外币财务报表折算是对已按外币计量的既定价值改用记账本位币重新表述，而不改变计量项目的属性。通过规定的折算方法对财务报表项目进行折算，改变原财务报表特定的表述形式，提供特种财务报表，反映小企业从事经营的主要通货（它的功能货币）所计量的财务状况、经营成果和现金流量，以满足小企业的投资者、债权人和及有关部门了解其财务状况和经营成果的需要。

外币报表折算方法有现行汇率法、区分流动性项目与非流动项目法、区分货币性项目与非货币项目法以及时态法等。根据规定，小企业对外币财务报表进行折算时，应当采用资产负债表日的即期汇率对外币资产负债表、利润表和现金流量表的所有项目进行折算。

【例 8-10】

捷成公司公司财务报表编报货币为美元，根据要求进行财务报表折算。假设 20×4 年 12 月 31 日的即期汇率为 1 美元＝6.40 元人民币。

根据上述资料，该公司财务报表及折算后的财务报表如表 8-3～表 8-5 所示。

表 8-3 利润表

编制单位：捷成公司　20×2 年　单位：元

项　目	行次	本年累计金额（美元）	折算汇率	折算为人民币金额
一、营业收入	1	898 781.25	6.40	5 752 200.00
减：营业成本	2	357 890.63	6.40	2 290 500.00
营业税金及附加	3	12 967.22	6.40	82 990.20
销售费用	11	224 250.00	6.40	1 435 200.00
管理费用	14	153 281.25	6.40	981 000.00
财务费用	18	66 328.12	6.40	424 500.00
加：投资收益（损失以“—”号填列）	20	13 664.06	6.40	87 450.00
二、营业利润（亏损以“—”号填列）	21	97 728.09	6.40	625 459.80
加：营业外收入	22	23 437.50	6.40	150 000.00
减：营业外支出	24	13 921.87	6.40	89 100.00
三、利润总额（亏损总额以“—”号填列）	30	107 243.72	6.40	686 359.80
减：所得税费用	31	30 726.60	6.40	196 650.24
四、净利润（净亏损以“—”号填列）	32	76 517.12	6.40	489 709.56

表 8-4

资产负债表

编制单位：捷成公司　　　　20×2 年 12 月 31 日　　　　单位：元

资产	行次	期末余额（美元）	折算汇率	折算为人民币金额	负债和所有者权益	行次	期末余额（美元）	折算汇率	折算为人民币金额
流动资产：					流动负债：				
货币资金	1	683 083. 41	6. 40	4 371 733. 80	短期借款	31	23 437. 50	6. 40	150 000. 00
短期投资	2	6 562. 50	6. 40	42 000. 00	应付票据	32	47 187. 50	6. 40	302 000. 00
应收票据	3	21 718. 75	6. 40	139 000. 00	应付账款	33	311 156. 25	6. 40	1 991 400. 00
应收账款	4	280 406. 25	6. 40	1 794 600. 00	预收账款	34	15 625. 00	6. 40	100 000. 00
预付账款	5		6. 40		应付职工薪酬	35	84 375. 00	6. 40	540 000. 00
应收股利	6		6. 40		应交税费	36	－3 418. 09	6. 40	－21 875. 77
应收利息	7	468. 75	6. 40	3 000. 00	应付利息	37			
其他应收款	8	32 835. 94	6. 40	210 150. 00	应付利润	38	31 250. 00	6. 40	200 000. 00
存货	9	1 034 492. 18	6. 40	6 620 750. 00	其他应付款	39	6 250. 00	6. 40	40 000. 00
其他流动资产	14	7 812. 50		50 000. 00	其他流动负债	40			
流动资产合计	15	2 067 380. 28		13 231 233. 80	流动负债合计	41	515 863. 16		3 301 524. 23
非流动资产：					非流动负债：				
长期债券投资	16	39 062. 50	6. 40	250 000. 00	长期借款	42	482 812. 50	6. 40	3 090 000. 00
长期股权投资	17	68 437. 50	6. 40	438 000. 00	长期应付款	43		6. 40	

续表

资产	行次	期末余额（美元）	折算汇率	折算为人民币金额	负债和所有者权益	行次	期末余额（美元）	折算汇率	折算为人民币金额
固定资产原价	18	1 125 468.75	6.40	7 203 000.00	递延收益	44		6.40	
减：累计折旧	19	124 218.75	6.40	795 000.00	其他非流动负债	45		6.40	
固定资产账面价值	20	1 001 250.00	6.40	6 408 000.00	非流动负债合计	46	482 812.50	6.40	3 090 000.00
在建工程	21	145 937.50	6.40	934 000.00	负债合计	47	998 675.66		6 391 524.23
工程物资	22	70 312.50	6.40	450 000.00					
固定资产清理	23								
生产性生物资产	24				所有者权益（或股东权益）：				
无形资产	25	117 187.50	6.40	750 000.00	实收资本（或股本）		2 371 875.00	6.40	15 180 000.00
开发支出	26				资本公积		23 437.50	6.40	150 000.00
长期待摊费用	27				盈余公积		81 790.07	6.40	523 456.44
其他非流动资产	28				未分配利润		33 789.55	6.40	216 253.13
非流动资产合计	29	1 442 187.50	6.40	9 230 000.00	所有者权益（或股东权益）合计		2 510 892.12		16 069 709.57
资产总计	30	3 509 567.78		22 461 233.80	负债和所有者权益（或股东权益）总计		3 509 567.78		22 461 233.80

表 8-5　　　　　　　　　　　　**现金流量表**

编制单位：捷成公司　　　　　　20×2 年　　　　　　　　单位：元

项目	行次	本年累计金额（美元）	折算汇率	折算为人民币金额
一、经营活动产生的现金流量：				
销售产成品、商品、提供劳务收到的现金	1	995 636.56	6.40	6 372 074.00
收到其他与经营活动有关的现金	2			
购买原材料、商品、接受劳务支付的现金	3	309 171.55	6.40	1 978 698.00
支付的职工薪酬	4	140 625.00	6.40	900 000.00
支付的税费	5	166 858.16	6.40	1 067 892.2
支付其他与经营活动有关的现金	6	29 296.88	6.40	187 500.00
经营活动产生的现金流量净额	7	349 684.97	6.40	2 237 983.80
二、投资活动产生的现金流量：				
收回短期投资、长期债券投资和长期股权投资收到的现金	8			
取得投资收益收到的现金	9	14 132.81	6.40	90 450.00
处置固定资产、无形资产和其他非流动资产收回的现金净额	10	133 734.38	6.40	855 900.00
短期投资、长期债券投资和长期股权投资支付的现量	11			
购建固定资产、无形资产和其他非流动资产支付的现金	12	211 406.25	6.40	1 353 000.00
投资活动产生的现金流量净额	13	－63 539.06		－406 650.00
三、筹资活动产生的现金流量：				
取得借款收到的现金	14	125 000.00	6.40	800 000.00
吸收投资者投资收到的现金	15			
偿还借款本金支付的现金	16	585 937.50	6.40	3 750 000.00
偿还借款利息支付的现金	17			
分配利润支付的现金	18	5 859.38	6.40	37 500.00
筹资活动产生的现金流量净额	19	－466 796.88	6.40	－2 987 500.00
四、现金净增加额	20	－180 650.97		－1 156 166.20
加：期初现金余额	21	863 734.38	6.40	5 527 900.00
五、期末现金余额	22	683 083.41	6.40	4 371 733.80

CHAPTER

9 第九章 财务报表

第一节 财务报表概述

一、财务报表的意义

财务报表，是指对小企业财务状况、经营成果和现金流量的结构性表述。

财务报表作为会计信息的载体，是财务会计确认和计量的最终成果，是小企业向外部会计信息使用者提供会计信息的重要途径和方法。在日常的会计管理活动中，小企业将发生的每项经济业务，运用复式记账等专门方法，根据会计凭证连续、系统地记入账簿。但是，这些日常核算资料分散在账簿上，有关项目之间缺少互相联系，不能集中地揭示和反映小企业在一定期间经营活动过程及结果的全貌。因此，对日常的核算资料进行加工整理，编制成财务报表，向包括投资者、债权人、政府及其有关部门和社会公众等财务报表使用者提供与小企业财务状况、经营成果和现金流量等有关的会计信息，反映小企业管理层受托责任履行情况，有助于财务报表使用者做出经济决策。

1. 小企业财务报表为投资者的投资决策提供必要的信息资料

小企业的投资者利用财务报表提供的信息资料，了解和掌握小企业的财务状况、盈利能力，为获取更高的投资报酬和规避投资风险做出正确的投资决策。投资者将其资产委托给小企业的经营者，为维护其在企业的利益，通过财务报表揭示企业资产的完整性、资本的保全与增值等信息，反映经营者对经济资源的经营效果，从而对受托资产经营责任的履行情况作出正确的评价。

2. 小企业财务报表为债权人的信贷和赊销的决策提供必要的信息资料

小企业的债权人利用财务报表提供的信息资料，了解和掌握小企业的资金运转情况、偿债能力和支付能力，以作出正确的信贷和赊销的决策。

3. 小企业财务报表为企业内部经营管理者的经营管理决策提供必要的信息资料

小企业的经营管理者利用财务报表提供的信息资料，了解和掌握本企业的财务状况、成本状况、经营状况以及经营管理活动过程及结果等方面的数据资料，以不断改善企业运营的效率和效果，提高企业的经济效益，维护企业生产经营活动的良性循环。

4. 小企业财务报表为财政、工商、税务等行政管理部门实施管理和监督提供必要的信息资料

财政、工商、税务等行政管理部门，依据有关的法律制度和财务报表提供必要的数据资料，监督和检查企业的资金使用情况、利润形成和分配情况、税金计算和解缴情况；监督和检查单位财经纪律的遵守情况，以维护经济秩序。

5. 小企业财务报表可以满足许多其他使用者的需要

小企业财务报表可以满足企业的职工及工会组织等许多其他使用者的需要，企业的职工及工会组织等许多其他使用者利用财务报表提供的数据资料评价薪酬的合理性，评估就业情况，以更好地参与企业的经营管理活动，为本企业的生存和发展做出积极的贡献。

二、财务报表的构成

小企业的财务报表包括资产负债表、利润表、现金流量表及其附注。财务报表的构成如表 9-1 所示。

表 9-1　小企业财务报表种类和格式

<table>
<tr><td rowspan="4">报表</td><td colspan="2">编号</td><td>报表名称</td><td>编报期</td></tr>
<tr><td colspan="2">会小企 01 表</td><td>资产负债表</td><td>月报、年报</td></tr>
<tr><td colspan="2">会小企 02 表</td><td>利润表</td><td>月报、年报</td></tr>
<tr><td colspan="2">会小企 03 表</td><td>现金流量表</td><td>月报、年报</td></tr>
<tr><td rowspan="5">附注</td><td rowspan="4">附表</td><td colspan="2">编号</td><td>附表名称</td></tr>
<tr><td colspan="2">会小企 01 表附表 1</td><td>应付职工薪酬明细表</td></tr>
<tr><td colspan="2">会小企 01 表附表 2</td><td>应交税费明细表</td></tr>
<tr><td colspan="2">会小企 01 表附表 3</td><td>利润分配表</td></tr>
<tr><td colspan="4">说明</td></tr>
</table>

（一）资产负债表、利润表、现金流量表

资产负债表、利润表、现金流量表三张报表是以会计账簿记录和有关资料为依据，按照准则规定的报表格式，全面、系统地反映小企业财务状况、经营

成果和现金流量的一种报告文件，是财务报表的核心内容。

1. 资产负债表

资产负债表，是反映小企业在某一特定日期的财务状况的报表。资产负债表以“资产＝负债＋所有者权益”的会计等式为基础进行编制，反映小企业在某一特定日期的资产、负债及所有者权益的状况。

（1）资产负债表反映了小企业的资产总额及其构成状况，具体提供了小企业所拥有或控制的经济资源的数量及其分布情况。财务报表使用者可以据此了解、掌握有关小企业资产的数量和结构等方面的信息，评价小企业的经营规模、经营实力、发展能力，并通过分析小企业资产分布的合理性，对小企业资产的流动性做出正确的判断。

（2）资产负债表反映了小企业的权益总额及其构成状况，具体提供了小企业资金来源渠道及其负债及所有者权益的构成比例。财务报表使用者可以据此了解、掌握小企业目前与未来需要偿还的债务数额、投资者在小企业资产总额中所占的份额等方面的信息，并通过分析小企业资本结构的合理性，对可能面临的财务风险做出正确的判断。

（3）资产负债表反映了小企业资产、负债和所有者权益的总体状况及发展趋势，具体提供了小企业一定日期资产、负债和所有者权益的总括资料。财务报表使用者可以据此全面了解、掌握小企业的财务状况，并通过不同时期相关指标的对比，判断小企业财务状况的未来发展趋势。

2. 利润表

利润表，是反映小企业在一定会计期间的经营成果的报表。利润表以“利润＝收入－费用”的会计等式为基础进行编制，在权责发生制核算基础下，将一定时期的收入与费用进行配比，反映小企业在一定时期的利润或亏损。

小企业利润表是小企业经营业绩的综合体现，也是小企业进行利润分配的主要依据。

（1）小企业利润表反映企业在一定期间内经营活动成果和某些特定的非经营活动的收支结果，具体提供小企业的各项收入、费用及净利润（亏损）的实现及构成情况的信息。投资者可以据此分析企业的获利能力；债权人可以通过企业的获利能力状况间接地分析企业的偿债能力；管理者可以考核、分析企业利润计划的执行情况，分析评价企业的经营效益。

（2）小企业利润表反映了小企业在不同时期的收入、费用及利润的变动趋势，具体提供包括本月数、本年累计数和上年数等不同时期的比较数字，财务报表使用者可以依据这些信息分析小企业资本的保值增值情况，预测企业未来的获利能力及利润发展变动趋势。

3. 现金流量表

现金流量表，是反映小企业在一定会计期间现金流入和流出情况的报表。在小企业对外提供的三张财务报表中，现金流量表反映小企业一定期间内现金的流入和流出，表明小企业获得现金和现金等价物的能力。

（1）现金流量表可以提供小企业的现金流量信息，有利于对小企业整体财务状况作出客观评价。

（2）现金流量表能够说明小企业一定期间内现金流入和流出的原因，能全面说明小企业的偿债能力和支付能力。

（3）通过现金流量表能够分析小企业未来获取现金的能力，并可预测小企业未来财务状况的发展情况。

（二）附注

附注，是指对在资产负债表、利润表和现金流量表等报表中列示项目的文字描述或明细资料，以及对未能在这些报表中列示项目的说明等。

财务报表附注是为了便于财务报表使用者理解财务报表的内容而对资产负债表、利润表和现金流量表等报表主要项目等所作的解释。它是对财务报表的补充说明，是财务报表的重要组成部分。基于小企业财务会计核算及财务报表的局限性，小企业财务报表附注对资产负债表、利润表和现金流量表等报表不能揭示的信息予以补充，恰当、充分地揭示某些重要事项的影响，如“未决诉讼、未决仲裁以及对外提供担保所涉及的金额”的披露等，可以更好地满足对财务信息质量的要求，使财务报表的功能得以有效实现。

第二节　财务报表列报

一、财务报表列报的基础

小企业应当以持续经营为基础，根据实际发生的交易和事项，按照《小企业会计准则》的规定进行确认和计量，在此基础上编制财务报表。在编制财务报表的过程中，小企业管理层应当在考虑市场经营风险、小企业盈利能力、偿债能力、财务弹性，以及小企业管理层改变经营政策的意向等因素的基础上，对小企业的持续经营能力进行评价。如发生严重亏损的，应当在附注中披露持续经营的计划、未来经营的方案等。

二、财务报表列报的规范

财务报表列报项目的选择与省略直接影响财务报表使用者据此做出的经济决策。小企业应当根据重要性要求，将性质或功能不同的项目在财务报表中单独列报。

（一）资产负债表列报的规范

小企业资产负债表应当按照资产、负债和所有者权益三大类别分类列报。其中，资产和负债应当按照流动性分别分为流动资产和非流动资产、流动负债和非流动负债列示。在此基础上列报相关项目的合计、总计项目。

1. 资产类列示的项目

资产负债表中的资产类至少应当单独列示反映下列信息的项目：

（1）货币资金；

（2）应付及预收款项；

（3）存货；

（4）长期债券投资；

（5）长期股权投资；

（6）固定资产；

（7）生产性生物资产；

（8）无形资产；

（9）长期待摊费用。

2. 负债类列示的项目

资产负债表中的负债类至少应当单独列示反映下列信息的项目：

（1）短期借款；

（2）应付及预收款项；

（3）应付职工薪酬；

（4）应交税费；

（5）应付利息；

（6）长期借款；

（7）长期应付款。

3. 所有者权益类列示的项目

资产负债表中的所有者权益类至少应当单独列示反映下列信息的项目：

（1）实收资本；

（2）资本公积；

（3）盈余公积；

（4）未分配利润。

4. 资产负债表中的合计项目

（1）资产类应当包括流动资产和非流动资产的合计项目；

（2）负债类应当包括流动负债、非流动负债和负债的合计项目；

（3）所有者权益类应当包括所有者权益的合计项目；

（4）资产负债表应当列示资产总计项目，负债和所有者权益总计项目。

（二）利润表列报的规范

1. 费用分类要求

利润表中的费用项目应当按照功能进行分类，分为营业成本、营业税金及附加、销售费用、管理费用和财务费用等，并分别列示。

2. 利润表列示的项目

利润表至少应当单独列示反映下列信息的项目：

（1）营业收入；

（2）营业成本；

（3）营业税金及附加；

（4）销售费用；

（5）管理费用；

（6）财务费用；

（7）所得税费用；

（8）净利润。

（三）现金流量表列报的规范

1. 现金流量分类及列报要求

（1）现金流量表应当分别经营活动、投资活动和筹资活动列报现金流量。

（2）现金流量应当分别按照现金流入和现金流出总额列报。

2. 经营活动列示的项目

小企业经营活动产生的现金流量应当单独列示反映下列信息的项目：

（1）销售产成品、商品、提供劳务收到的现金；

（2）购买原材料、商品、接受劳务支付的现金；

（3）支付的职工薪酬；

（4）支付的税费。

3. 投资活动列示的项目

小企业投资活动产生的现金流量应当单独列示反映下列信息的项目：

（1）收回短期投资、长期债券投资和长期股权投资收到的现金；

（2）取得投资收益收到的现金；

(3) 处置固定资产、无形资产和其他非流动资产收回的现金净额;
(4) 短期投资、长期债券投资和长期股权投资支付的现金;
(5) 购建固定资产、无形资产和其他非流动资产支付的现金。
4. 筹资活动列示的项目
小企业筹资活动产生的现金流量应当单独列示反映下列信息的项目:
(1) 取得借款收到的现金;
(2) 吸收投资者投资收到的现金;
(3) 偿还借款本金支付的现金;
(4) 偿还借款利息支付的现金;
(5) 分配利润支付的现金。

(四) 附注列报规范

小企业财务报表附注应当按照下列顺序披露:
(1) 遵循《小企业会计准则》的声明。
(2) 短期投资、应收账款、存货、固定资产项目的说明。
(3) 应付职工薪酬、应交税费项目的说明。
(4) 利润分配的说明。
(5) 用于对外担保的资产名称、账面余额及形成的原因;未决诉讼、未决仲裁以及对外提供担保所涉及的金额。
(6) 发生严重亏损的,应当披露持续经营的计划、未来经营的方案。
(7) 对已在资产负债表和利润表中列示项目与企业所得税法规定存在差异的纳税调整过程。
(8) 其他需要在附注中说明的事项。

第三节 财务报表编制

一、财务报表编制的要求

小企业应按照《小企业会计准则》等规定,对外提供真实、完整的财务报表。

(一) 真实性要求

小企业财务报表是评价其经营过程及结果的重要依据,财务报表的数字必须真实可靠,如实反映小企业在一定时期内经营活动过程和结果。切忌匡算估计,伪造会计数据,编报不真实的财务报表。虚假的财务报表资料,不仅不能发挥财务报表的作用，相反，还会使财务报表的使用者对小企业财务状况和经营业绩做出错误判断，从而导致决策失误。

（二）完整性要求

财务报表要按照规定的格式和内容编制，凡是《小企业会计准则》规定要求提供的财务报表，必须按照规定的要求编报，不得漏编漏报。小企业某些重要的会计事项，应当在财务报表附注中进行说明。

（三）合规性要求

小企业编制的财务报表不得违反规定，随意改变财务财务报表的编制基础、编制依据和方法，不得随意改变《小企业会计准则》规定的财务报表列报项目等。

二、资产负债表的编制

（一）资产负债表的格式和内容

1. 资产负债表的格式

小企业资产负债表由表头、正表两部分构成。

（1）表头。表头部分包括资产负债表的名称、编号、编制单位、编表时间和金额单位等内容。

（2）正表。正表部分是资产负债表的主体，由说明小企业资产、负债和所有者权益三个会计要素的具体项目和指标组成。而资产负债表各个项目是按一定的标准进行分类、并按一定的顺序加以排列的。其中，资产、负债按照其流动性的大小排列，所有者权益则按所有者权益来源的性质排列。

根据《小企业会计准则》规定，小企业的资产负债表采用账户式结构。资产项目列示在报表的左方，负债和所有者权益项目列示在报表的右方，左方资产总额等于右方负债和所有者权益总额之和。资产负债表的格式如表 9-2 所示。

表 9-2　　　　资产负债表

会小企 01 表

编制单位：　　　　年　　月　　日　　　　单位：元

资产	行次	期末余额	年初余额	负债和所有者权益	行次	期末余额	年初余额
流动资产：				流动负债：			
货币资金	1			短期借款	31		
短期投资	2			应付票据	32		

续表

资产	行次	期末余额	年初余额	负债和所有者权益	行次	期末余额	年初余额
应收票据	3			应付账款	33		
应收账款	4			预收账款	34		
预付账款	5			应付职工薪酬	35		
应收股利	6			应交税费	36		
应收利息	7			应付利息	37		
其他应收款	8			应付利润	38		
存货	9			其他应付款	39		
其中：原材料	10			其他流动负债	40		
在产品	11			流动负债合计	41		
库存商品	12			非流动负债：			
周转材料	13			长期借款	42		
其他流动资产	14			长期应付款	43		
流动资产合计	15			递延收益	44		
非流动资产：				其他非流动负债	45		
长期债券投资	16			非流动负债合计	46		
长期股权投资	17			负债合计	47		
固定资产原价	18						
减：累计折旧	19						
固定资产账面价值	20						
在建工程	21						
工程物资	22						
固定资产清理	23						
生产性生物资产	24			所有者权益（或股东权益）：			
无形资产	25			实收资本（或股本）	48		
开发支出	26			资本公积	49		
长期待摊费用	27			盈余公积	50		
其他非流动资产	28			未分配利润	51		
非流动资产合计	29			所有者权益（或股东权益）合计	52		
资产总计	30			负债和所有者权益（或股东权益）总计	53		

注：小企业（中外合作经营）根据合同规定在合作期间归还投资者的投资，应在“实收资本（或股本）”项目下增加“减：已归还投资”项目单独列示。

2．资产负债表的内容

资产负债表全面披露小企业在某一特定日期的资产、负债及所有者权益状况，是一张静态报表。其各项目反映的内容如表9-3所示。

表9-3　资产负债表各项目内容归纳表

会计要素	项目名称	反映内容
资产	货币资金	小企业库存现金、银行存款、其他货币资金的合计数。
	短期投资	小企业购入的能随时变现并且持有时间不准备超过1年的股票、债券和基金投资的余额。
	应收票据	小企业收到的未到期收款也未向银行贴现的应收票据（银行承兑汇票和商业承兑汇票）。
	应收账款	小企业因销售商品、提供劳务等日常生产经营活动应收取的款项。
	预付账款	小企业按照合同规定预付的款项。包括：根据合同规定预付的购货款、租金、工程款等。
	应收股利	小企业应收取的现金股利或利润。
	应收利息	小企业债券投资应收取的利息。小企业购入一次还本付息债券应收的利息，不包括在本项目内。
	其他应收款	小企业除应收票据、应收账款、预付账款、应收股利、应收利息等以外的其他各种应收及暂付款项。包括：各种应收的赔款、应向职工收取的各种垫付款项等。
	存货	小企业期末在库、在途和在加工中的各项存货的成本。包括：各种原材料、在产品、半成品、产成品、商品、周转材料（包装物、低值易耗品等）、消耗性生物资产等。
	其他流动资产	小企业除以上流动资产项目外的其他流动资产（含1年内到期的非流动资产）。
	长期债券投资	小企业准备长期持有的债券投资的本息。
	长期股权投资	小企业准备长期持有的权益性投资的成本。
	固定资产原价	小企业固定资产的原价（成本）。
	累计折旧	小企业固定资产的累计折旧。
	固定资产账面价值	小企业固定资产原价扣除累计折旧后的余额。
	在建工程	小企业尚未完工或虽已完工，但尚未办理竣工决算的工程成本。
	工程物资	小企业为在建工程准备的各种物资的成本。
	固定资产清理	小企业因出售、报废、毁损、对外投资等原因处置固定资产所转出的固定资产账面价值以及在清理过程中发生的费用等。

续表

会计要素	项目名称	反映内容
资产	生产性生物资产	小企业生产性生物资产的账面价值。
	无形资产	小企业无形资产的账面价值。
	开发支出	小企业正在进行的无形资产研究开发项目满足资本化条件的支出。
	长期待摊费用	小企业尚未摊销完毕的已提足折旧的固定资产的改建支出、经营租入固定资产的改建支出、固定资产的大修理支出和其他长期待摊费用
	其他非流动资产	小企业除以上非流动资产以外的其他非流动资产。
负债	短期借款	小企业向银行或其他金融机构等借入的期限在1年以内的、尚未偿还的各种借款本金。
	应付票据	小企业因购买材料、商品和接受劳务等日常生产经营活动开出、承兑的商业汇票（银行承兑汇票和商业承兑汇票）尚未到期的票面金额。
	应付账款	小企业因购买材料、商品和接受劳务等日常生产经营活动尚未支付的款项。
	预收账款	小企业根据合同规定预收的款项。包括：预收的购货款、工程款等。
	应付职工薪酬	小企业应付未付的职工薪酬。
	应交税费	小企业期末未交、多交或尚未抵扣的各种税费。
	应付利息	小企业尚未支付的利息费用。
	应付利润	小企业尚未向投资者支付的利润。
	其他应付款	小企业除应付账款、预收账款、应付职工薪酬、应交税费、应付利息、应付利润等以外的其他各项应付、暂收的款项。包括：应付租入固定资产和包装物的租金、存入保证金等。
	其他流动负债	小企业除以上流动负债以外的其他流动负债（含1年内到期的非流动负债）。
	长期借款	小企业向银行或其他金融机构借入的期限在1年以上的、尚未偿还的各项借款本金。
	长期应付款	小企业除长期借款以外的其他各种应付未付的长期应付款项。包括：应付融资租入固定资产的租赁费、以分期付款方式购入固定资产发生的应付款项等。
	递延收益	小企业收到的、应在以后期间计入损益的政府补助。
	其他非流动负债	小企业除以上非流动负债项目以外的其他非流动负债。

续表

会计要素	项目名称	反映内容
所有者权益	实收资本（或股本）	小企业收到投资者按照合同协议约定或相关规定投入的、构成小企业注册资本的部分。
	资本公积	小企业收到投资者投入资本超出其在注册资本中所占份额的部分。
	盈余公积	小企业（公司制）的法定公积金和任意公积金，小企业（外商投资）的储备基金和企业发展基金。
	未分配利润	小企业尚未分配的历年结存的利润。

（二）资产负债表的编制方法

根据资产负债表的内容及《小企业会计准则》规范，资产负债表的编制方法包括“年初余额”的填列方法、“期末余额”各项目的填列方法。

1. “年初余额”的填列方法

资产债表表“年初余额”栏内各项数字，应根据上年末资产负债表“期末余额”栏内所列数字填列。

2. “期末余额”各项目的填列方法

“期末余额”各项目的填列方法包括直接填列法和计算分析填列法两类。其中，直接填列法是根据相关科目的期末余额直接填列的方法；计算分析填列法是根据相关科目的期末余额计算、分析的填列方法。

（1）直接填列法。采用直接填列法填列的项目及填列方法如表 9-4 所示。

表 9-4　　直接填列法各项目的填列方法

项目名称	填列方法
短期投资	“短期投资”科目的期末余额
应收票据	“应收票据”科目的期末余额
应收股利	“应收股利”科目期末余额
应收利息	“应收利息”科目期末余额
其他应收款	“其他应收款”科目期末余额
长期股权投资	“长期股权投资”科目期末余额
固定资产原价	“固定资产”科目期末余额
累计折旧	“累计折旧”科目期末余额
在建工程	“在建工程”科目期末余额
工程物资	“工程物资”科目期末余额
固定资产清理	“固定资产清理”科目的期末借方余额（贷方余额，以“—”号填列）
开发支出	“研发支出”科目期末余额

续表

项目名称	填列方法
其他非流动资产	有关科目的期末余额
短期借款	短期借款”科目期末余额
应付票据	“应付票据”科目期末余额
应付职工薪酬	“应付职工薪酬”科目期末余额
应交税费	“应交税费”科目的期末贷方余额（借方余额，以“—”号填列）
应付利息	“应付利息”科目期末余额
应付利润	“应付利润”科目期末余额
其他应付款	“其他应付款”科目期末余
其他非流动负债	有关科目的期末余额
实收资本（或股本）	“实收资本（或股本）”科目的期末余额
资本公积	“资本公积”科目的期末余额
盈余公积	“盈余公积”科目的期末余额
未分配利润	“利润分配”科目的期末贷方余额（借方余额以“—”号填列）

（2）计算分析填列法。采用计算分析填列法填列的项目及填列方法如表9-5所示。

表 9-5　计算分析填列法各项目的填列方法

项目名称	填列方法
货币资金	“库存现金”科目期末余额＋“银行存款”科目期末余额＋“其他货币资金”科目期末余额
应收账款	“应收账款”科目期末借方余额＋“预收账款”科目期末借方余额
预付账款	“预付账款”科目期末借方余额＋“应付账款”科目期末借方余额－1年期以上的预付账款的借方余额
存货	“材料采购”科目期末余额＋“在途物资”科目期末余额＋“原材料”科目期末余额＋“材料成本差异”科目期末借方余额（－“材料成本差异”科目期末贷方余额）＋“生产成本”科目期末余额＋“库存商品”科目期末余额＋“商品进销差价”科目期末余额＋“委托加工物资”科目期末余额＋“周转材料”科目期末余额＋“消耗性生物资产”科目的期末余额
其他非流动资产	1年期以上的预付账款的借方余额＋1年内到期的长期债券投资余额＋1年内到期的长期待摊费用余额
长期债券投资	“长期债券投资”科目期末余额－1年内到期的长期债券投资余额

续表

项目名称	填列方法
固定资产账面价值	"固定资产"科目的期末余额－"累计折旧"科目期末余额
生产性生物资产	"生产性生物资产"科目期末余额－"生产性生物资产累计折旧"科目期末余额
无形资产	"无形资产"科目的期末余额－"累计摊销"科目期末余额
长期待摊费用	"长期待摊费用"科目期末余额－1年内到期的长期待摊费用余额
应付账款	"应付账款"科目期末贷方余额＋"预付账款"科目期末贷方余额
预收账款	"应收账款"科目期末贷方余额＋"预收账款"科目期末贷方余额－1年期以上的预收账款的贷方余额
其他流动负债	1年期以上的预收账款的贷方余额＋1年内到期的长期借款余额＋1年内到期的长期应付款余额
长期借款	"长期借款"科目期末余额－1年内到期的长期借款余额
长期应付款	"长期应付款"科目期末余额－1年内到期的长期应付款余额
递延收益	"递延收益"科目的期末余额分析填列

（三）资产负债表中的勾稽关系

资产负债表中各项目之间的勾稽关系为以下：

1. 流动资产项目的勾稽关系

流动资产项目的勾稽关系表现为：

行15＝行1＋行2＋行3＋行4＋行5＋行6＋行7＋行8＋行9＋行14

即，　流动资产合计＝货币资金＋短期投资＋应收票据＋应收账款
＋预付账款＋应收股利＋应收利息
＋其他应收款＋存货＋其他流动资产

其中，　行9≥行10＋行11＋行12＋行13

即

存货≥原材料＋在产品＋库存商品＋周转材料

2. 非流动资产项目的勾稽关系

非流动资产项目的勾稽关系表现为：

行29＝行16＋行17＋行20＋行21＋行22＋行23
＋行24＋行25＋行26＋行27＋行28

即

非流动资产合计＝长期债券投资＋长期股权投资＋固定资产账面价值
＋在建工程＋工程物资＋固定资产清理
＋生产性生物资产＋无形资产＋开发支出
＋长期待摊费用＋其他非流动资产

其中，

行20＝行18－行19

即

固定资产账面价值＝固定资产原价－累计折旧

3. 资产项目的勾稽关系

资产项目的勾稽关系表现为：

行30＝行15＋行29

即

资产总计＝流动资产合计＋非流动资产合计

4. 流动负债项目的勾稽关系

流动负债项目的勾稽关系表现为：

行41＝行31＋行32＋行33＋行34＋行35
＋行36＋行37＋行38＋行39＋行40

即

流动负债合计＝短期借款＋应付票据＋应付账款＋预收账款
＋应付职工薪酬＋应交税费＋应付利息
＋应付利润＋其他应付款＋其他流动负债

5. 非流动负债项目的勾稽关系

非流动负债项目的勾稽关系表现为：

行46＝行42＋行43＋行44＋行45

即

非流动负债合计＝长期借款＋长期应付款＋递延收益＋其他非流动负债

6. 负债项目的勾稽关系

负债项目的勾稽关系表现为：

行 47＝行 41＋行 46

即

负债合计＝流动负债合计＋非流动负债合计

7. 所有者权益（或股东权益）项目的勾稽关系

所有者权益（或股东权益）项目的勾稽关系表现为：

行 52＝行 48＋行 49＋行 50＋行 51

即　所有者权益（或股东权益）合计
＝实收资本（或股本）＋资本公积＋盈余公积＋未分配利润

8. 资产、负债及所有者权益（或股东权益）项目的勾稽关系

资产、负债及所有者权益（或股东权益）项目的勾稽关系表现为：

行 53＝行 47＋行 52＝行 30

即

负债和所有者权益（或股东权益）总计＝负债合计＋所有者权益（或股东权益）合计＝资产总计

(四) 资产负债表编制举例

【例 9-1】

英迪公司根据 20×3 年 12 月 31 日的资产负债表及 20×4 年发生的经济业务编制 20×4 年度资产负债表。

1. 20×3 年 12 月 31 日的资产负债表见表 9-6。

2. 20×4 年发生下列经济业务：

(1) 购入原材料一批，用银行存款支付货款 180 000 元，以及购入材料支付的增值税额为 30 600 元，款项已付，材料未到。

(2) 收到原材料一批，实际成本 120 000 元，计划成本 114 000 元，材料已验收入库，货款已于采购时支付。

(3) 购入原材料一批，用银行存款支付材料及运费 119 760 元，增值税 20 359.2 元，原材料已验收入库，该批原材料的计划价格为 120 000 元。

(4) 用银行存款支付前欠购货款 120 000 元。

(5) 销售产品一批，销售价款为 360 000 元（不含应收取的增值税），该批产品实际成本 216 000 元，产品已发出，货款未收到。

表 9-6

资产负债表

会小企 01 表

编制单位：英迪公司　　20×3 年 12 月 31 日　　单位：元

资产	行次	期末余额	年初余额（略）	负债和所有者权益	行次	期末余额	年初余额（略）
流动资产：				流动负债：			
货币资金	1	1 447 560.00		短期借款	31	360 000.00	
短期投资	2	118 000.00		应付票据	32		
应收票据	3	295 200.00		应付账款	33	1 144 560.00	
应收账款	4	358 920.00		预收账款	34		
预付账款	5	120 000.00		应付职工薪酬	35	132 000.00	
应收股利	6			应交税费	36	43 920.00	
应收利息	7			应付利息	37	1 200.00	
其他应收款	8	6 000.00		应付利润	38		
存货	9	3 096 000.00		其他应付款	39	60 000.00	
其中：原材料	10	660 000.00		其他流动负债	40		
在产品	11	760 000.00		流动负债合计	41	1 741 680.00	
库存商品	12	1 256 000.00		非流动负债：			
周转材料	13	105 660.00		长期借款	42	1 920 000.00	
其他流动资产	14			长期应付款	43		
流动资产合计	15	5 441 680.00		递延收益	44		

续表

资产	行次	期末余额	年初余额（略）	负债和所有者权益	行次	期末余额	年初余额（略）
非流动资产：				其他非流动负债	45		
长期债券投资	16	240 000.00		非流动负债合计	46	1 920 000.00	
长期股权投资	17	300 000.00		负债合计	47	3 661 680.00	
固定资产原价	18	1 800 000.00					
减：累计折旧	19	480 000.00					
固定资产账面价值	20	1 320 000.00					
在建工程	21	1 800 000.00					
工程物资	22						
固定资产清理	23						
生产性生物资产	24			所有者权益（或股东权益）：			
无形资产	25	720 000.00		实收资本（或股本）	48	6 000 000.00	
开发支出	26	120 000.00		资本公积	49		
长期待摊费用	27			盈余公积	50	120 000.00	
其他非流动资产	28			未分配利润	51	160 000.00	
非流动资产合计	29	4 500 000.00		所有者权益（或股东权益）合计	52	6 280 000.00	
资产总计	30	9 941 680.00		负债和所有者权益（或股东权益）总计	53	9 941 680.00	

(6) 购入不需安装的设备一台，用于公司的职工浴室。价款为 102 564 元，支付的增值税为 17 436 元，支付包装费、运杂费 1 200 元。价款及包装物、运杂费均以银行存款支付，设备已交付使用（用于集体福利的固定资产进项税额不得抵扣）。

(7) 购入建造仓库的工程物资一批，价款为 180 000 元（含已交纳的增值税），已用银行存款支付。

(8) 仓库工程应付职工薪酬 393 600 元。

(9) 仓库工程完工，计算应予资本化的长期借款利息 180 000 元。

(10) 仓库工程交付使用，已办理竣工手续，该固定资产价值 1 680 000 元。

(11) 基本生产车间 1 台车床报废，原价 240 000 元，已提折旧 216 000 元，清理费用 600 元，残值收入 960 元，款项均通过银行存款收支。该项固定资产已清理完毕。

(12) 从银行借入 3 年期借款 480 000 元，款项已存入银行。

(13) 以银行存款支付业务招待费 12 000 元、基本生产车间固定资产修理费 108 000 元。

(14) 公司将短期投资（股票投资）出售，该股票的账面余额为 18 000 元，出售价格 19 800 元，款项已存入银行。

(15) 销售产品一批，销售价款 840 000 元，应收的增值税额 142 800 元，货款已由银行收妥。

(16) 公司将要到期的一张面值为 240 000 元的无息银行承兑汇票，连同解讫通知和进账单交银行办理转账。收到银行盖章退回的进账单一联。款项已由银行收妥。

(17) 收到现金股利 36 000 元（该项投资按成本法核算，被投资公司适用所得税税率为 25%），已存入银行。

(18) 出售一台不需用设备，收到价款 360 000 元，该设备原价为 480 000 元，已提折旧 180 000 元。

(19) 用银行存款支付产品展览费 12 000 元、广告费 12 000 元。

(20) 采用商业承兑汇票结算方式销售产品一批，价款 300 000 元，增值税额为 51 000 元，收到商业承兑汇票一张，票面金额 351 000 元。

(21) 将上述承兑汇票到银行办理贴现，贴现息为 24 000 元。

(22) 归还短期借款本金 300 000 元，利息 15 000 元（利息已预提）。

(23) 提取现金 600 000 元，发放工资，其中包括支付给在建工程人员的工资 240 000 元。

(24) 分配应支付的职工工资 410 400 元（不包括在建工程应负担的工

资)，其中生产人员工资 376 200 元，车间管理人员工资 13 680 元，行政管理部门人员工资 20 520 元。

(25) 提取应计入本期损益的借款利息共 25 800 元，其中，短期借款利息 13 800 元，长期借款利息 12 000 元。

(26) 基本生产领用原材料，计划成本 840 000 元；领用低值易耗品，计划成本 60 000 元（低值易耗品采用一次摊销法摊销）。

(27) 结转领用原材料应分摊的材料成本差异，材料成本差异率为 5%。

(28) 摊销无形资产 72 000 元。

(29) 计提固定资产折旧 120 000 元。其中，计入制造费用 96 000 元，计入管理费用 24 000 元。

(30) 收到应收账款 61 200 元，存入银行。

(31) 计算并结转制造费用 280 680 元。

(32) 计算并结转本期完工产品成本 1 538 880 元。

(33) 以现金支付办公费、业务招待费等 60 000 元。

(34) 公司本期产品销售应交纳的城市维护建设税 8 400 元、教育费附加 3 600 元。

(35) 用银行存款交纳增值税 120 000 元、城市维护建设税 8 400 元、教育费附加 3 600 元。

(36) 偿还长期借款 1 200 000 元。

(37) 公司研究一项开发项目于 12 月 31 日达到预定用途，研究阶段支出为 80 000 元。

(38) 结转本期产品销售成本 900 000 元。

(39) 将各损益类科目结转至本年利润。

(40) 按照 25%税率计算并结转应交所得税（无纳税调整项目）。

(41) 结转本年利润。

(42) 按净利润 10%提取法定盈余公积金，分配普通股现金股利 386 000 元。

(43) 将“利润分配”各明细科目的余额转入“未分配利润”明细科目。

(44) 用银行存款交纳所得税 116 506. 8 元。

3. 根据上述资料，该公司账务处理如下：

(1) 借：材料采购　　180 000
　　　　应交税费——应交增值税（进项税额）　　30 600
　　　贷：银行存款　　210 600

(2) 借：原材料　　114 000
　　　　材料成本差异　　6 000

贷：材料采购 120 000

(3) 借：材料采购 119 760

应交税费——应交增值税（进项税额） 20 359.2

贷：银行存款 140 119.2

借：原材料 120 000

贷：材料采购 119 760

材料成本差异 240

(4) 借：应付账款 120 000

贷：银行存款 120 000

(5) 借：应收账款 421 200

贷：主营业务收入 360 000

应交税费——应交增值税（销项税额） 61 200

(6) 借：固定资产 121 200

贷：银行存款 121 200

(7) 借：工程物资 180 000

贷：银行存款 180 000

(8) 借：在建工程 393 600

贷：应付职工薪酬 393 600

(9) 借：在建工程 180 000

贷：应付利息 180 000

(10) 借：固定资产 1 680 000

贷：在建工程 1 680 000

(11) 借：固定资产清理 24 000

累计折旧 216 000

贷：固定资产 240 000

借：固定资产清理 600

贷：银行存款 600

借：银行存款 960

贷：固定资产清理 960

借：营业外支出——处理固定资产净损失 23 640

贷：固定资产清理 23 640

(12) 借：银行存款 480 000

贷：长期借款 480 000

(13) 借：管理费用 12 000

制造费用 108 000
贷：银行存款 120 000
(14) 借：银行存款 19 800
贷：短期投资 18 000
投资收益 1 800
(15) 借：银行存款 982 800
贷：主营业务收入 840 000
应交税费——应交增值税（销项税额） 142 800
(16) 借：银行存款 240 000
贷：应收票据 240 000
(17) 借：银行存款 36 000
贷：投资收益 36 000
(18) 借：固定资产清理 300 000
累计折旧 180 000
贷：固定资产 480 000
借：银行存款 360 000
贷：固定资产清理 360 000
借：固定资产清理 60 000
贷：营业外收入——处置固定资产清理收入 60 000
(19) 借：销售费用 24 000
贷：银行存款 24 000
(20) 借：应收票据 351 000
贷：主营业务收入 300 000
应交税费——应交增值税（销项税额） 51 000
(21) 借：银行存款 327 000
财务费用 24 000
贷：应收票据 351 000
(22) 借：短期借款 300 000
应付利息 15 000
贷：银行存款 315 000
(23) 借：库存现金 600 000
贷：银行存款 600 000
借：应付职工薪酬 600 000
贷：库存现金 600 000

(24) 借：生产成本 376 200
制造费用 13 680
管理费用 20 520
贷：应付职工薪酬 410 400
(25) 借：财务费用 25 800
贷：应付利息 25 800
(26) 借：生产成本 840 000
贷：原材料 840 000
借：制造费用 60 000
贷：周转材料 60 000
(27) 借：生产成本 42 000
制造费用 3 000
贷：材料成本差异 45 000
(28) 借：管理费用——无形资产摊销 72 000
贷：累计摊销 72 000
(29) 借：制造费用 96 000
管理费用 24 000
贷：累计折旧 120 000
(30) 借：银行存款 61 200
贷：应收账款 61 200
(31) 借：生产成本 280 680
贷：制造费用 280 680
(32) 借：库存商品 1 538 880
贷：生产成本 1 538 880
(33) 借：管理费用 60 000
贷：库存现金 60 000
(34) 借：营业税金及附加 12 000
贷：应交税费——应交城市维护建设税 8 400
——应交教育费附加 3 600
(35) 借：应交税费——应交增值税 120 000
——应交城市维护建设税 8 400
——应交教育费附加 3 600
贷：银行存款 132 000
(36) 借：长期借款 1 200 000

贷：银行存款 1 200 000

(37) 借：无形资产 80 000

贷：研发支出 80 000

(38) 借：主营业务成本 900 000

贷：库存商品 900 000

(39) 借：主营业务收入 1 500 000

营业外收入 60 000

投资收益 37 800

贷：本年利润 1 597 800

借：本年利润 1 188 360

贷：主营业务成本 900 000

营业税金及附加 12 000

销售费用 24 000

管理费用 188 520

财务费用 49 800

营业外支出 14 040

(40) 本年应交所得税＝409 440×25%＝102 360（元）

借：所得税费用 102 360

贷：应交税费——应交所得税 102 360

借：本年利润 102 360

贷：所得税费用 102 360

(41) 借：本年利润 307 080

贷：利润分配——未分配利润 307 080

(42) 借：利润分配——提取法定盈余公积 30 708

贷：盈余公积——法定盈余公积 30 708

借：利润分配——应付股利 386 000

贷：应付股利 386 000

(43) 借：利润分配——未分配利润 416 708

贷：利润分配——提取法定盈余公积 30 708

——应付股利 386 000

(44) 借：应交税费——应交所得税 116 506.8

贷：银行存款 116 506.8

4. 根据上述账务处理，编制本期各总账科目发生额及余额汇总表如表 9-7 所示。据此编制资产负债表，如表 9-8 所示。

表 9-7　　总账科目及明细科目发生额及余额汇总表表　　单位：元

会计科目名称	期初余额		本期发生额		期末余额	
	借方	贷方	借方	贷方	借方	贷方
库存现金	2 400.00		660 000.00	660 000.00	2 400.00	
银行存款	1 445 160.00		2 507 760.00	3 340 026.00	612 894.00	
短期投资	118 000.00			18 000.00	100 000.00	
应收票据	295 200.00		351 000.00	591 000.00	55 200.00	
应收账款	358 920.00		421 200.00	61 200.00	718 920.00	
预付账款	120 000.00				120 000.00	
其他应收款	6 000.00				6 000.00	
材料采购	270 000.00		299 760.00	239 760.00	330 000.00	
原材料	660 000.00		234 000.00	840 000.00	54 000.00	
周转材料	105 660.00			60 000.00	45 660.00	
库存商品	1 256 000.00		1 538 880.00	900 000.00	1 894 880.00	
材料成本差异	44 340.00		6 000.00	45 240.00	5 100.00	
长期债券投资	240 000.00				240 000.00	
长期股权投资	300 000.00				300 000.00	
固定资产	1 800 000.00		1 801 200.00	710 400.00	2 890 800.00	
累计折旧		480 000.00	396 000.00	120 000.00		204 000.00
工程物资			180 000.00		180 000.00	
在建工程	1 800 000.00		573 600.00	1 680 000.00	693 600.00	
固定资产清理			375 000.00	375 000.00		
无形资产	720 000.00		80 000.00	72 000.00	728 000.00	
研发支出	120 000.00			80 000.00	40 000.00	
短期借款		360 000.00	300 000.00			60 000.00
应付账款		1 144 560.00	120 000.00			1 024 560.00

续表

会计科目名称	期初余额		本期发生额		期末余额	
	借方	贷方	借方	贷方	借方	贷方
其他应付款		60 000.00				60 000.00
应付职工薪酬		132 000.00	600 000.00	804 000.00		336 000.00
应交税费		43 920.00	383 506.80	453 400.80		113 814.00
应付利润				386 000.00		386 000.00
应付利息		1 200.00	15 000.00	205 800.00		192 000.00
长期借款		1 920 000.00	1 200 000.00	480 000.00		1 200 000.00
股本		6 000 000.00				6 000 000.00
盈余公积		120 000.00		30 708.00		150 708.00
利润分配		160 000.00	416 708.00	307 080.00		50 372.00
本年利润			1 597 800.00	1 597 800.00		
生产成本	760 000.00		1 538 880.00	1 538 880.00	760 000.00	
制造费用			280 680.00	280 680.00		
主营业务收入			1 500 000.00	1 500 000.00		
投资收益			37 800.00	37 800.00		
营业外收入			60 000.00	60 000.00		
主营业务成本			900 000.00	900 000.00		
营业税金及附加			12 000.00	12 000.00		
销售费用			24 000.00	24 000.00		
管理费用			188 520.00	188 520.00		
财务费用			49 800.00	49 800.00		
营业外支出			14 040.00	14 040.00		
所得税费用			102 360.00	102 360.00		
合 计	10 421 680.00	10 421 680.00	18 765 494.80	18 765 494.80	9 777 454.00	9 777 454.00

表 9-8

资产负债表

会小企 01 表

编制单位：英迪公司　　　　20×4 年 12 月 31 日　　　　单位：元

资产	行次	期末余额	年初余额	负债和所有者权益	行次	期末余额	年初余额
流动资产：				流动负债：			
货币资金	1	615 294.00	1 447 560.00	短期借款	31	60 000.00	360 000.00
短期投资	2	100 000.00	118 000.00	应付票据	32		
应收票据	3	55 200.00	295 200.00	应付账款	33	1 024 560.00	1 144 560.00
应收账款	4	718 920.00	358 920.00	预收账款	34		
预付账款	5	120 000.00	120 000.00	应付职工薪酬	35	336 000.00	132 000.00
应收股利	6			应交税费	36	113 814.00	43 920.00
应收利息	7			应付利息	37	192 000.00	1 200.00
其他应收款	8	6 000.00	6 000.00	应付利润	38	386 000.00	
存货	9	3 089 640.00	3 096 000.00	其他应付款	39	60 000.00	60 000.00
其中：原材料	10	54 000.00	660 000.00	其他流动负债	40		
在产品	11	760 000.00	760 000.00	流动负债合计	41	2 172 374.00	1 741 680.00
库存商品	12	1 894 880.00	1 256 000.00	非流动负债：			
周转材料	13	45 660.00	105 660.00	长期借款	42	1 200 000.00	1 920 000.00
其他流动资产	14			长期应付款	43		

续表

资产	行次	期末余额	年初余额	负债和所有者权益	行次	期末余额	年初余额
流动资产合计	15	4 705 054.00	5 441 680.00	递延收益	44		
非流动资产：				其他非流动负债	45		
长期债券投资	16	240 000.00	240 000.00	非流动负债合计	46	1 200 000.00	1 920 000.00
长期股权投资	17	300 000.00	300 000.00	负债合计	47	3 372 374.00	3 661 680.00
固定资产原价	18	2 890 800.00	1 800 000.00				
减：累计折旧	19	204 000.00	480 000.00				
固定资产账面价值	20	2 686 800.00	1 320 000.00				
在建工程	21	693 600.00	1 800 000.00				
工程物资	22	180 000.00					
固定资产清理	23						
生产性生物资产	24			所有者权益（或股东权益）：			
无形资产	25	728 000.00	720 000.00	实收资本（或股本）	48	6 000 000.00	6 000 000.00
开发支出	26	40 000.00	120 000.00	资本公积	49		
长期待摊费用	27			盈余公积	50	150 708.00	120 000.00
其他非流动资产	28			未分配利润	51	50 372.00	160 000.00
非流动资产合计	29	4 868 400.00	4 500 000.00	所有者权益（或股东权益）合计	52	6 201 080.00	6 280 000.00
资产总计	30	9 573 454.00	9 941 680.00	负债和所有者权益（或股东权益）总计	53	9 573 454.00	9 941 680.00

三、利润表的编制

（一）利润表的格式和内容

1. 利润表的格式

小企业利润表由表头、正表两部分构成。

（1）表头。表头部分包括利润表的名称、编号、编制单位、编表时间和金额单位等内容。

（2）正表。正表部分是利润表的主体，反映形成经营成果的各个项目和计算过程。按照多步式利润表格式，分别列示小企业营业利润、利润总额及净利润的构成内容和形成过程。利润表的格式如表 9-9 所示。

表 9-9　　　　利润表

会小企 02 表

编制单位：　　　　年　　月　　　　单位：元

项目	行次	本年累计金额	本月金额
一、营业收入	1		
减：营业成本	2		
营业税金及附加	3		
其中：消费税	4		
营业税	5		
城市维护建设税	6		
资源税	7		
土地增值税	8		
城镇土地使用税、房产税、车船税、印花税	9		
教育费附加、矿产资源补偿费、排污费	10		
销售费用	11		
其中：商品维修费	12		
广告费和业务宣传费	13		
管理费用	14		
其中：开办费	15		
业务招待费	16		
研究费用	17		
财务费用	18		
其中：利息费用（收入以“－”号填列）	19		
加：投资收益（损失以“－”号填列）	20		

续表

项目	行次	本年累计金额	本月金额
二、营业利润（亏损以“－”号填列）	21		
加：营业外收入	22		
其中：政府补助	23		
减：营业外支出	24		
其中：坏账损失	25		
无法收回的长期债券投资损失	26		
无法收回的长期股权投资损失	27		
自然灾害等不可抗力因素造成的损失	28		
税收滞纳金	29		
三、利润总额（亏损总额以“－”号填列）	30		
减：所得税费用	31		
四、净利润（净亏损以“－”号填列）	32		

2. 利润表的内容

小企业利润表分别反映构成营业利润各项要素、构成利润总额（或亏损总额）各项要素以及构成净利润（或净亏损）各项要素的内容。利润表各项目的内容如表 9-10 所示。

表 9-10　利润表各项目内容归纳表

利润构成要素	项目名称	反映内容
营业利润构成要素	营业收入	小企业销售商品和提供劳务所实现的收入总额。
	营业成本	小企业所销售商品的成本和所提供劳务的成本。
	营业税金及附加	小企业开展日常生产活动应负担的消费税、营业税、城市维护建设税、资源税、土地增值税、城镇土地使用税、房产税、车船税、印花税和教育费附加、矿产资源补偿费、排污费等。
	销售费用	小企业销售商品或提供劳务过程中发生的费用。
	管理费用	小企业为组织和管理生产经营发生的其他费用。
	财务费用	小企业为筹集生产经营所需资金发生的筹资费用。
	投资收益	小企业股权投资取得的现金股利（或利润）、债券投资取得的利息收入和处置股权投资和债券投资取得的处置价款扣除成本或账面余额、相关税费后的净额。
利润总额构成要素	营业利润	小企业当期开展日常生产经营活动实现的利润。
	营业外收入	小企业实现的各项营业外收入金额。包括：非流动资产处置净收益、政府补助、捐赠收益、盘盈收益、汇兑收益、出租包装物和商品的租金收入、逾期未退包装物押金收益、确实无法偿付的应付款项、已作坏账损失处理后又收回的应收款项、违约金收益等。

续表

利润构成要素	项目名称	反映内容
利润总额构成要素	营业外支出	小企业发生的各项营业外支出金额。包括：存货的盘亏、毁损、报废损失，非流动资产处置净损失，坏账损失，无法收回的长期债券投资损失，无法收回的长期股权投资损失，自然灾害等不可抗力因素造成的损失，税收滞纳金，罚金，罚款，被没收财物的损失，捐赠支出，赞助支出等。
净利润构成要素	利润总额	小企业当期实现的利润总额
	所得税费用	小企业根据企业所得税法确定的应从当期利润总额中扣除的所得税费用。
净利润		小企业当期实现的净利润。

（二）利润表的编制方法

利润表属于动态财务报表，反映小企业在一定会计期间内利润（亏损）的实现情况。通常，月度利润表包括“本月金额”和“本年累计金额”两栏。年度利润表则将“本月金额”栏改为“上年金额”栏，即包括“上年金额”和“本年累计金额”两栏。

1.“本月金额”栏各项目的填列方法

利润表中“本月金额”栏反映各项目的本月实际发生额；在编报年度财务报表时，应将“本月金额”栏改为“上年金额”栏，填列上年全年实际发生额。“本月金额”栏各项目的填列方法见表 9-11。

表 9-11　“本月金额”栏各项目的填列方法

项目名称	填列方法
营业收入	“主营业务收入”科目发生额＋“其他业务收入”科目发生额
营业成本	“主营业务成本”科目发生额＋“其他业务成本”科目发生额
营业税金及附加	“营业税金及附加”科目发生额
销售费用	“销售费用”科目发生额
管理费用	“管理费用”科目发生额
财务费用	“财务费用”科目发生额
投资收益	“投资收益”科目发生额（如为投资损失，以“－”号填列）
营业利润	营业收入－营业成本－营业税金及附加－销售费用－管理费用－财务费用＋投资收益（如为亏损，以“－”号填列）
营业外收入	“营业外收入”科目发生额
营业外支出	“营业外支出”科目发生额
利润总额	营业利润＋营业外收入－营业外支出
所得税费用	“所得税费用”科目的发生额
净利润	利润总额－所得税费用（如为净亏损，以“－”号填列）

2.“本年累计金额”栏各项目的填列方法

“本年累计金额”栏各项目反映小企业利润形成各项目自年初起至本月止的累计实际发生数，月度的利润表应当根据上月利润表的“本年累计金额”栏的数字，加上本月利润表的“本月金额”栏的数字，计算出各项目的“本年累计金额”填列；编制年度利润表的“本年累计金额”就是12月份利润表的“本年累计金额”，可以直接转抄。

3.“上年金额”栏各项目的填列方法

“上年金额”栏各项目反映小企业上年全年累计实际发生数，在编制年度利润表时填列，目的是便于与“本年累计金额”栏各项目进行比较。一般情况下，上年度利润表与本年度利润表的各项目的名称和数字一致，“上年金额”栏各项目可以直接将上年度利润表中“本年累计金额”栏各项目的数字转抄在本年度利润表的“上年数”栏各项目中。

（三）利润表中的勾稽关系

本表中各项目之间的勾稽关系为：

行21＝行1－行2－行3－行11－行14－行18＋行20

即　营业利润＝营业收入－营业成本－营业税金及附加－销售费用－管理费用－财务费用＋投资收益

行3≥行4＋行5＋行6＋行7＋行8＋行9＋行10

即　营业税金及附加≥消费税＋营业税＋城市维护建设税＋资源税＋土地增值税＋城镇土地使用税、房产税、车船税、印花税＋教育费附加、矿产资源补偿费、排污费

行11≥行12＋行13

即　销售费用≥商品维修费＋广告费和业务宣传费

行14≥行15＋行16＋行17

即　管理费用≥开办费＋业务招待费＋研究费用

行18≥行19

即　财务费用≥利息费用

行30＝行21＋行22－行24

即　利润总额＝营业利润＋营业外收入－营业外支出

行22≥行23

即　营业外收入≥政府补助

行24≥行25＋行26＋行27＋行28＋行29

即　　营业外支出≥坏账损失+无法收回的长期债券投资损失
+无法收回的长期股权投资损失
+自然灾害等不可抗力因素造成的损失+税收滞纳金

行 32=行 30-行 31

即　　净利润=利润总额-所得税费用

(四) 利润表编制举例

【例 9-2】

根据英迪公司 20×4 年损益类科目的发生额（见表 9-7），编制该年度利润表如见表 9-12 所示。

表 9-12　　利润表

会小企 02 表

编制单位：英迪公司　　20×4 年度　　单位：元

项目	行次	本年累计金额	上年金额（略）
一、营业收入	1	1 500 000.00	
减：营业成本	2	900 000.00	
营业税金及附加	3	12 000.00	
其中：消费税	4		
营业税	5		
城市维护建设税	6	8 400.00	
资源税	7		
土地增值税	8		
城镇土地使用税、房产税、车船税、印花税	9		
教育费附加、矿产资源补偿费、排污费	10	3 600.00	
销售费用	11	24 000.00	
其中：商品维修费	12		
广告费和业务宣传费	13	24 000.00	
管理费用	14	188 520.00	
其中：开办费	15		
业务招待费	16	12 000.00	

续表

项目	行次	本年累计金额	上年金额（略）
研究费用	17		
财务费用	18	49 800.00	
其中：利息费用（收入以“－”号填列）	19		
加：投资收益（损失以“－”号填列）	20	37 800.00	
二、营业利润（亏损以“－”号填列）	21	363 480.00	
加：营业外收入	22	60 000.00	
其中：政府补助	23		
减：营业外支出	24	14 040.00	
其中：坏账损失	25		
无法收回的长期债券投资损失	26		
无法收回的长期股权投资损失	27		
自然灾害等不可抗力因素造成的损失	28		
税收滞纳金	29		
三、利润总额（亏损总额以“－”号填列）	30	409 440.00	
减：所得税费用	31	102 360.00	
四、净利润（净亏损以“－”号填列）	32	307 080.00	

四、现金流量表的编制

（一）现金流量的概念

现金流量是指一定会计期间内小企业现金的流入和流出。这里的现金是指小企业的库存现金以及可以随时用于支付的存款和其他货币资金。企业从银行提取现金、用现金购买短期到期的国库券等现金和现金等价物之间的转换，不属于现金流量。

（1）库存现金。是指存放在企业，可以随时用于支付的现金。它与“库存现金”科目包含的内容一致。

（2）银行存款。是指企业存放在金融企业可以随时支用的存款。小企业存放在金融企业的款项中不能随时用于支付的定期存款，不作为现金流量表中的现金。

(3) 其他货币资金。是指小企业存放在金融企业、可以随时支用的，具有特定用途的资金，包括外埠存款、银行汇票存款、银行本票存款、信用证存款、信用卡存款等。

(二) 现金流量的分类

现金流量是指一定会计期间现金的流入和流出。现金流量表首先对企业的现金流量进行合理的分类。依据小企业经济活动的性质，小企业在一定时期内产生的现金流量一般可以分为经营活动产生的现金流量、投资活动产生的现金流量和筹资活动产生的现金流量三类。

1. 经营活动产生的现金流量

经营活动，是指小企业投资活动和筹资活动以外的所有交易和事项。经营活动产生的现金流量包括小企业因销售商品或提供劳务等收到现金产生的现金流入以及因购买原材料、商品、接受劳务以及支付的职工薪酬、支付的税费等支付现金产生的现金流出。

2. 投资活动产生的现金流量

投资活动，是指小企业固定资产、无形资产、其他非流动资产的购建和短期投资、长期债券投资、长期股权投资及其处置活动。投资活动产生的现金流量包括收回投资所收到的现金、取得投资收益收到的现金、处置固定资产、无形资产及其他非流动资产收到的现金净额等产生的现金流入，以及购建固定资产、无形资产、其他非流动资产所支付的现金、投资支付的现金等产生的现金流出。

3. 筹资活动产生的现金流量

筹资活动，是指导致小企业资本及债务规模和构成发生变化的活动。筹资活动产生的现金流量包括取得借款、吸收投资者投资收到现金产生的现金流入，以及偿还借款本金、偿还借款利息、分配利润等支付现金产生的现金流出。

(三) 现金流量表的格式和内容

1. 现金流量表的格式

小企业现金流量表由表头、正表两部分构成。

(1) 表头。表头部分包括现金流量表的名称、编号、编制单位、编表时间和金额单位等内容。

(2) 正表。正表部分是现金流量表的主体，反映经营活动、投资活动和筹资活动产生的现金流入、现金流出及现金流量净额。我国小企业现金流量表采用报告式结构，现金流量表的格式如表 9-13 所示。

表 9-13 **现金流量表**

会小企 03 表

编制单位： 年 单位：元

项目	行次	本年累计金额	本月金额
一、经营活动产生的现金流量：			
销售产成品、商品、提供劳务收到的现金	1		
收到其他与经营活动有关的现金	2		
购买原材料、商品、接受劳务支付的现金	3		
支付的职工薪酬	4		
支付的税费	5		
支付其他与经营活动有关的现金	6		
经营活动产生的现金流量净额	7		
二、投资活动产生的现金流量：			
收回短期投资、长期债券投资和长期股权投资收到的现金	8		
取得投资收益收到的现金	9		
处置固定资产、无形资产和其他非流动资产收回的现金净额	10		
短期投资、长期债券投资和长期股权投资支付的现金	11		
购建固定资产、无形资产和其他非流动资产支付的现金	12		
投资活动产生的现金流量净额	13		
三、筹资活动产生的现金流量：			
取得借款收到的现金	14		
吸收投资者投资收到的现金	15		
偿还借款本金支付的现金	16		
偿还借款利息支付的现金	17		
分配利润支付的现金	18		
筹资活动产生的现金流量净额	19		
四、现金净增加额	20		
加：期初现金余额	21		
五、期末现金余额	22		

2. 现金流量表的内容

小企业现金流量表以现金为基础，按照经营活动、投资活动和筹资活动分类反映小企业一定会计期间内有关现金流入和流出的信息。现金流量表各项目的内容如表 9-14 所示。

表 9-14　　现金流量表各项目内容归纳表

现金流量分类	项目名称	反映内容
经营活动产生的现金流量	销售产成品、商品、提供劳务收到的现金	小企业本期销售产成品、商品、提供劳务收到的现金。
	收到其他与经营活动有关的现金	小企业本期收到的其他与经营活动有关的现金。
	购买原材料、商品、接受劳务支付的现金	小企业本期购买原材料、商品、接受劳务支付的现金。
	支付的职工薪酬	小企业本期向职工支付的薪酬（含为购建固定资产、无形资产和其他非流动资产而发生借款费用资本化部分）。
	支付的税费	小企业本期支付的税费。
	支付其他与经营活动有关的现金	小企业本期支付的其他与经营活动有关的现金。
投资活动产生的现金流量	收回短期投资、长期债券投资和长期股权投资收到的现金	小企业出售、转让或到期收回短期投资、长期股权投资而收到的现金，以及收回长期债券投资本金而收到的现金，不包括长期债券投资收回的利息。
	取得投资收益收到的现金	小企业因权益性投资和债权性投资取得的现金股利或利润和利息收入。
	处置固定资产、无形资产和其他非流动资产收回的现金净额	小企业处置固定资产、无形资产和其他非流动资产取得的现金，减去为处置这些资产而支付的有关税费等后的净额。
	短期投资、长期债券投资和长期股权投资支付的现金	小企业进行权益性投资和债权性投资支付的现金。包括：企业取得短期股票投资、短期债券投资、短期基金投资、长期债券投资、长期股权投资支付的现金。
	购建固定资产、无形资产和其他非流动资产支付的现金	小企业购建固定资产、无形资产和其他非流动资产支付的现金。包括：购买机器设备、无形资产、生产性生物资产支付的现金、建造工程支付的现金等现金支出，不包括为购建固定资产、无形资产和其他非流动资产而发生的借款费用资本化部分和支付给在建工程和无形资产开发项目人员的薪酬。

续表

现金流量分类	项目名称	反映内容
筹资活动产生的现金流量	取得借款收到的现金	小企业举借各种短期、长期借款收到的现金。
	吸收投资者投资收到的现金	小企业收到的投资者作为资本投入的现金。
	偿还借款本金支付的现金	小企业以现金偿还各种短期、长期借款的本金。
	偿还借款利息支付的现金	小企业以现金偿还各种短期、长期借款的利息（含为购建固定资产、无形资产和其他非流动资产而发生借款费用资本化部分）。
	分配利润支付的现金	小企业向投资者实际支付的利润。

（四）现金流量表的编制方法

现金流量表月度报表包括“本月金额”和“本年累计金额”两栏。年度现金流量表则将“本月金额”栏改为“上年金额”栏，即包括“上年金额”和“本年累计金额”两栏。

1. “本月金额”栏各项目的填列方法

现金流量表各项目的填列方法如表 9-15 所示。

表 9-15　　现金流量表各项目的填列方法

项目名称	填列方法
销售产成品、商品、提供劳务收到的现金	主营业务收入＋增值税销项税额＋应收账款（期初余额－期末余额）＋应收票据（期初余额－期末余额）＋预收款项（期末余额－期初余额）±特殊调整业务
收到其他与经营活动有关的现金	“库存现金”和“银行存款”等科目的本期发生额分析填列
购买原材料、商品、接受劳务支付的现金	主营业务成本＋增值税进项税额＋存货增加额（期末余额－期初余额）＋应付账款本期减少额（期初余额－期末余额）＋应付票据（期初余额－期末余额）＋预付款项（期末余额－期初余额）±特殊调整业务
支付的职工薪酬	以“库存现金”、“银行存款”、“应付职工薪酬”科目的本期发生额填列
支付的税费	以“库存现金”、“银行存款”、“应交税费”等科目的本期发生额填列

续表

项目名称	填列方法
支付其他与经营活动有关的现金	"库存现金"、"银行存款"等科目的本期发生额分析填列
收回短期投资、长期债券投资和长期股权投资收到的现金	"库存现金"、"银行存款"、"短期投资"、"长期股权投资"、"长期债券投资"等科目的本期发生额分析填列
取得投资收益收到的现金	"库存现金"、"银行存款"、"投资收益"等科目的本期发生额分析填列
处置固定资产、无形资产和其他非流动资产收回的现金净额	"库存现金"、"银行存款"、"固定资产清理"、"无形资产"、"生产性生物资产"等科目的本期发生额分析填列
短期投资、长期债券投资和长期股权投资支付的现金	"库存现金"、"银行存款"、"短期投资"、"长期债券投资"、"长期股权投资"等科目的本期发生额分析填列
购建固定资产、无形资产和其他非流动资产支付的现金	"库存现金"、"银行存款"、"固定资产"、"在建工程"、"无形资产"、"研发支出"、"生产性生物资产"、"应付职工薪酬"等科目的本期发生额分析填列
取得借款收到的现金	"库存现金"、"银行存款"、"短期借款"、"长期借款"等科目的本期发生额分析填列
吸收投资者投资收到的现金	"库存现金"、"银行存款"、"实收资本"、"资本公积"等科目的本期发生额分析填列
偿还借款本金支付的现金	"库存现金"、"银行存款"、"短期借款"、"长期借款"等科目的本期发生额分析填列
偿还借款利息支付的现金	"库存现金"、"银行存款"、"应付利息"等科目的本期发生额分析填列
分配利润支付的现金	"库存现金"、"银行存款"、"应付利润"等科目的本期发生额分析填列

（五）现金流量表中的勾稽关系

本表中各项目之间的勾稽关系为：

行7＝行1＋行2－行3－行4－行5－行6

即 经营活动产生的现金流量净额＝销售产成品、商品、提供劳务收到的现金＋收到其他与经营活动有关的现金－购买原材料、商品、接受劳务支付的现金－支付的职工薪酬－支付的税费－支付其他与经营活动有关的现金

行13＝行8＋行9＋行10－行11－行12

即　投资活动产生的现金流量净额＝收回短期投资、长期债券投资和长期股权投资收到的现金＋取得投资收益收到的现金＋处置固定资产、无形资产和其他非流动资产收回的现金净额－短期投资、长期债券投资和长期股权投资支付的现量－购建固定资产、无形资产和其他非流动资产支付的现金

行19＝行14＋行15－行16－行17－行18

即　筹资活动产生的现金流量净额＝取得借款收到的现金＋吸收投资者投资收到的现金－偿还借款本金支付的现金－偿还借款利息支付的现金－分配利润支付的现金

行20＝行7＋行13＋行19

即　现金净增加额＝经营活动产生的现金流量净额＋投资活动产生的现金流量净额＋筹资活动产生的现金流量净额

行22＝行20＋行21

即　期末现金余额＝现金净增加额＋期初现金余额

（六）现金流量表编制举例

【例9-3】

根据资产负债表（表9-8）和利润表（表9-13）及相关资料分析编制英迪公司现金流量表。

根据产负债表、利润表及相关资料分析计算现金流量表各项目金额如下：

(1) 销售产成品、商品、提供劳务收到的现金

＝主营业务收入＋增值税销项税额＋(应收账款期初余额－应收账款期末余额)＋(应收票据期初余额－应收票据期末余额)－票据贴现的利息

＝1 500 000＋255 000＋（358 920－718 920)＋(295 200－55 200)－24 000＝1 611 000（元）

(2) 购买原材料、商品、接受劳务支付的现金

＝主营业务成本＋增值税进项税额－(存货期末余额－存货期初余额)＋(应付账款期初余额－应付账款期末余额)

－当期列入制造费用固定资产修理费

－当期列入生产成本及制造费用的职工薪酬

－当期列入制造费用的折旧费

＝900 000＋50 959.2＋(3 089 640－3 096 000)＋(1 144 560－1 024 560)

－108 000－376 200－13 680－96 000

＝470 719.2（元）

(3) 支付的职工薪酬＝本期向职工支付的薪酬＝600 000（元）

(4) 支付的税费＝本期支付的增值税＋支付的所得税＋支付的教育费附加

＝120 000＋116 506.8＋12 000＝248 506.80（元）

(5) 支付的其他与经营活动有关的现金

＝支付的业务招待费、基本生产车间固定资产修理费＋支付的销售费用

＋支付的未统筹人员退休金

＝120 000＋24 000＋60 000＝204 000（元）

(6) 经营活动产生的现金流量净额

＝经营活动产生的现金流入量－经营活动产生的现金流出量

＝1 611 000－(470 719.20＋600 000＋248 506.80＋204 000)

＝87 774（元）

(7) 收回短期投资、长期债券投资和长期股权投资收到的现金

＝出售短期投资收到的现金＝18 000（元）

(8) 取得投资收益所收到的现金

＝投资收益贷方发生额（短期投资出售收益＋现金股利）

＝37 800（元）

(9) 处置固定资产、无形资产和其他非流动资产收回的现金净额

＝报废固定资产的残值收入－清理费用＋出售固定资产的收入

＝(960－600)＋360 000＝360 360（元）

(10) 购建固定资产、无形资产和其他长期资产所支付的现金

＝购入固定资产支付的现金＋购入工程物资支付的现金

＝121 200＋180 000＝301 200（元）

(11) 投资活动产生的现金流量净额

＝投资活动产生的现金流入量－投资活动产生的现金流出量

＝18 000＋37 800＋360 360－301 200＝114 960（元）

(12) 取得借款所收到的现金

＝取得的长期借款＝480 000（元）

(13) 偿还借款本金支付的现金

＝偿还短期借款本金＋偿还长期借款本金

=300 000+1 200 000=1500 000（元）

(14）偿付利息所支付的现金

=支付短期借款利息=15 000（元）

(15）筹资活动产生的现金流量净额

=筹资活动产生的现金流入量−筹资活动产生的现金流出量

=48 000−1 500 000−15 000=−1 035 000（元）

(16）现金净增加额

=经营活动产生的现金流量净额+投资活动产生的现金流量净额+筹资活动产生的现金流量净额

=87 774+114 960−1 035 000=−832 266（元）

根据上述计算结果编制现金流量表，如表 9-16 所示。

表 9-16　　　　　　　　　现金流量表

会小企 03 表

编制单位：英迪公司　　　　　　20×4 年度　　　　　　单位：元

项目	行次	本年累计金额	上年金额（略）
一、经营活动产生的现金流量：			
销售产成品、商品、提供劳务收到的现金	1	1 611 000.00	
收到其他与经营活动有关的现金	2		
购买原材料、商品、接受劳务支付的现金	3	470 719.20	
支付的职工薪酬	4	600 000.00	
支付的税费	5	248 506.80	
支付其他与经营活动有关的现金	6	204 000.00	
经营活动产生的现金流量净额	7	87 774.00	
二、投资活动产生的现金流量：			
收回短期投资、长期债券投资和长期股权投资收到的现金	8	18 000.00	
取得投资收益收到的现金	9	37 800.00	
处置固定资产、无形资产和其他非流动资产收回的现金净额	10	360 360.00	
短期投资、长期债券投资和长期股权投资支付的现金	11		
购建固定资产、无形资产和其他非流动资产支付的现金	12	301 200.00	

续表

项目	行次	本年累计金额	上年金额（略）
投资活动产生的现金流量净额	13	114 960.00	
三、筹资活动产生的现金流量：			
取得借款收到的现金	14	480 000.00	
吸收投资者投资收到的现金	15		
偿还借款本金支付的现金	16	1 500 000.00	
偿还借款利息支付的现金	17	15 000.00	
分配利润支付的现金	18		
筹资活动产生的现金流量净额	19	－1 035 000.00	
四、现金净增加额	20	－832 266.00	
加：期初现金余额	21	1 447 560.00	
五、期末现金余额	22	615 294.00	

五、财务报表附注的披露

（一）财务报表附注的内容

小企业应当按照《小企业会计准则》的规定披露附注信息，主要包括下列内容。

1. 遵循《小企业会计准则》的声明

小企业在会计核算中具有选择会计政策等会计处理的权利和相应的责任，而为了强化小企业管理层的会计责任，准则要求小企业在财务报表中作出“遵循《小企业会计准则》的声明”，声明编制报送的财务报表符合《小企业会计准则》的要求，真实、完整地反映了小企业的财务状况、经营成果和现金流量等有关信息。由此承诺所提供的财务会计信息不存在任何虚假记载、误导性陈述或者重大遗漏，并对其内容的真实性、准确性和完整性承担相应的责任。

2. 短期投资、应收账款、存货、固定资产项目的说明

小企业应对短期投资、应收账款、存货、固定资产等资产项目作出说明。具体披露要求和格式如下：

（1）短期投资项目的说明。附注中，短期投资项目应按照股票投资、债券投资、基金等短期投资的种类分别说明各类投资的期末账面余额、期末市价以及期末账面余额与市价的差额，以反映小企业短期投资期末时的真正价值。

短期投资的披露格式见表 9-17。

表 9-17　　短期投资项目的说明

项目	期末账面余额	期末市价	期末账面余额与市价的差额
1. 股票			
2. 债券			
3. 基金			
4. 其他合计			

（2）应收账款项目的说明。附注中，应收账款项目的说明主要按账龄结构提供期末账面余额和年初账面余额等信息，以使报表使用者了解应收账款的收款、欠款情况，判断欠款的可收回程度和可能发生的损失，并有利于小企业管理当局加强对应收账款的管理。

应收账款按账龄结构披露的格式见表 9-18。

表 9-18　　应收账款项目的说明

账龄结构	期末账面余额	年初账面余额
1 年以内（含 1 年）		
1 年至 2 年（含 2 年）		
2 年至 3 年（含 3 年）		
3 年以上		
合计		

（3）存货项目的说明。附注中，存货项目的说明主要按存货种类提供各类存货的期末账面余额、期末市价及期末账面余额与市价的差额等信息，以正确反映小企业存货期末的价值，对于客观、公正地反映企业财务状况、经营成果以及加强对应收账款的管理有着重要的意义。

存货的披露格式见表 9-19。

表 9-19　　存货项目的说明

存货种类	期末账面余额	期末市价	期末账面余额与市价的差额
1. 原材料			
2. 在产品			
3. 库存商品			
4. 周转材料			
5. 消耗性生物资产			
⋮			
合计			

(4) 固定资产项目的说明。附注中，固定资产项目的说明按照固定资产项目提供固定资产的原价、累计折旧以及期末账面价值等信息。小企业固定资产的账面价值是该项资产的成本减去累计折旧后的金额，是小企业会计核算中账面记载的固定资产价值。固定资产项目的期末账面价值的信息披露，有助于报表使用者客观评价小企业投资价值，以作出最佳投资决策。

固定资产的披露格式见表 9-20。

表 9-20　　固定资产项目的说明

项目	原价	累计折旧	期末账面价值
1. 房屋、建筑物			
2. 机器			
3. 机械			
4. 运输工具			
5. 设备			
6. 器具			
7. 工具			
⋮			
合计			

3. 应付职工薪酬、应交税费项目的说明

小企业应对应付职工薪酬、应交税费等负债项目作出说明。具体披露要求和格式如下：

(1) 应付职工薪酬项目的说明。附注中，应付职工薪酬项目的说明需要编制应付职工薪酬明细表。应付职工薪酬明细表是小企业资产负债表的附表，该明细表按照应付职工薪酬的项目详细披露了小企业应付职工薪酬各项目期末账面余额和年初账面余额，从而提高了会计信息质量，有助于者报表使用者的正确决策。

应付职工薪酬的披露格式见表 9-21。

表 9-21　　应付职工薪酬明细表

会小企 01 表附表 1

编制单位：　　　　年　月　　　　单位：元

项目	期末账面余额	年初账面余额
1. 职工工资		
2. 奖金、津贴和补贴		
3. 职工福利费		
4. 社会保险费		

续表

项目	期末账面余额	年初账面余额
5. 住房公积金		
6. 工会经费		
7. 职工教育经费		
8. 非货币性福利		
9. 辞退福利		
10. 其他		
合计		

（2）应交税费项目的说明。附注中，应交税费项目的说明需要编制应交税费明细表。应交税费明细表是小企业资产负债表的附表，该明细表按照税收的项目详细披露了小企业应交税费各项目期末账面余额和年初账面余额，从而有利于分析纳税人贯彻税法，认真履行义务，维护纳税人的合法权益等。

应交税费的披露格式见表 9-22。

表 9-22　　应交税费明细表

会小企 01 表附表 2

编制单位：　　年　月　　单位：元

项目	期末账面余额	年初账面余额
1. 增值税		
2. 消费税		
3. 营业税		
4. 城市维护建设税		
5. 企业所得税		
6. 资源税		
7. 土地增值税		
8. 城镇土地使用税		
9. 房产税		
10. 车船税		
11. 教育费附加		
12. 矿产资源补偿费		
13. 排污费		
14. 代扣代缴的个人所得税		
⋮		
合计		

4. 利润分配项目的说明

附注中，利润分配项目的说明需要编制利润分配表。利润分配表是小企业资产负债表的附表，小企业应对利润分配的详细情况作出说明，提供利润分配或亏损弥补等信息，以使报表使用者了解小企业实现净利润的分配情况或亏损的弥补情况，了解利润分配的构成，以及年末未分配利润的数据。

利润分配的披露格式见表 9-23。

表 9-23　　利润分配表

会小企 01 表附表 3

编制单位：　　年度　　单位：元

项目	行次	本年金额	上年金额
一、净利润	1		
加：年初未分配利润	2		
其他转入	3		
二、可供分配的利润	4		
减：提取法定盈余公积	5		
提取任意盈余公积	6		
提取职工奖励及福利基金	7		
提取储备基金	8		
提取企业发展基金	9		
利润归还投资	10		
三、可供投资者分配的利润	11		
减：应付利润	12		
四、未分配利润	13		

上述利润分配表中，提取职工奖励及福利基金、提取储备基金、提取企业发展基金三个项目仅适用于小企业（外商投资）按照相关法律规定提取的三项基金；利润归还投资项目仅适用于小企业（中外合作经营）根据合同规定在合作期间归还投资者的投资。

5. 用于对外担保的资产名称、账面余额及形成的原因；未决诉讼、未决仲裁以及对外提供担保所涉及的金额

小企业对外担保以及未决诉讼、未决仲裁存在潜在的风险，如可能涉及的法律风险（诉讼）及资金链风险（担保连带责任被强制执行）等，此项目的披露大大增加了相关信息的信息透明度。

6. 发生严重亏损的，应当披露持续经营的计划、未来经营的方案

小企业在编制财务报表时，应当对持续经营的能力进行估计。发生严重亏损的，当披露持续经营的计划、未来经营的方案。

7. 对已在资产负债表和利润表中列示项目与企业所得税法规定存在差异的纳税调整过程

小企业所得税纳税调整是指纳税人在计算应纳税所得额时其财务会计处理

与税收规定不一致的，应按税法规定进行调整。为了反映小企业纳税调整的核算符合规范以及正确的调整，附注中应披露已在资产负债表和利润表中列示项目与企业所得税法规定存在差异的纳税调整过程，具体参见《中华人民共和国企业所得税年度纳税申报表》。

8. 其他需要说明的事项

其他需要说明的事项主要是指除上述附注内容外，其他有助于报表使用者理解和分析财务报表而需要说明的事项。

(二) 财务报表附注的披露举例

【例 9-4】

根据例 9-1、例 9-2、例 9-3 英迪公司的财务报表、总账资料及补充资料，英迪公司 20×4 年报表附注的短期投资、应收账款、存货、固定资产、应付职工薪酬、应交税费项目说明及三张附表财务报表披露如下：

(1) 短期投资项目说明。

假设英迪公司“短期投资”期末余额 100 000 元。其中，NBG 公司股票投资 60 000 元（期末市价 42 000 元）；FED 公司的债券投资 40 000 元（期末市价 41 160 元）。则短期投资项目说明见表 9-24。

表 9-24　　短期投资项目说明

项目	期末账面余额	期末市价	期末账面余额与市价的差额
1. 股票	60 000.00	42 000.00	−18 000
2. 债券	40 000.00	41 160.00	1 160
3. 基金			
4. 其他			
合计	100 000.00	83 160.00	−16 840

(2) 应收账款项目说明。

假设英迪公司”应收账款”期末余额 718 920 元，明细资料为：

公司名称	账龄	期末账面余额	年初账面余额
QQ 公司	1 年以内		14 931.08
MM 公司	1 年以内		89 012.16
JJ 公司	1 年以内		183 192.04
QQ 公司	1 年以内	273 189.60	
MM 公司	1 年以内	163 913.76	
JJ 公司	1 年以内	109 275.84	

TT 公司　　1～2 年　　　　　　53 838.00

ZZ 公司　　1～2 年　　115 027.20

BB 公司　　2～3 年　　　　　　17 946.00

UU 公司　　2～3 年　　57 513.60

则应收账款项目说明见表 9-25。

表 9-25　　**应收账款项目说明**

账龄结构	期末账面余额	年初账面余额
1 年以内（含 1 年）	546 379.20	287 136.00
1 年至 2 年（含 2 年）	115 027.20	53 838.00
2 年至 3 年（含 3 年）	57 513.60	17 946.00
3 年以上		
合计	718 920.00	358 920.00

（3）存货项目说明

假设英迪公司“原材料”、“生产成本”、“库存商品”、“周转材料”的期末账面余额及市价分别为：

账户名称	期末账面余额	期末市价
原材料	54 000	56 400
生产成本	760 000	758 000
库存商品	1 894 880	1 890 000
周转材料	45 660	45 700

存货项目说明见表 9-26。

表 9-26　　**存货项目说明**

存货种类	期末账面余额	期末市价	期末账面余额与市价的差额
1. 原材料	54 000.00	56 400.00	2 400.00
2. 在产品	760 000.00	758 000.00	−2 000.00
3，库存商品	1 894 880.00	1 892 000.00	−2 880.00
4. 周转材料	45 660.00	45 700.00	40.00
5. 消耗性生物资产			
⋮			
合计	2 754 540.00	2 752 100.00	−2 440.00

（4）固定资产项目说明

假设英迪公司“固定资产”账户期末余额2 881 200元、“累计折旧”账户期末余额204 000元。明细分类账资料为：

固定资产名称	原价	累计折旧
房屋	2 000 000	92 000
机器	760 000	64 000
货车	100 000	45 000
工具	21 200	3 000

固定资产项目说明见表9-27。

表9-27　　　　固定资产项目说明

项目	原价	累计折旧	期末账面价值
1. 房屋、建筑物	2 000 000.00	92 000.00	1 908 000.00
2. 机器	760 000.00	64 000.00	696 000.00
3. 机械			
4. 运输工具	100 000.00	45 000.00	55 000.00
5. 设备			
6. 器具			
7. 工具	21 200.00	3 000.00	18 200.00
⋮			
合计	2 881 200.00	204 000.00	267 720.00

（5）应付职工薪酬项目说明。

假设英迪公司20×4年12月“应付职工薪酬”账户期末余额336 000元、年初余额132 000元。明细分类账资料为：

明细科目	期末账面余额	年初账面余额
奖金、津贴和补贴	126 000	100 800
职工福利费	49 170	24 000
社会保险费	62 510	
住房公积金	60 000	
工会经费	14 320	2 200
职工教育经费	24 000	5 000

编制应付职工薪酬明细表见表9-28。

表 9-28　　应付职工薪酬明细表

会小企 01 表附表 1

编制单位：英迪公司　　20×4 年 12 月　　单位：元

项目	期末账面余额	年初账面余额
1. 职工工资		
2. 奖金、津贴和补贴	126 000.00	100 800.00
3. 职工福利费	49 170.00	24 000.00
4. 社会保险费	62 510.00	
5. 住房公积金	60 000.00	
6. 工会经费	14 320.00	2 200.00
7. 职工教育经费	24 000.00	5 000.00
8. 非货币性福利		
9. 辞退福利		
10. 其他		
合计	336 000.00	132 000.00

(6) 应交税费项目说明

假设英迪公司 20×4 年 12 月“应交税费”账户期末余额 113 814 元，年初余额 43 920 元。明细分类账资料为：

明细科目	期末账面余额	年初账面余额
应交增值税	54 528	32 020
应交所得税	36 142	11 900
应交个人所得税	23 144	

编制应交税费明细表见表 9-29。

表 9-29　　应交税费明细表

会小企 01 表附表 2

编制单位：英迪公司　　20×4 年 12 月　　单位：元

项目	期末账面余额	年初账面余额
1. 增值税	54 528.00	32 020.00
2. 消费税		
3. 营业税		
4. 城市维护建设税		
5. 企业所得税	36 142.00	11 900.00
6. 资源税		

续表

项目	期末账面余额	年初账面余额
7. 土地增值税		
8. 城镇土地使用税		
9. 房产税		
10. 车船税		
11. 教育费附加		
12. 矿产资源补偿费		
13. 排污费		
14. 代扣代缴的个人所得税	23 144.00	
⋮		
合计	113 814.00	43 920.00

（7）利润分配项目的说明

根据英迪公司20×4年利润表、“利润分配”账户所属各明细账户的本年借方发生额以及“利润分配——未分配利润”账户的年初余额编制利润分配表见表9-30。

表9-30 **利润分配表**

会小企01表附表3

编制单位：英迪公司 20×4年度 单位：元

项目	行次	本年金额	上年金额（略）
一、净利润	1	307 080.00	
加：年初未分配利润	2	160 000.00	
其他转入	3		
二、可供分配的利润	4	467 080.00	
减：提取法定盈余公积	5	30 708.00	
提取任意盈余公积	6		
提取职工奖励及福利基金	7		
提取储备基金	8		
提取企业发展基金	9		
利润归还投资	10		
三、可供投资者分配的利润	11	436 372.00	
减：应付利润	12	386 000.00	
四、未分配利润	13	50 372.00	

第四节 会计政策变更、会计估计变更和会计差错更正

一、会计政策变更、会计估计变更和会计差错更正的相关内容

（一）会计政策变更

1. 会计政策及会计政策变更的概念

会计政策是指小企业在会计确认、计量和报告中所采用的原则、基础和会计处理方法。

会计政策变更则是指企业对相同的交易或事项由原来采用的会计政策改用另一会计政策的行为。

2. 会计政策变更的内容

小企业的会计政策一经确定，不得随意变更。如需变更，应按《小企业会计准则》的规定处理。通常，下列变更属于符合会计政策变更的内容：

（1）法律、行政法规或者国家统一的会计制度等要求变更的内容。法律、行政法规或者国家统一的会计制度等要求变更的内容是指，小企业按照全国统一会计制度以及其他法规、规章的规定，采用新的会计政策所变更的内容。如新制定的《小企业会计准则》，要求小企业将“短期投资持有期间所收到的股利、利息等，不确认投资收益，作为冲减投资成本处理”方法改为“短期投资持有期间所收到的股利、利息等，确认投资收益”的处理方法。

（2）会计政策的变更能够提供更可靠、更相关的会计信息。会计政策的变更能够提供更可靠、更相关的会计信息是指由于经济环境、客观情况的改变，使小企业原采用的会计政策所提供的会计信息不能恰当地反映其财务状况、经营成果和现金流量等情况下按变更后新的会计政策进行核算而变更的会计政策，以对外提供更可靠、更相关的会计信息。

（二）会计估计变更

1. 会计估计变更的概念

会计估计变更是指由于资产和负债的当前状况及预期经济利益和义务发生了变化，从而对资产或负债的账面价值或者资产的定期消耗金额进行调整。

2. 会计估计变更的内容

小企业为了定期、及时地提供有用的会计信息，将企业延续不断的经营活

动人为地划分为各个阶段，并在权责发生制的基础上对其财务状况和经营成果进行定期确认和计量。但在确认和计量过程中，当发生的交易或事项涉及的未来事项具有不确定性时，必须对其予以估计入账。如对固定资产的使用年限和净残值大小、无形资产的受益期等的估计。

会计估计的变更是由于取得新的信息、积累更多的经验以及发生新的情况，而对原会计估计的结果所作的修订行为。例如，小企业根据其生产经营规模扩大、产品升级速度和固定资产更新加快等实际情况变更固定资产折旧年限、预计净残值率等。会计估计变更的情形包括：

（1）赖以进行估计的基础发生了变化。

（2）取得了新的信息、积累了更多的经验。

（三）会计差错更正

1. 会计差错更正的概念

会计差错更正是对前期差错的更正。前期差错包括：计算错误、应用会计政策错误、应用会计估计错误等。

2. 会计差错更正

小企业在对经济业务确认、计量、记录过程中，由于种种原因会产生差错。会计差错特别是重大差错若不及时更正，不仅影响会计信息的可靠性，而且可能导致信息使用者作出错误的决策或判断。例如，小企业通过检查发现前期一项销售合同货物已发出，应确认销售收入，但未予确认从而少确认了收入，这时必须予以更正。

二、会计政策变更、会计估计变更和会计差错更正的会计处理

《小企业会计准则》第八十八条规定，小企业对会计政策变更、会计估计变更和会计差错更正应当采用未来适用法进行会计处理。

未来适用法是指将变更后的会计政策和会计估计应用于变更日及以后发生的交易或者事项，或者在会计差错发生或发现的当期更正差错的方法。

【例 9-5】

英迪公司有一台管理用设备，原始价值为 50 800 元，预计使用寿命为 10 年，净残值为 800 元，自 20×4 年 1 月 1 日起按直线法计提折旧。20×8 年 1 月，由于新技术的发展等原因，需要对原预计使用寿命和净残值作出修正，修改后的预计使用寿命为 8 年，净残值为 1 000 元。该公司适用所得税税率为 25%。假定税法允许按变更后的折旧额在税前扣除。

英迪公司对上述会计估计变更的处理如下：

按原估计，每年折旧额为 5 000 元，已提折旧 4 年，共计 20 000 元，固定资产净值为 30 000 元，则第 5 年相关科目的年初余额如表 9-31 所示。

表 9-31　　相关科目年初余额表　　单位：元

项目	金额
固定资产	50 000
减：累计折旧	20 000
固定资产净值	30 000

改变估计使用寿命后，20×8 年 1 月 1 日起每年计提的折旧费用为 7 250 元[(30 000—1 000)÷4]。20×8 年不必对以前年度已提折旧进行调整，只需按重新预计的尚可使用寿命和净残值计算确定的年折旧费用。

借：管理费用　　7 250

　贷：累计折旧　　7 250

此估计变更使本年度净利润减少 1 687.5 元[(7 250—5 000)×(1—25%)]。